本书获自治区级协同创新中心——陆海经济一体化协同创新中心、广西高等学校高水平创新团队及卓越学者计划、广西一流学科（培育）——应用经济学的资助
本书受2020年度广西高校中青年教师科研基础能力提升项目“中国对东盟国家出口结构的动态演进研究”（项目编号：2020KY16009）、2019年度广西财经学院博士启动金项目“贸易政策不确定性对中国企业出口结构转型升级的影响研究”、2019年度广西财经学院经济与贸易学院学科项目“目的国政策不确定性对出口产品质量的影响：理论与中国证据”的资助，同时为国家社会科学基金重点项目“跨太平洋伙伴关系协定对中国—东盟自由贸易区的影响测度及我国应对策略研究”（项目编号：16AJY019）和“广西高校高水平创新团队及卓越学者计划”的阶段性研究成果

镜湖文库
JINGHU LIBRARY
广西财经学院经济与贸易学院

镜湖文库

JINGHU LIBRARY

目的地政策不确定性对出口产品质量的影响：理论与中国证据

朱小明 著

中国经济出版社
CHINA ECONOMIC PUBLISHING HOUSE
·北京·

图书在版编目（CIP）数据

目的地政策不确定性对出口产品质量的影响：理论与中国证据／朱小明著. —北京：中国经济出版社，2019. 12

（广西财经学院镜湖文库）

ISBN 978-7-5136-5800-3

Ⅰ. ①目… Ⅱ. ①朱… Ⅲ. ①出口产品-产品质量-研究-中国 Ⅳ. ①F752. 62

中国版本图书馆 CIP 数据核字（2019）第 295422 号

责任编辑　燕丽丽　赵嘉敏
责任印制　巢新强
封面设计　赵　飞

出版发行　中国经济出版社
印 刷 者　北京九州迅驰传媒文化有限公司
经 销 者　各地新华书店
开　　本　710mm×1000mm　1/16
印　　张　16
字　　数　220 千字
版　　次　2019 年 12 月第 1 版
印　　次　2019 年 12 月第 1 次
定　　价　88. 00 元
广告经营许可证　京西工商广字第 8179 号

中国经济出版社 **网址** www. economyph. com **社址** 北京市东城区安定门外大街 58 号 **邮编** 100011

本版图书如存在印装质量问题，请与本社销售中心联系调换（联系电话：010-57512564）

前 言

当前是中国经济向高质量发展目标迈进的阶段，也恰为全球诸多不确定性因素居高不下的时期。在不确定性因素增加的国际市场中，如何实现出口产品质量升级是中国经济转型期面临的挑战。从需求侧角度出发，考察影响出口产品质量因素的研究，主要聚焦传统引力模型中的 GDP、人均 GDP 等因素，而较少涉及不确定性和需求冲击。与此同时，关于政策不确定性经济效应的文献又多集中于对出口增长的二元边际影响，而很少将不确定性因素与出口产品质量相联系。本书研究目的地经济政策不确定性、贸易政策不确定性与需求冲击对中国出口产品质量的影响，不仅在理论和实证层面丰富了不确定性与出口产品质量的文献，而且对不确定性背景下中国出口产品质量和竞争力的提升具有重要现实意义。

在描述中国企业出口产品质量现状的基础上，本书首先探讨了涵盖范围较广的经济政策不确定性对出口产品质量的影响，以研究政策不确定性对出口产品质量影响的一般性机理。基于经济政策不确定性与出口固定成本关系的假设，本书构建了经济政策不确定性通过进入退出机制作用于行业和企业出口产品质量的理论模型。结合 Baker 等（2016）编制的跨国经济政策不确定性数据、1995—2010 年 CEPII-BACI 数据库和 2000—2006 年季度层面的中国海关数据库，本书首次构建了产品层面的经济政策不确定性指数，并实证分析了其对不同层面出口产品质量的影响及作用机制。进一步地，本书将经济政策不确定性细化到贸易领域，分析贸易政策不确定性如何影响出口产品质量。具体而言，在 Handley 和 Limão（2015）的不确定性框架中引入外生产品质量，得到贸易政策不确定性对行业出口产品质量的影响；在 Antoniades

（2015）的内生质量选择模型中引入贸易政策不确定性，得到其对企业出口产品质量的影响。本书以中国加入世界贸易组织（WTO）后美国贸易政策不确定性的下降为准自然实验，利用 Feenstra 等（2002）收集的美国进口关税数据和产品、企业层面数据，对理论命题进行了检验。

政策不确定性不仅影响出口增长的扩展边际，还可能影响其集约边际，但是在政策不确定性对出口产品质量的效应中，集约边际的作用未能体现。然而，集约边际本身又具有内生性，为此，本书研究了与集约边际等效的目的地进口需求冲击对出口产品质量的影响。在 Aghion 等（2018）的基础上引入内生产品质量，本书提出需求冲击对出口产品质量的异质性影响及作用机理，然后运用构造的出口企业面临的多边外生需求冲击指标，实证研究具有不同创新能力的企业面临需求冲击时，其出口产品质量如何调整。

基于理论模型和实证分析的研究结论主要有：

首先，经济政策不确定性的增加对产品（行业）和企业的出口产品质量产生了显著的积极效应。当目的地经济政策不确定性上升时，部分低绩效的出口企业因利润难以弥补追加的出口固定成本而退出市场，部分低绩效的潜在进入者因无法支付更高的出口固定成本而放弃进入市场，低质量产品退出的增加和进入的减少，推动了行业整体出口产品质量的提升。进入退出机制导致的企业数目减少，使企业面临的竞争程度降低，利润增加，从而有助于企业出口产品质量的提高。经济政策不确定性会对不同类型的产品和企业产生异质性影响，中间品、资源和劳动密集型产品、出口到发达国家的产品，以及民营企业、单产品企业、单目的地企业所受影响更大。此外，进入退出机制的表现形式是市场调整，即特定产品的企业从目的地市场退出或减少进入某些目的地。

其次，中国加入 WTO 后美国贸易政策不确定性的降低不利于产品（行业）和企业出口产品质量的提升。贸易政策不确定性降低后，出口所需的最低产品质量门槛或最低生产效率门槛降低，更多生产低质量产品的企业开始进入目的地市场，这使行业的平均出口产品质量下降。出口进入（退出）还加剧了市场竞争，使企业成本加成和出口利润缩减，其出口产品质量下降。与经济政策不确定性类似，不同类型产品和企业受贸易政策不确定性下降的影响也有所差别，差异化程度较高的产品、资本和技术密集型产品、最终产品，以及位于产品差异化程度或资本密集度较高的行业中的企业、位于东部地区的企业、国有企业、单产品企业、单目的地企业所受负面效应更大。

最后，目的地进口需求的扩张促进了中国企业出口产品质量的提高，该促进效应在创新能力较高的企业中更显著。需求扩张吸引了新产品的进入，导致市场中更激烈的竞争，企业成本加成面临下降的压力。为了提升定价能力，企业会抓住出口量增加带来的规模效应机会，生产和出口更高质量的产品。此外，创新能力对需求冲击的出口产品质量提升效应，只在东部地区企业、高利润企业、一般贸易企业中显著。

本书在三个方面具有重要贡献。首先，研究视角独特。本书选择现实中客观存在且日益上升的政策不确定性为研究视角，并结合中国经济高质量发展的新时代主题，因而具有鲜明的时代特色。其次，系统研究了政策不确定性对出口产品质量的影响及作用机制，拓展了政策不确定性和出口产品质量的理论模型，明确了政策不确定性影响出口产品质量的方向，提出了政策不确定性影响出口产品质量的可能渠道，强调了扩展边际和需求冲击的重要性。最后，结论和政策含义较以往有所不同。以往的诸多文献发现了外部政策不确定性下降的积极效应，认为政策不确定性的上升是一大挑战。本书则认为外部政策不确定性的上升充当了一种筛选机制，会淘汰低绩效出口企业，从而促进出口市场上产品质量的升级。因此本书强调，尽管政策不确定性上升不利于贸易规模的增长，但在实现中国经济高质量发展目标的过程中，政策不确定性也可能是一种契机。

本书主要沿袭理论分析—实证分析—机制分析的编写思路。第 1 章为绪论，提出本书的研究主题，并对研究内容、研究方法和可能的创新点做了一般性的概述。第 2 章综述了出口产品质量和政策不确定性的相关文献，并提出现有文献的不足。第 3 章构建了经济政策不确定性和贸易政策不确定性影响出口产品质量的理论框架，提出了扩展边际和需求冲击的影响路径。第 4 章测度了企业层面出口产品质量，并描述了不同特征企业的出口产品质量演变趋势。第 5 章实证分析了经济政策不确定性对行业和企业出口产品质量的影响。第 6 章实证分析了贸易政策不确定性对行业和企业出口产品质量的影响。第 7 章在第 5 章和第 6 章的基础上检验了政策不确定性如何通过扩展边际渠道作用于出口产品质量。第 8 章研究了需求冲击对出口产品质量的影响及其机制，同时估计了政策不确定性对需求冲击的影响。第 9 章为结论与政策启示。

本书立足研究型人才培养需求，适用于具有一定经济学研究基础的读者，包括从事经济学的教育、科研工作者，经济学专业的硕士和博士研究生以及高年级本科生，对经济学感兴趣的读者等。

目　录

1　绪　论

1.1　研究背景与意义

1.1.1　研究背景

改革开放以来，中国经济经历了追求规模速度的粗放型增长，但在“量”增加的同时，“质”的提升速度却缓慢。在对外贸易方面，自 2001 年中国加入世界贸易组织（WTO）之后，贸易规模迅速扩张，多年都是第一贸易大国。然而，已有研究显示，相对其他国家而言，中国出口产品质量反而有所下降（Schott，2008；Feenstra 和 Romalis，2014）。随着劳动力成本的不断上升，劳动密集型产品的比较优势正在减弱，中国迫切需要培育以品牌、质量等为核心的出口竞争新优势。党的十九大报告指出，中国经济已经由高速增长阶段转向高质量发展阶段。《2018 年国务院政府工作报告》主张坚持质量第一，大力推动高质量发展。要实现宏观经济高质量发展的目标，就离不开微观企业生产和销售的产品质量升级。国家出台的《国务院办公厅关于印发消费品标准和质量提升规划（2016—2020 年）的通知》《中共中央 国务院关于开展质量提升行动的指导意见》等文件都是为了引导和鼓励企业提升产品质量。

实现产品质量的较快升级需要在一个稳定的经济环境下进行。《2018 年国务院政府工作报告》提到，世界经济不稳定不确定性因素较多，保护主义抬头，地缘政治存在风险。不确定性有多种类型，根据研究对象，本书仅阐述当今世界经济政策不确定性、贸易政策不确定性及可能由此引发的需求波动的背景。

近年来，各国政府更加频繁地发布经济政策，以促进经济复苏。如图 1-1 所示，自 2000 年以来，全球和中国的经济政策不确定性迅速增加，二者起伏具有同步性，但中国增加的幅度明显高于全球平均增幅。从时间上看，随着“9·11”恐怖袭击、金融危机、英国脱欧等事件的发生，经济政策不确定性指数分别在 2001 年、2008 年、2012 年和 2016 年到达峰值。其中在 2016 年，全球和中国的经济政策不确定性指数处于历史最高点，分别为 189.7 和 364.8。总之，图 1-1 表明，无论是全球还是中国，经济政策不确定性均表现出显著的波动性。

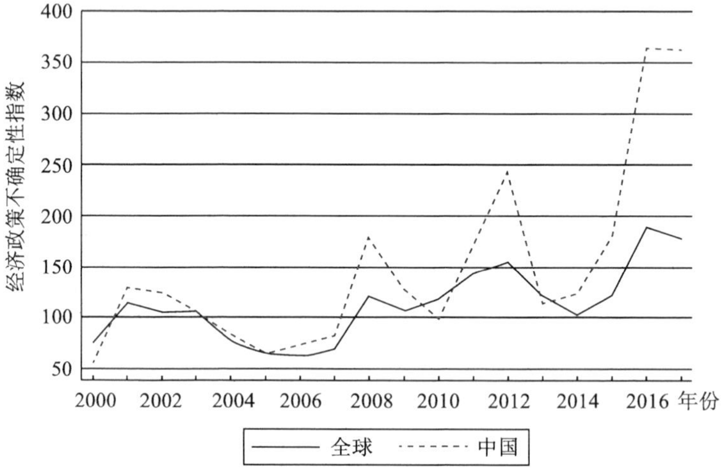

图 1-1 2000—2016 年全球和中国经济政策不确定性指数

注：Baker 等（2016）构造的全球经济政策不确定性指数由 18 个国家指数加权平均得到，其中权重为现价 GDP。

数据来源：根据 Baker 等（2016）开发的经济政策不确定性指数整理得到。

贸易政策的两种相反趋势并行导致其复杂多变的特性。一方面是贸易自由化的推进，表现为自由贸易协定（Free Trade Agreement，FTA）增加。图 1-2 显示了 2000—2017 年全球每年公布的产品和服务 FTA 数量，截至 2017 年全球公布的 FTA 累计为 432 个，且 72%的 FTA 在 2001 年之后生效

（Melchior，2018）。另一方面是贸易保护主义和逆全球化思潮的抬头，表现为反倾销等措施的频繁使用、美国要求就北美自由贸易协定重新谈判、美国对中国产品加征关税等。相对而言，贸易协定的签署需要较长一段时期，而短期内可能实施诸多贸易保护措施。这两方面的综合作用使中国企业在出口过程中难以预测目的地[①]贸易政策的变化，从而面临不确定性。根据 Handley 和 Limão（2017b）的统计，2016 年以来美国的贸易政策不确定性指数已经超过了金融危机时期的水平。

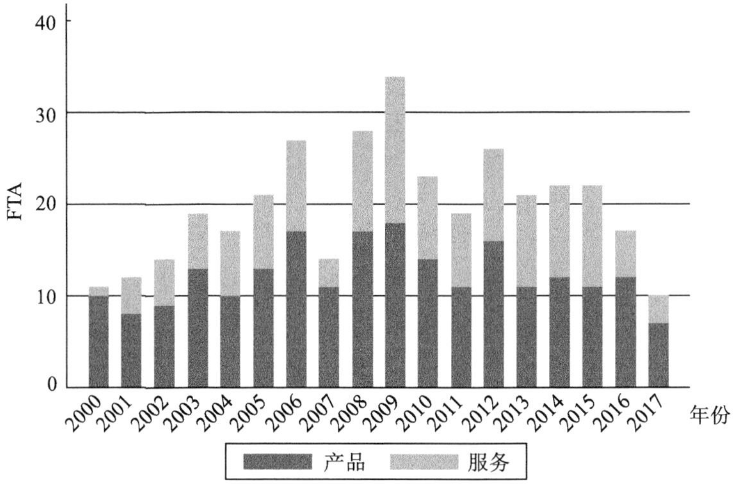

图 1-2 2000—2017 年全球每年公布的产品和服务 FTA

数据来源：WTO 区域贸易协定信息系统。

一般结论认为，政策不确定性的增加会对贸易的“量”产生显著的抑制效应，但不确定性对产品“质”的影响仍是个悬而未决的问题。政策不确定性增加时，若贸易质量和贸易数量同时下降，则政策不确定性是一种贸易壁垒；若贸易质量提高而贸易数量下降，则意味着政策不确定性既是挑战也是机遇。要全面评价政策不确定性的作用，关键是判断其对贸易质量的影响方

① 本书出现的“目的地”一词指的是出口目的国家（如美国等）和地区（如中国香港特别行政区等）的统称，特此说明。

向。本书关心的主题是，目的地政策不确定性和可能由不确定性引起的需求冲击如何影响中国出口产品质量？政策不确定性影响出口产品质量的机制分别有哪些？探讨政策不确定性和出口产品质量之间的关系，有助于回答如何在不确定性上升的背景下实现出口产品质量升级和出口竞争力提升的问题。

1.1.2 研究意义

影响出口产品质量的因素包括出口国（供给侧）因素和目的地（需求侧）因素，聚焦中国出口产品质量的文献大多从贸易自由化、金融环境和企业特征等供给侧因素出发，估计其对出口产品质量的影响，而忽略了需求侧因素的作用。结合前述研究背景，本书研究目的地经济政策不确定性、贸易政策不确定性和需求冲击对中国出口产品质量的影响。

选题在理论和现实中都具有重要意义。就理论意义而言，本书既是对不确定性文献的补充，也是对出口产品质量文献的发展。关于不确定性效应的文献，其主题大多为不确定性对贸易流量和企业投资的影响（Handley 和 Limão，2015；Handley 和 Limão，2017；Bernanke 等，1983；Bloom，2009），而很少涉及企业出口产品质量的变化。少数关注贸易政策不确定性对中国出口产品质量影响的文献未能取得一致的结论（Feng 等，2017；苏理梅等，2016），本书在产品质量维度补充了不确定性效应的文献。在出口产品质量方面，以往文献探讨了出口国和目的地的经济规模、富裕程度、双边距离等因素如何影响出口产品质量（Schott，2004；Hummels 和 Klenow，2005；Hallak，2006；Baldwin 和 Harrigan，2011），但较少考察不确定性这一频繁出现的因素对出口产品质量的效应。本书认为，目的地政策不确定性是影响出口产品质量的重要因素，通过将政策不确定性与产品质量相联系，丰富了出口产品质量的需求侧影响因素，是对出口产品质量文献的补充。

本书的现实意义主要有以下两点。

（1）评估了客观存在的政策不确定性对出口产品质量的影响。在全球金融危机爆发之后，一国内部和外部的不确定性因素显著增多，这必然会影响企业生产和贸易决策。而在各个绩效维度中，出口产品质量之所以重要是因为它不仅与企业投资密切相关，而且是出口竞争力和经济发展的晴雨表（Amiti 和 Khandelwal，2013）。当前，企业和政策制定者分析的往往是在不确定性前提下的投资和经济增长问题，而很少从出口产品质量这一绩效指标切入，研究其如何受多种政策不确定性和需求冲击的影响。本书的第一个现实意义即是评价并阐明目的地政策不确定性因素和需求冲击因素对出口产品质量会产生怎样的影响，以及背后的作用机制是什么，以加深经济主体对不确定性和需求影响出口产品质量的认识。

（2）为促进中国经济高质量发展提供有益启示。中国经济已经由高速增长阶段转向高质量发展阶段。高质量发展目标在产品市场上体现为产品质量的升级。一旦对政策不确定性如何影响出口产品质量有了清晰的认知，就能够采取必要措施应对复杂多变的外部不确定性因素，以保证企业出口产品质量的升级。本书的第二个现实意义在于，为推动产品质量升级，增强出口竞争力，进而实现中国经济高质量发展提供有益的政策启示。

1.2 研究内容、框架与方法

1.2.1 研究内容与框架

本书将目的地的不确定性和需求冲击因素纳入出口产品质量模型，研究了三种需求侧因素的出口产品质量效应及影响机制。具体而言，本书首先综述了有关出口产品质量和不确定性的文献，并描述了中国出口产品质量的特征事实；其次从理论和实证层面分别研究了经济政策不确定性、贸易政策不确定性和需求冲击对中国出口产品质量的影响，并分析了三种因素影响出口产品质量的可能渠道。最后归纳研究结论，阐明政策含义，提出未来的研究设想。

本书考察了出口产品质量的三种目的地影响因素，即经济政策不确定性、贸易政策不确定性和需求冲击，三者之间具有密切的内在关联。在探讨政策不确定性对出口产品质量的影响时，本书遵循从一般到特殊的原则，首先，捕捉各类政策不确定性的共性规律和一般机理，因此从涵盖范围较广泛的经济政策不确定性切入。其次，贸易政策不确定性可以被视为经济政策不确定性中的一种类型，不仅是近年来国际贸易学领域的一个重要议题，而且与中美贸易摩擦的现实背景休戚相关。由此，本书将其从经济政策不确定性中分离，着重研究贸易领域的政策不确定性如何影响出口产品质量，进而能够与之前所得的一般机理相比较。最后，后续研究结论表明，政策不确定性主要通过企业进入退出这种出口的扩展边际及其引致的竞争效应影响行业和企业的出口产品质量，并未涉及集约边际——平均每个企业的出口规模的作用；而根据 Greenland 等（2016）和本书的实证结果，政策不确定性会同时影响出口的扩展边际和集约边际，因而需要进一步讨论集约边际的出口产品质量效应。然而，出口的集约边际本身又具有内生性，本书转而构建了一个与集约边际等价的外生目的地需求冲击指标，以分析其对出口产品质量的影响。三种目的地因素之间的关系如图 1-3 所示。

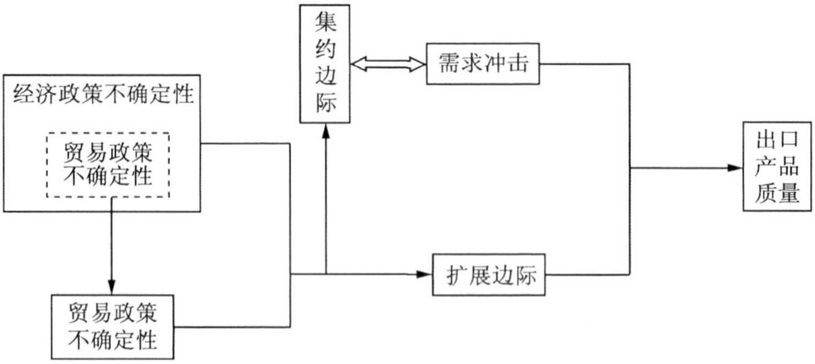

图 1-3　政策不确定性和需求冲击的内在联系

本书的技术路线如图 1–4 所示。

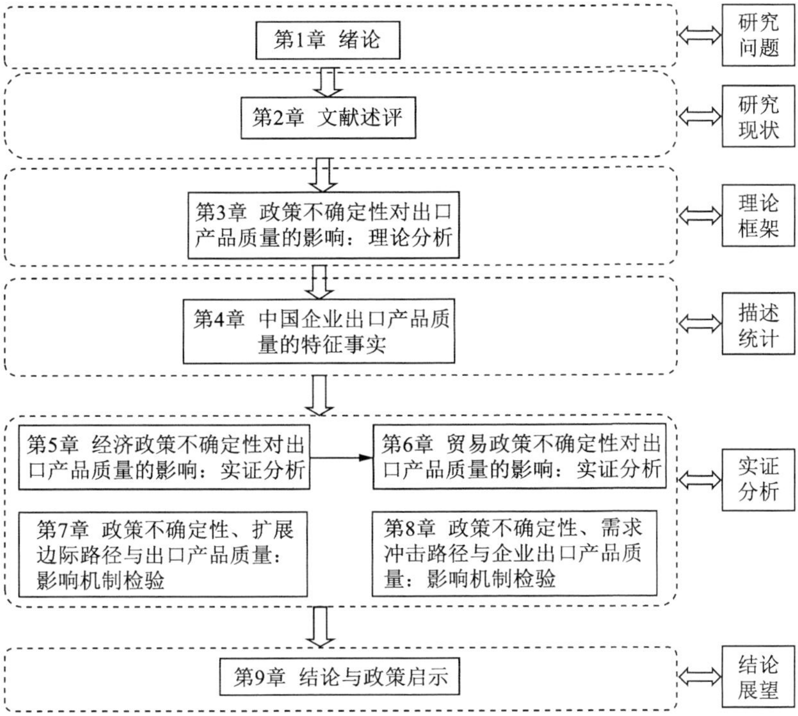

图 1–4 本书技术路线

第 1 章绪论是对本书的一般性介绍。该章提出本书的研究背景和研究意义，介绍研究内容和框架，以及所使用的研究方法，并阐述本书可能的创新之处。

第 2 章是文献述评。该章的核心即关于产品质量的文献和关于不确定性的文献。产品质量文献的综述内容主要有产品质量的内涵和测度方法、出口产品质量的目的地影响因素、中国出口产品质量的研究进展。不确定性文献的综述内容包含经济政策不确定性的度量方法和影响、贸易政策不确定性的形式和影响、需求不确定性的影响。通过综述不确定性与出口产品质量的相关文献，指出已有文献的不足，寻找研究缺口，凸显本书的研究价值。

第 3 章构建政策不确定性影响出口产品质量的理论框架。首先在不同消费者需求函数的企业异质性贸易模型中引入产品质量，并进一步假设经济政策不确定性与出口固定成本正相关，即当企业进入经济政策不确定性较高的国家（地区）时，需要支付较高的出口固定成本。这一关键假设将出口产品质量与经济政策不确定性联结起来，以导出经济政策不确定性如何通过自选择效应和竞争效应作用于行业和企业层面的出口产品质量，并进一步细化到贸易政策不确定性。该章基于 Handley 和 Limão（2015）、Antoniades（2015）的企业异质性模型构建贸易政策不确定性影响出口产品质量的理论机制。将外生产品质量纳入 Handley 和 Limão（2015）的分析框架可以比较在贸易政策确定和不确定环境下出口进入的最低质量门槛，从而明确贸易政策不确定性对行业平均出口产品质量的影响；将关税不确定性因素融入 Antoniades（2015）的内生质量选择模型，可以通过竞争效应分析贸易政策不确定性对企业出口产品质量的影响。

第 4 章分析中国企业出口产品质量的特征事实，该章基于 2000—2006 年海关数据库测度所得的企业层面出口产品质量，检验了出口产品质量指标的有效性，然后描述了出口产品质量的演变趋势，并比较了不同类型企业的出口产品质量差异。

第 5 章实证检验经济政策不确定性与出口产品质量的关系。该章根据 Baker 等（2016）开发的各国经济政策不确定性指数构建 HS6 位行业面临的多边不确定性指标，进而验证理论中的关键假设具备合理性，然后结合 CEPII-BACI 数据库和海关数据库季度数据，考察经济政策不确定性对行业和企业层面出口产品质量的效应。

第 6 章实证检验贸易政策不确定性如何影响出口产品质量。在理论模型的基础上，借助中国工业企业数据库、海关数据库与 Feenstra 等（2002）收集的美国进口关税数据进行匹配，构建贸易政策不确定性、出口产品质量、成本加成等主要变量，通过特征事实的描述总结关键指标在时间上和个体间的变化规律。然后采用双重差分回归进行实证分析，评估中国加入 WTO 前后贸易政策不确定性下降较大的企业（处理组）和下降较小的企业（对照组）

在出口产品质量上的差异，即平均处理效应（Average Treatment Effect）。

第 7 章对政策不确定性影响出口产品质量的第一种作用机制——扩展边际进行了实证检验。该章充分利用了出口额、进入退出等信息，首先分析政策不确定性对出口增长二元边际的影响，其次检验政策不确定性对企业出口进入退出的影响，最后基于中介效应模型检验扩展边际渠道的重要性。

第 5~7 章没有探讨出口的集约边际在政策不确定性影响出口产品质量过程中发挥的作用。实际上，有文献表明，经济政策不确定性会影响出口的集约边际（Greenland 等，2016），而第 6 章的结果也表明了贸易政策不确定性对集约边际的显著影响。然而，企业出口规模这一集约边际本身又面临内生性问题，为识别因果关系，第 8 章从目的地需求冲击视角分析其如何影响出口产品质量。基于 Aghion 等（2018）关于需求冲击与企业创新的模型，该章在需求函数和生产成本中引入内生产品质量，分析目的地需求冲击对异质性企业出口产品质量的影响。为检验理论模型，将产品层面的 CEPII-BACI 数据库、企业层面生产和贸易数据库相匹配，构建多边且外生的需求冲击指标进行实证分析。最后，还分析了政策不确定性对需求冲击产生的影响。

第 9 章是结论与政策启示。该章较为全面细致地总结了前面章节的理论和实证结论，同时根据结论提出了在不确定性环境下中国出口产品质量升级的政策建议，在研究展望部分指出本书的不足之处以及未来的研究方向。

1.2.2 研究方法

（1）理论分析法。理论分析是实证分析的前提，本书涉及经济政策不确定性、贸易政策不确定性和需求冲击三种目的地因素，不同因素对应不同的理论框架。在讨论每种因素时，都会运用理论分析法提出待检验的命题。具体而言，在 Melitz（2003）、Melitz 和 Ottaviano（2008）的基础上进一步引入产品质量，并假设经济政策不确定性与出口固定成本之间的关系，可判断经济政策不确定性如何影响行业和企业层面的出口产品质量。将产品质量异质性嵌入 Handley 和 Limão（2015）提供的政策不确定性环境下动态出口决策框架，或者将贸易政策不确定性与 Antoniades（2015）建立的融入产品质量的 MO 模型相结合，形成贸易政策不确定性与出口产品质量的理论模型。关于需求冲击对出口产品质量的影响则借鉴了 Aghion 等（2018）的研究，本书在他们的基础上引入产品质量。

（2）定性分析与定量分析相结合。定性分析表现为理论模型和特征事实的描述。理论模型可以推断政策不确定性和需求冲击是促进还是制约了出口产品质量升级，但无法回答不确定性或需求变动一定幅度时能引起出口产品质量多大程度的调整。为了印证理论命题，需要结合定量分析，即运用合适的计量方法和丰富的数据从实证层面检验理论预测，根据估计系数的符号判定实证结果是否符合理论预期，同时通过系数大小明确政策不确定性和需求冲击在多大程度上影响出口产品质量。描述出口产品质量和不确定性等特征事实的目的主要是定性观察演变态势和发现潜在规律，为后续的实证回归奠定基础，这也反映了定性分析与定量分析的结合。

（3）比较分析法。本书在多个方面运用了比较分析法。一是文献之间的比较分析。本书根据政策不确定性的出口产品质量效应结果，与相关文献如 Feng 等（2017）、苏理梅等（2016）进行对比，指出影响方向和大小的不同，以及作用机制的差异。二是经济政策不确定性与贸易政策不确定性之间的对比分析。从后续的结果来看，这两种政策不确定性对出口产品质量的影响既有共性，也有不同，因此有必要比较分析二者的影响机理有何差异。三是实证回归中不同组别样本的比较分析，为了研究目的地政策不确定性和需求冲击的异质性影响，实证部分将按照特定的标准划分不同组别的样本，比较分析各组样本中估计系数的差异。

（4）多种计量方法。本书运用多种不同的计量方法来验证提出的理论命题，计量方法的选择取决于目的地因素。在经济政策不确定性和需求冲击的影响下，本书试图构建外生指标来避免内生性问题，因此主要使用最小二乘法和固定效应模型回归。而对于贸易政策不确定性，由于 2001 年前后美国对中国关税政策的变化，本书选择了普遍使用的双重差分模型。当然，在涉及一些指标如企业全要素生产率、成本加成率的测度问题时，或者在检验企业进入退出机制时，会采用 LP 估计方法、Probit 模型等。此外，本书将根据研究需要灵活控制不同层面的固定效应。

1.3 创新点

本书研究目的地市场的政策不确定性和需求冲击对中国出口产品质量的影响及作用机制，在细化不确定性类型的基础上，充分运用国家（地区）层面的经济政策不确定性指数、产品层面的关税数据、企业层面的贸易和生产数据实证检验理论预测，并讨论不同类型的政策不确定性和需求冲击影响出口产品质量的内在机理。本书的创新之处主要表现在以下五个方面。

（1）提出了政策不确定性和需求冲击影响出口产品质量的理论机制。已有文献发现，目的地经济政策不确定性和贸易政策不确定性会通过影响扩展边际从而影响总贸易流量，企业的进入退出导致平均产品质量改变。然而，这类文献忽略了竞争效应的作用：政策不确定性导致的企业进入退出将影响市场竞争的激烈程度，企业的成本加成和利润发生变化，最终引起产品质量的调整。需求冲击则稍有差异，在目的地需求扩张带来出口量增加的同时也会吸引更多企业进入，从而产生规模效应和竞争效应。本书通过引入不确定性影响出口产品质量的理论模型来描述以上多种可能的作用渠道，弥补了当前文献集中于政策不确定性的自选择效应的缺陷。

（2）丰富了出口产品质量需求侧影响因素的文献。关于出口产品质量的目的地影响因素，已有文献主要局限于一般引力模型中的常规变量，即反映经济规模的 GDP、反映富裕程度的人均 GDP 和反映可变贸易成本的双边距离等，而忽略了现实中客观存在的多种不确定性影响。在世界经济长期增长缓慢的背景下，不确定性有逐步加剧和扩散的发展态势，并对实体经济活动具有较强的影响。本书分析两种政策不确定性对出口产品质量的效应和作用机制，使目的地政策不确定性和 GDP 等变量一起构成出口产品质量升级的潜在决定因素，因此丰富了出口产品质量需求侧影响因素的文献。

（3）构建了多边经济政策不确定性和需求冲击指标。在影响出口产品质量的目的地因素中，GDP、距离等因素往往用来研究双边贸易的产品质量变化，即 GDP 和距离因目的地不同而有所差异。而一旦考虑经济政策不确定性，则需要处理其国际溢出效应。换言之，某一目的地的经济政策不确定性可能扩散到其他目的地，从而出现空间互动效应。为了避免因不确定性国际溢出效应引起的偏差，本书综合所有目的地的经济政策不确定性水平，构建了与单个目的地无关的多边不确定性指标。此外，本书还借鉴了 Aghion 等（2018）的方法，构建企业面临的需求冲击指标。需要指出的是，对于贸易政策不确定性，由于本书只能收集到美国的数据，且没有证据表明其具有国际溢出效应，因此贸易政策不确定性与距离等因素一样，也是双边（中国和美国之间）指标。

（4）较为全面地探讨了政策不确定性和需求冲击的影响。不同类型不确定性的侧重点有所差异，就本书而言，经济政策不确定性包含的维度较广，以它为视角有助于探索政策不确定性影响出口产品质量的一般规律；贸易政策不确定性可以视为经济政策不确定性中的一种类型，是对经济政策不确定性的细化，反映的是关税政策的变化；需求冲击意味着目的地进口需求的变化，可能由不确定性引起，也可能来源于其他外部冲击。鉴于三种目的地因素所反映的内核不同，有必要分别考察三者各自对出口产品质量影响机制的差异。然而，现有研究很少同时讨论多种不确定性或需求冲击的影响，往往只聚焦某一特定类型不确定性的影响，或者仅限于对同种不确定性下不同度量指标的讨论，如经济政策不确定性指数和股票市场波动性指标，它们是反映经济不确定性的不同指标。Carballo 等（2018）虽然同时涉及需求不确定性和贸易政策不确定性，但只分析了二者的交互项如何影响出口，未深入比较二者影响机制的异同。本书的一个创新之处是，从经济政策不确定性、贸易政策不确定性和需求冲击三个维度较为全面地分析了它们对出口产品质量的影响。

（5）运用了丰富的微观产品和企业层面的大样本匹配数据。由于本书需要分别研究经济政策不确定性、贸易政策不确定性和需求冲击对出口产品质量的影响，而度量不确定性和需求冲击所使用的数据各不相同，因此将运用丰富的微观匹配数据。具体而言，经济政策不确定性涉及国家（地区）层面数据，本书通过出口目的地将其匹配至 CEPII-BACI 数据库和中国海关数据库。贸易政策不确定性则为产品层面关税数据，因此通过产品代码信息将其匹配至海关数据库。为了构造需求冲击指标，需要使用国家（地区）—产品层面的 CEPII-BACI 数据库，通过出口目的地—产品层面可以将其匹配至海关数据库。当然，本书还结合了中国工业企业数据库以获得企业层面的更多变量。

2 文献述评

文献述评主要包含5个部分：2.1节综述了产品质量的内涵与测度；2.2节讨论出口产品质量的影响因素，主要内容为综述出口产品质量的目的地影响因素和中国出口产品质量的研究进展；2.3节分别对经济政策不确定性、贸易政策不确定性和需求不确定性的内涵、测度及影响的文献加以梳理，侧重阐述三种不确定性影响的文献内容；2.4节评述政策不确定性和需求冲击对出口产品质量影响的文献内容；2.5节简要总结已有文献，着重指出了有待进一步研究的四个方向。

2.1 产品质量的内涵与测度

2.1.1 产品质量的内涵

科学准确地定义产品质量具有重要意义（Smith，1993）。Garvin（1984）根据学科不同，提出了质量定义的五种方法。抽象方法将质量视为无条件普遍认知的内在特性；基于产品的方法认为消费者能够基于产品的某些特性识别其优劣，并作出选择；基于使用者的方法是指满足使用需要的程度；基于生产的方法即指符合需要，对消费者需要的任何偏离都会降低质量，该定义方法与基于使用者方法的区别是，其评判标准遵循客观已定的产品说明和规格，而非消费者的主观意念；基于价值的方法依据成本和收益评价质量，收益超过成本越多，产品价值越高，则质量也越高。这些方法分别源自哲学、经济学、营销学、运营管理学和财政学的视角。Smith（1993）、Reeves 和 Bednar（1994）、Seawright 和 Young（1996）也试图从总体层面定义质量。Anand（1997）回顾了质量定义的演变过程，补充了一种新的定义方式：产品质量具有能够满足社会需要且不对社会产生副作用的特性。在 Anand（1997）看来，产品质量是一个动态概念，随消费者观念、产品差异、时间推移而变化。

经济学模型从供给侧和需求侧两个角度讨论了质量的定义。从供给侧出发的文献将质量与生产成本相联系，生产更高质量的产品需要承担更高的成本；从需求侧出发的文献则将质量与效用相联系，更高的质量意味着更高的效用。

从供给侧方面来看，质量是企业进行市场竞争的手段。许多企业实际上通过差异化产品竞争而非价格竞争来强化市场地位，所谓的“差异化产品”已包含了质量、包装、服务等方面的要素（Chamberlin，1946）。Abbott（1953）将质量视为一个广义概念，用来描述产品的所有可变特性，如材质、设计、风格款式、零售区位等。质量差异可分为三种类型：垂直型质量差异、水平型质量差异和革新型（innovational）质量差异。垂直型质量差异即质量等级的差异，可以用“较高”或“较低”来区分。水平型质量差异是由于人们所处环境、价值观念、品位不同而引起的，可以用“更合适”“更有吸引力”来描述。革新型质量差异是技术革新引起的产品更新换代带来的，不涉及质量等级的变化，而是在等级内部的质量改进。Abbott（1953）指出，实际中产品质量的变化可能是上述三种差异的某种结合，如革新—水平型，尽管其分类未必完整，但为质量竞争提供了一种分析方法。Dorfman 和 Steiner（1954）将质量定义为产品的所有方面，包括产品销售合同中对服务的规定。质量提高使需求曲线右移，同时增加了平均可变成本。Brems（1948）将质量定义为描述产品物理和化学的一系列特性，产品质量各维度之间相互依赖。Leland（1977）认为质量是单位产品中每种特性的要素含量，只有当单位产品中所有特性的含量都增加时，消费者才认为质量有所提高。Leffler（1982）

认为产品由两部分构成：定价的数量特性和非定价的质量特性，产品质量则被定义为每单位数量特性中的所有质量特性的总和，因而它只包含一个维度。

从需求侧方面来看，Houthakker（1952）、Theil（1952）较早地将产品质量融入消费者需求选择，他们讨论了消费者如何将收入分配到不同质量的产品中。他们的产品质量界定与 Leland（1977）相似，即每单位产品的特性总和。Lancaster（1966）、Lancaster（1971）认为，消费者偏好的并非产品本身，而是与效用挂钩的产品特性。许多产品往往拥有多种特性，而许多特性往往可以由多种产品生产，不同产品组合可能产生新的特性。特性，即质量被定义为与消费者选择相关的、客观可度量的产品上的工艺特征（Technical Properties）。但是，他假设消费者了解产品质量的全部信息，这与现实有出入。大量研究表明，消费者对产品价格和质量信息的掌握是不完全的，且对价格的微小变动不敏感（Monroe，1971；Shamir，1985；Steenkamp，1989）。Nelson（1970）、Ratchford（1890）、Hey 和 McKenna（1981）认为，在质量和价格信息不足的情况下，可利用搜寻和经验获得产品质量信息。搜寻是指在购买之前先检测产品并评估其效用。当搜寻不可行或成本太高时，可先购买产品进行体验，然后评估其效用，即通过经验获得质量信息。此外，Klein 和 Leffler（1981）、Shapiro（1983）推荐用价格推断产品质量信息。Nelson（1974）、Schmalensee（1978）、Wiggins 和 Lane（1983）则认为广告能够反映产品质量。自 Melitz（2003）提出企业异质性贸易理论以来，产品质量已成为与企业生产率并列的一个异质性维度，这类文献多从需求侧角度定义产品质量，认为产品质量是能够增加所有消费者对产品估价的特性（Khandelwal，2010；Hallak 和 Schot，2011）。

关于产品质量的经验研究，早期多采用 hedonic 方法，该方法中质量是指产品所有客观可度量的产品特性的集合（Dhrymes，1967；Griliches，1971；Kristensen，1984），往往将一系列产品特性视为价格的决定因素。而近年来，产品质量已成为国际贸易领域中的一大主题，越来越多的学者运用贸易价格和数量等信息提出了测度产品质量的方法，进一步推动了产品质量实证研究文献的发展。

2.1.2 产品质量的测度

确立一种被广泛接受的指标测度方法对于围绕该指标展开的相关研究具有奠基性意义。在引入产品质量这一异质性维度之后，国际贸易领域面临着一大挑战，即如何准确度量无法直接观测的产品质量。目前的文献基于一定的假设条件，提出了若干产品质量的测度方法。随着微观层面数据可获得性的提高，许多学者仍在试图寻求度量产品质量的更好方法。

2.1.2.1 产品层面的质量测度

产品出口单位价值是度量出口质量的一种代理指标（Schott，2004；Hummels 和 Klenow，2005；Hallak，2006；Schott，2008），Hallak 和 Schott（2011）的估计结果表明，观测到的产品价格不能较好地反映其质量。Khandelwal（2010）的结果同样表明，在质量差异化程度较小的市场中，价格不是质量的理想代理指标。Schott（2008）讨论了产品的出口价格是否等价于出口质量。他指出，只有当产品具有垂直特性（Vertical Attributes）时，即所有消费者都愿意为高质量的该产品支付更多时，价格与质量同等化的假设才是合理的。Schott（2008）进一步提出了两种估计产品质量的更严谨的思路：其一，收集积累有关产品特征的详细信息，以判断一种产品是否具有垂直化属性，但收集产品信息的成本很高，可行性不大；其二，不同类型的产品质量没有可比性，因此可以集中分析某些特定行业的产品质量。质量的其他代理变量还包括对产品的星级评分，如 Crozet 等（2011）、Chen 和 Juvenal（2016）对法国和阿根廷酒行业的研究，Liao（2011）对美国进口汽车质量的研究。

后续文献探索了更复杂的产品质量测度方法，这类文献的思想可以概括为：基于一定的假设条件，结合产品出口价格和数量信息，运用计量方法估计产品质量。Khandelwal（2010）测度质量的直觉是：在既定的价格下，目的地从出口国进口的市场份额越高，产品质量越高。他假设一个嵌套 logit 需求偏好，这种偏好同时包含水平属性和垂直属性，利用 Berry（1994）的推导结果，同时用出口国人口作为难以观测的细分出口产品种类的代理指标，以控制隐藏的产品种类对市场份额的影响，从而得出质量估计方程：

$$\ln(s_{cht}) - \ln(s_{0t}) = \lambda_{1,\ ch} + \lambda_{2,\ t} + \alpha p_{cht} + \sigma \ln(ns_{cht}) + \gamma \ln pop_{ct} + \lambda_{3,\ cht} \tag{2-1}$$

其中，下标 c、h、t 分别代表国家、HS10 位产品、年份。从某国 c 进口一种特定产品 h，视为一个种类 ch。下标 0 表示行业内的一种额外产品种类，设定一个额外种类的作用是，允许消费者不购买任何进口产品种类。因此，可以将种类 0 视为一种本地产品类型。s_{cht}为 t 年种类 ch 的进口量占行业总量的市场份额，s_{0t}为 t 年种类 0 的进口量占行业总量的市场份额，p_{cht}为 t 年种类 ch 的到岸进口价格，ns_{cht}为 t 年种类 ch 的进口量占产品 h 进口量的市场份额，pop_{ct}为 t 年出口国 c 的人口。质量被定义为 $\lambda_{1,ch}+\lambda_{2,t}+\lambda_{3,cht}$，$\alpha$、$\sigma$、$\gamma$ 为待估计参数。p_{cht}、pop_{ct}数据可直接获得，一旦观察到 s_{0t}，就可以计算 t 年行业总需求量，从而利用已知的种类 ch 进口量得知 s_{cht}和 ns_{cht}。对式（2-1）回归时，$\lambda_{1,ch}$即为产品—国家固定效应，$\lambda_{2,t}$为时间固定效应，$\lambda_{3,cht}$为不可观测的误差项。注意到 $\lambda_{3,cht}$和 ns_{cht}都与 p_{cht}相关，运用 OLS 估计会导致 ns_{cht}和 p_{cht}的系数有偏差，为克服内生性问题，需要使用工具变量法。具体而言，用产品种类层面的单位运输成本作为 CIF 价格 p_{cht}的主要工具变量，同时用国家层面的汇率及距离和原油价格的交互项作为额外工具变量。对于 ns_{cht}则用产品 h 内的种类数目和国家 c 出口的种类数目作为工具变量。用 IV 估计的质量表示为：

$$\lambda_{cht} = \hat{\lambda}_{1,ch} + \hat{\lambda}_{2,t} + \hat{\lambda}_{3,cht} \tag{2-2}$$

Hallak 和 Schott（2011）通过贸易收支平衡来推断产品质量：在既定的价格下，贸易盈余的国家比贸易赤字的国家出口更高质量的产品。由于价格被质量“污染”，将其定义为“非纯价格指数”（Inpure Price Index）。他们将产品层面的出口价格加总到行业层面，质量的估计可分两步进行：第一，用帕氏和拉式约束（Paasche and Laspeyres bounds）来估计国家—行业—年份层面的相对“非纯价格指数”；第二，用行业内跨国贸易净值数据剥离“非纯价格指数”中的依质量调整的价格（Quality-adjusted Price），从而获得国家—行业—年份层面的质量。在给定消费者偏好和额外种类—纯相对价格相关性的 4 个假设条件下，帕氏和拉式约束为：

$$\ln H_s^{cc'} \leqslant \ln P_s^{cc'} \leqslant \ln L_s^{cc'} \tag{2-3}$$

其中，c 和 c'为出口国，s 为 SITC 行业，$H_s^{cc'}$ 和 $L_s^{cc'}$ 是 s 行业 c 国相对于 c' 国的帕氏和拉式价格指数，可通过观测的价格指数计算得到，$P_s^{cc'}$ 是无法观测的非纯价格指数。根据式（2-3）构建似然函数并最大化，得到 $P_s^{cc'}$。

根据另一个推论，即净贸易是纯价格指数的对数线性函数，并将产品质量表示为线性时间路径，可得：

$$\widetilde{T}_{st}^{c} = \gamma_{st}' + \gamma_s \ln\hat{P}_s^{co} - \zeta_{0s}^{co} - \zeta_{1s}^{co} t + v_{st}^{co} \tag{2-4}$$

其中，上标 o 为参照国，$\widetilde{T}_{st}^{c}$ 为净贸易值，γ_{st} 为参照国价格的线性函数，ζ_{0s}^{co}、ζ_{1s}^{co} 分别为国家固定效应和时间趋势效应，v_{st}^{co} 为误差项。用实际汇率作为非纯价格指数 $\hat{P}_s^{co}$ 的工具变量，对式（2-4）进行估计，则 c 国相对于 o 国的质量拟合值为：

$$\ln\hat{\lambda}_{st}^{co} = -\left(\frac{\hat{\zeta}_{0s}^{co} + \hat{\zeta}_{1s}^{co}}{\hat{\gamma}_s}\right) \tag{2-5}$$

Feenstra 和 Romalis（2014）认为，以往测度产品质量的文献大多依赖需求侧的假设和数据，他们以两种形式补充了供给侧方面的不足：第一，引入了“华盛顿苹果效应”（Washington Apples Effect），即更高质量的产品会被出口到更远的目的地市场；第二，边际出口企业由零利润条件决定，从而控制扩展边际。结果表明，国家间依质量调整价格的变异比单位价值小得多。他们指出，测度出来的产品质量和依质量调整的价格可以被广泛应用于国际贸易学和宏观经济学的诸多领域，例如，贸易和工资关系中贸易价格的重要性、中间品价格在贸易增长效应中的应用、贸易条件在汇率制度争论中的应用等。

Feenstra 和 Romalis（2014）的估计方程为：

$$\ln X_{cht}^{k} - \ln X_{mht}^{k} = -A_{h}^{k}[\ln(tar_{cht}^{k}\, uv_{cht}^{k}) - \ln(tar_{mht}^{k}\, uv_{mht}^{k}) - \alpha_{h}^{k}\theta_{h}(\ln uv_{cht}^{*k} - \ln uv_{mht}^{*k})] + \delta_{0h}(\ln L_{cht} - \ln L_{mht}) + \delta_{ch} - \delta_{mh} - B_{h}^{k}[\ln tar_{cht}^{k} + \beta_{h}'(F_{c}^{k} - F_{m}^{k})] + \varepsilon_{cht}^{k} - \varepsilon_{mht}^{k} \quad (2-6)$$

其中，下标 c 和 m 代表出口国，h 和 t 代表产品和年份，上标 k 代表目的地。X_{cht}^{k}、X_{mht}^{k} 是 c 国和 m 国在 t 年 h 产品上对 k 国的出口，tar_{cht}^{k} 是 k 国在 t 年 h 产品上对 c 国的进口关税，uv_{cht}^{k} 是 t 年 h 产品上 k 国从 c 国进口的 CIF 单位价值，uv_{cht}^{*k} 是 t 年 h 产品上 c 国对 k 国出口的 FOB 单位价值，L_{cht}是 t 年 c 国生产产品 h 所用的劳动力，F_{c}^{k} 表示 c 国和 k 国的双边变量，ε_{cht}^{k} 是误差项。他们运用 Feenstra（1994）中的 GMM 方法估计式（2-6）中的未知参数。

Henn 等（2017）认为 Khandelwal（2010）、Hallak 和 Schott（2011）、Feenstra 和 Romalis（2014）等测度质量的方法对数据的要求较为严苛。他们采用简约回归（Reduced Form）的方法，假设价格由三个因素决定：质量、出口国人均收入和两国距离，并指定一个包含质量的引力模型。因而可以将价格决定方程代入引力模型中替换未知的质量，并运用 2SLS 估计引力模型中的系数，从而得到估计的产品质量：

$$\lambda_{mxt} = \zeta_1' \ln p_{mxt} + \zeta_2' \ln y_{xt} + \zeta_3' \ln Dist_{mx} \quad (2-7)$$

其中，下标 m、x、t 分别代表进口国、出口国、年份，λ_{mxt}、p_{mxt}、y_{xt}、$Dist_{mx}$分别为产品质量、产品价格、出口国人均收入和两国距离，ζ_1、ζ_2、ζ_3为引力模型中估计出的系数。

2.1.2.2 企业层面的质量测度

上述质量测度方法都没有涉及企业，Khandelwal 等（2013）、Gervais（2015）、Piveteau 和 Smagghue（2015）、施炳展和邵文波（2014）、余淼杰和张睿（2017）探索了企业层面的质量估计方法。① Khandelwal 等（2013）测度质量的直觉与 Khandelwal（2010）类似：给定价格不变，一种产品的出口数

① Martin 和 Mejean（2014）同时使用了产品层面和企业层面的质量度量方法，但他们侧重于对质量进行分解，关注企业间资源再配置对总体质量升级的推动作用。

量越多，其质量越高。他们假设消费者偏好为纳入质量的 CES 函数，最大化效用并取对数，构建计量方程可得：

$$\ln q_{fhct} + \sigma \ln p_{fhct} = \alpha_h + \alpha_{ct} + \varepsilon_{fhct} \tag{2-8}$$

其中，下标f、h、c、t分别代表企业、产品、国家和年份。q_{fhct}和p_{fhct}分别为出口数量和价格，替代弹性σ来源于 Broda 等（2006）的估计结果。引入α_h是因为不同产品之间的数量和价格无法比较，α_{ct}用于控制目的地收入和价格因素的影响。产品质量对数$\ln\lambda_{fhct} = \frac{\hat{\varepsilon}_{fhct}}{(\sigma - 1)}$。

Gervais（2015）同样从包含质量的 CES 函数中导出产品质量的估计方程：

$$\ln q_{ft} = \beta_t - \sigma \ln p_{ft} + v_f + \varepsilon_{ft} \tag{2-9}$$

由于式（2-9）对每种产品分别估计，且缺少企业出口到每一目的地的数量、价格信息，因此下标不出现产品和目的地的代表符号。q_{ft}、p_{ft}为企业在国内的销售量和价格。与 Khandelwal（2010）类似，式（2-9）面临内生性问题。为此，Gervais（2015）采用两种方法估计σ。第一种为 IV 法，以劳动生产率作为价格p_{ft}的工具变量，采用两阶段最小二乘法（2SLS）估计。第二种为加成法，在 CES 需求函数假定下，企业加成为常数且由σ决定，则产品h的替代弹性估计量为：$\hat{\sigma}_h = \frac{1}{N_h}\sum_{N_h}\frac{p_f}{p_f - c_f}$，$N_h$为生产产品$h$的企业数目。

Piveteau 和 Smagghue（2015）总结了目前质量测度中的几种主流方法的缺陷。他们认为，Khandelwal（2010）、Hallak 和 Schott（2011）使用国家层面的工具变量，无法拓展到企业层面的质量估计；Khandelwal 等（2013）的测算依赖于 Broda 等（2006）的假设和估计的替代弹性，结果可能产生偏误；只有在企业内产品质量不随时间而变化时，Gervais（2015）的工具变量法才有效，一旦产品质量随时间而变化，生产单位产出可能需要更多劳动，即产品质量与生产率负相关。Piveteau 和 Smagghue（2015）构建了价格的新工具变量。基于 CES 需求函数，他们推导出如下方程：

$$\ln r_{fhct} = (1 - \sigma_h)\ln p_{fhct} + \alpha_{hct} + \varepsilon_{fhct} \tag{2-10}$$

其中，r_{fhct}为出口额。Piveteau 和 Smagghue（2015）以进口加权的企业层面实际汇率作为出口价格的工具变量，其传导机制是，实际汇率波动可视为出口企业在进口活动中的一种成本冲击，出口企业将进口价格冲击传递给其出口产品价格。为了控制汇率对质量的直接影响，式（2-10）中还加入了进口加权和出口加权的 GDP。

国内也有少数文献在已有研究的基础上做了一些调整和改进。魏浩和林薛栋（2017）甄别了企业层面出口产品质量、国家和企业层面进口产品质量的最佳测度方法。施炳展（2013）、施炳展和邵文波（2014）测算出口产品质量的方法与 Gervais（2015）的式（2-9）类似，但有三点不同：一是他们控制了产品水平多样化特征；二是把企业出口到其他市场的平均价格作为出口到某一目的地的价格的工具变量；三是进一步在产品内通过标准化出口质量并以出口额为权重加总到企业层面，使出口质量指数取值范围限定在 0~1，从而可以直接比较不同特征企业的出口产品质量差异。

余淼杰和张睿（2017a）认为企业层面的质量测度方法忽略了供给侧因素，且跨时、跨国无法比较。他们将 Feenstra 和 Romalis（2014）的质量测度方法扩展到企业层面，得出企业层面的质量表达式：

$$\ln\lambda_{fhct} = \theta_h[\ln \kappa_{hc} + \ln p_{fhct} + \ln\varphi_{ft} - \ln w_t] \tag{2-11}$$

其中，θ_h为 h 产品的质量对边际成本的弹性，κ_{hc}为产品—国家层面的参数，取决于 c 国消费者对中国 h 产品的质量偏好程度、h 产品的替代弹性、h 产品质量的成本弹性，φ_{ft}为企业生产率，w_t为投入成本。为了计算产品质量，需要式（2-11）所有参数的信息。θ_h、κ_{hc}由 Feenstra 和 Romalis（2014）估计的产品—国家层面数据整理得到，价格由出口额和出口量之比得到，φ_{ft}通过 OP 法估计的全要素生产率得到，投入成本被假设为劳动、资本和中间投入的线性函数，三种投入要素的系数已由 OP 法估计得到，因而可以得知 w_t。

产品质量的测度方法总结如表 2-1 所示。由表 2-1 可见，测度产品质量的一种主要思路是基于 CES 需求函数导出包含质量的回归方程，通过寻找价格的工具变量来克服内生性问题，进而获得系数的无偏估计量。

表 2-1 产品质量的测度方法

层面	代表文献	需求函数形式	方法
—	Schott（2004）；Crozet 等（2011）	—	代理变量法
产品层面	Khandelwal（2010）	嵌套 logit	2SLS
	Hallak 和 Schott（2011）	CES	MLE，2SLS
	Feenstra 和 Romalis（2014）	CES	GMM
	Henn 等（2017）	—	2SLS
企业层面	Khandelwal 等（2013）	CES	OLS，参数校准
	Gervais（2015）	CES	2SLS
	Piveteau 和 Smagghue（2015）	CES	2SLS
	施炳展和邵文波（2014）	CES	2SLS
	余淼杰和张睿（2017a）	CES	参数校准

2.2 出口产品质量的一般影响因素

以 Krugman（1979）、Krugman（1980）为代表的产业内贸易理论和以 Melitz（2003）为代表的异质性贸易模型都认为产品价格与生产效率成反比。然而，经验研究发现，不论在国家层面还是企业层面，产品价格与生产效率都具有显著的正相关性（Schott，2004；Hummels 和 Klenow，2005；Kugler 和 Verhoogen，2012）。在理论与经验不符的背景下，学者们提出了另一个异质性维度——产品质量，试图通过它来解释产品价格差异的事实。

2.2.1 出口产品质量的目的地影响因素

本书将出口国经济变量视为固定，则双边因素（距离、汇率等）可归入需求侧影响因素。从已有文献来看，出口产品质量的目的地影响因素主要有（相对）人均 GDP、GDP、距离、来自国外的竞争等。

Linder（1961）最早认识到产品质量在国际贸易中的重要意义，认为富裕国家能够生产高质量产品，且对高质量产品的需求也更大，需求相似的国家更容易发生贸易，这一预测被称为 Linder 假说（Linder hypothesis）。之后的少数文献通过在引力模型中加入收入相似性来检验 Linder（1961）的结论（Leamer 和 Levinsohn，1994；McPherson 等，2001）。使用该方法的问题在于，相对收入是通过质量还是其他产业间因素影响贸易流量，则无法区分。Hallak（2006）首次从需求侧讨论人均收入和产品质量的关系。他构建了一个识别出口产品质量和人均收入之间关系的模型，并运用 1995 年包含 60 个国家的行业层面双边贸易截面数据对理论预测进行检验。结果发现，产品质量是双边贸易模式的重要决定因素，富裕国家从高质量出口国进口更多。Hallak（2010）进一步强调，总量贸易数据存在系统性偏误，因此，使用国家层面数据得到的结论不支持 Linder 假说。微观方面，Bastos 和 Silva（2010）、Manova 和 Zhang（2012）分别运用葡萄牙与中国企业层面的出口数据发现，企业对富裕国家的出口单位价值更高。Feenstra 和 Romalis（2014）对比了供给侧与需求侧人均收入的相对重要性：相比出口质量，一国产品的进口质量与该国收入水平之间的相关性更弱，贫穷国家是高质量产品的净进口国。换言之，出口国收入水平对出口质量的影响比目的地收入水平的影响更大。

目的地 GDP 对出口产品质量的影响不确定。基于线性需求和质量差异化的异质性企业模型，Kneller 和 Yu（2008）发现，更大的目的地市场规模带来更激烈的竞争，导致更低的企业价格和加成，低质量出口企业退出市场，平均出口产品质量上升。Bastos 和 Silva（2010）、Manova 和 Zhang（2012）用微观企业数据发现了市场规模与出口产品质量的正相关关系。相反，Baldwin 和 Harrigan（2011）则认为，目的地市场规模扩大，低质量出口企业发现其有利可图后进入，会导致整体质量下降。Görg 等（2010）发现市场规模和出口产品质量的弱负相关性。

许多研究探讨了出口产品质量和两国距离之间的关系。最早阐述该问题的是 Alchian 和 Allen（1964）。他们列举了苹果的例子：虽然华盛顿州生产很多种类的苹果，但最好的苹果被运往最远的地方。其观点为：运输成本会降低高质量产品的相对价格，使企业将高质量产品销往海外，这种产品质量与距离之间的正相关关系被称为“华盛顿苹果效应”。之后的理论进一步论证了这一效应（Gould 和 Segall，1969；Borcherding 和 Silberberg，1978；Umbeck，1980）。Hummels 和 Skiba（2004）首次运用 HS6 位产品层面数据实证检验了“华盛顿苹果效应”。他们发现，运输成本增加一倍，FOB 价格平均增加 80%~141%。Helble 和 Okubo（2008）、Baldwin 和 Harrigan（2011）也从产品层面发现，出口到更远市场的产品，其 FOB 价格更高。另一类经验研究运用的是各国企业层面的数据，发现在特定企业和产品内，出口的 FOB 价格随双边距离的增加而增加（Bastos 和 Silva，2010；Görg 等，2010；Manova 和 Zhang，2012；Martin，2012）。Harrigan 等（2015）横向比较了已有文献中目的地特征（人均 GDP、市场规模、距离）对不同国家企业层面出口产品质量的影响程度差异，发现出口价格的距离弹性在美国最大，而在中国最小。不同的是，Lugovskyy 和 Skiba（2016）构建了一个包含非位似偏好和内生产品质量的模型，发现了出口产品质量中距离和人均收入的交互作用，即距离对出口产品质量的影响方向取决于目的地相对出口国的富裕程度，如果目的地相对更富裕，则“华盛顿苹果效应”不再成立。他们用世界对美国和其他 9 个拉丁美洲国家出口的产品层面数据证明了其理论命题。

除传统引力模型中的因素外，随着全球化的深入，低收入国家的竞争也会改变发达国家的生产分工模式，从而影响产品质量。Schott（2008）运用 1972—2005 年经济合作与发展组织（OECD）等发达国家和中国对美国产品层面的出口数据发现，来自中国的竞争使发达国家放弃低技术产品，提高产品质量。Piveteau 和 Smagghue（2015）发现，来自低工资国家的竞争会使法国企业的产品质量提高，并且对垂直差异化程度较大的行业产生的影响更显著。但质量升级是一个长期过程，从低工资国家的进口渗透率增加 10 个百分点，法国企业 4 年后的产品质量将提升 2%。从这个意义上说，它缓解了低工资国家竞争的负面效应。Martin 和 Méjean（2014）则分析了来自低收入国家的竞争对企业间资源再配置的影响。他们认为，低工资国家对外开放后，由于其在生产低质量产品方面具有比较优势，资源会流向高质量生产企业，发达国家则更加专业化生产高质量产品。

2.2.2 中国出口产品质量的研究进展

已有测度质量的文献通过跨国比较发现，相对于其他国家，中国出口产品质量较低（Schott，2008；Hallak 和 Schott，2011）。Feenstra 和 Romalis（2014）的研究结果表明，1987—2007 年，中国相对其他国家的质量下降了 12%，但这并不表明中国出口产品质量的绝对下降。中国相对出口产品质量下降的原因有两个：一是中国低质量产品的大量涌入可能使其他国家更专注于生产高质量产品；二是产品出口结构的转换，即由具有质量竞争优势的初级产品出口迅速转向相对质量较低的消费品和资本品出口。

聚焦中国出口产品质量的文献一般借鉴国外的质量测度方法，考察中国出口产品质量演变趋势和影响因素。施炳展（2013）的测度结果表明，虽然 2000—2006 年中国出口产品质量增长了 0.88%，但进一步区分本土企业和外资企业后发现，外资企业出口产品质量上升，而本土企业出口产品质量下降。余淼杰和张睿（2017a）发现，2000—2003 年中国出口产品质量保持平稳，之后显著增长，样本期间出口产品质量上升了 15%左右。殷德生（2011）、李坤望等（2014）、施炳展和邵文波（2014）、王明益（2014）也得出中国出口产品质量有所升级的结论。然而，施炳展等（2013）运用 Khandelwal（2010）的框架测度产品质量，发现 1995—2006 年中国出口产品质量下降了 14.72%。张杰等（2014）基于 Piveteau 和 Smagghue（2015）的估计方法，描绘了 2000—2006 年出口产品质量变化，发现出口产品质量总体上轻微下降，但呈现“U”形的演进态势，即 2004 年之前下降，之后有所回升。

已有文献主要从供给侧角度出发，研究了国内政策、金融环境、企业特征等因素对中国出口产品质量的影响。在国内政策方面，贸易自由化最受关注。Fan 等（2015）构建了局部均衡模型，该模型假设企业同时进口中间品和出口最终品，进口关税的削减降低了生产既定质量水平产品所需的成本，企业出口量增加，质量升级的收益高于成本。他们用中国企业层面的匹配数据验证了理论预测，发现在产品差异化程度较高的行业，进口关税下降有助于出口产品质量升级；但在产品差异化程度较低的行业，关税削减反而降低了产品质量。Fan 等（2018）进一步分析了中国加入 WTO 对出口产品质量的影响程度在异质性企业之间的差别。结果显示，进口关税下降后，低生产率企业的出口产品质量升级幅度比高生产率企业更大，说明贸易自由化导致不同生产率企业的产品质量趋于收敛。刘晓宁和刘磊（2015）则认为贸易自由化对质量领先企业的出口产品质量具有促进作用，而对质量落后企业具有负面影响。Bas 和 Strauss-Kahn（2015）利用 2000—2006 年中国海关企业—产品—国家层面交易数据和进口关税数据，并以加入 WTO 事件为准自然实验，以免关税的加工贸易企业为对照组，采用 DID 方法估计了进口中间品关税对出口产品质量的影响。他们发现，中间品关税的削减增加了企业从发达国家的进口份额，中间品进口质量的升级使企业可以生产并出口更高质量的产品，同时索取更高的出口价格。也有学者研究了政府补贴和出口退税的质量升级效应。张杰等（2015）发现，政府补贴对出口产品质量产生了抑制效应，其作用机制是，补贴导致企业采取低价竞争的策略，获取较低的利润，从而缺乏质量升级的动力；李秀芳和施炳展（2013）、张洋（2017）则得出了相反的结论，即政府补贴能够促进出口产品质量升级，且影响程度在绩效好的企业中更大。张洋（2017）指出，补贴通过创新渠道和投入品进口质量升级渠道改善了企业出口产品质量。刘怡和耿纯（2016）研究了出口退税对出口产品质量的影响。结果表明，退税率上升 1%，则企业出口产品质量增加 3.69%。出口退税引起了更激烈的市场竞争，这迫使企业增加创新活动，从而提高了产品质量。还有学者研究了工资增长和最低工资标准对中国出口产品质量的影响。张明志和铁瑛（2016）在异质性企业框架中引入效率工资与产品质量，构建了工资影响出口产品质量的理论模型。研究发现，工资对出口产品质量的影响方向取决于生产率，只有当生产率较高时，工资才会对出口产品质量产生积极效应。许和连和王海成（2016）收集了县区级最低工资标准，并结合企业层面数据实证评估了最低工资标准对出口产品质量的影响，发现最低工资标准的提高会降低质量水平，这种负面影响在劳动密集度较高的行业中更显著；田曦和朱春昊（2016）聚焦生产小家电产品的劳动密集型企业，发现了相同的结果。此外，盛丹和张慧玲（2017）基于1997—2002年海关数据，发现环境管制对出口产品质量产生了积极影响。而彭冬冬等（2016）则发现环境管制对出口产品质量的影响为“U”形。

企业面临的金融环境也会显著影响出口产品质量。在理论方面，Fan等（2015）在Melitz（2003）模型中引入信贷约束和质量选择，发现当企业无法选择质量时，信贷约束越高，企业索取的价格也越高；而当允许企业选择质量水平时，信贷约束紧张的企业选择低质量产品，从而索取较低的出口价格。樊海潮等（2015）建立的理论表明，当企业生产率高于门槛值时，信贷约束降低了出口产品质量。在实证方面，多数文献发现较高的融资约束抑制了出口产品质量升级（陈清萍和鲍晓华，2014；汪建新和黄鹏，2015；许明，2016）。张跃和王大中（2016）基于经济史的视角，以茶叶为研究对象，证明了融资约束与产品质量的负向关系。罗连发等（2016）认为，只有来自非正规金融市场的融资约束才会抑制产品质量的升级。张杰（2015）则认为，融资约束与出口产品质量之间为倒“U”形关系。

从已有文献来看，探讨中国出口产品质量的目的地影响因素的文献较少。Manova和Zhang（2012）描述了六个有关中国企业出口产品质量和价格的事实，其中一个事实涉及出口产品质量与目的地特征的联系，即中国企业将较高质量的产品出口到规模较大、较富裕和距离较远的目的地。韩会朝和徐康宁（2014）则发现目的地人均GDP与中国出口产品质量成正比，而市场规模对出口产品质量的影响并不显著。杜威剑和李梦洁（2015）研究了目的地收入分配的影响，发现目的地收入分配失衡将导致该国偏好更低质量的产品，从而不利于中国企业对该国出口产品质量的提高。

2.3 不确定性的类型及影响

2.3.1 经济政策不确定性的内涵与度量

宏观经济学中的“不确定性”，也称为“经济不确定性”（Economic Uncertainty）或者“经济政策不确定性”（Economic Policy Uncertainty），是指经济主体无法预测政府在未来是否、何时以及如何改变当前的经济政策工具。不确定性是一个广泛而模糊的概念，既反映了消费者、企业管理者、政策制定者对未来可能情况的信念，也体现了经济因素和非经济事件，如 GDP 或企业规模的增长路径、战争和气候变化等（Bloom，2014）。Knight（1921）对风险和不确定性这两个概念作了区分，将不确定性定义为决策者无法预测未来经济事件发生的可能性。在技术上，从经济代理人的视角，不确定性通常被定义为无法预测的概率分布的条件方差（Jurado 等，2015）。经济政策不确定性包括货币、税收、法律、贸易等方面的政策不确定性。

2008 年，全球金融危机的爆发加剧了经济学家对基于确定性条件构建经济模型的质疑，并激发了学者们探索经济不确定性在实际经济活动中的作用。为了检验不确定性对经济活动的影响，经验研究必须解决的首要问题便是对不确定性的衡量，由此催生出许多讨论不确定性衡量方法的文献。

寻找不确定性的合适指标是一大挑战（Gulen 和 Ion，2015）。目前，经济政策不确定性的度量方法主要有 GDP 和股票市场的波动性、企业生产率离散度、预测专家的分歧、新闻中涉及“不确定性”等字样的频率等。其中，广泛使用的指标是股票市场的波动性，Bloom（2009）使用认知的（Realized）和推测的（Implied）股票市场波动性代理指标。Bekaert 等（2013）将 VIX 指数分解为风险溢价变化和股票市场波动性，分别用来度量风险厌恶和不确定性。使用预测专家的分歧度量不确定性的逻辑在于：不确定性越高，预测越困难，专家们的分歧就越大。Scotti（2016）基于动态因素模型预测经济指标的权重，并将其赋予估计的预测误差，从而构造反映经济状态的不确定性指数。Bachmann 等（2013）认为，基于企业管理者访问数据构造的预测分歧指数较为准确地反映了商业层面的不确定性。Leduc 和 Liu（2016）运用美国约 500 户家庭访问数据，得到了消费者感知的不确定性。Dzielinski（2012）假设投资者认为经济越不确定，搜寻信息就越频繁，从而运用谷歌网络搜索的频率捕捉投资者感知的不确定性。Jurado 等（2015）认为经济决策的前提不在于经济指标的分散度，而在于预测性。他们指出，以往使用条件方差度量不确定性的文献没有分离可预测的成分，致使观察到的不确定性变化被高估。他们运用丰富的数据发现，排除可预测的成分后，出现较高不确定性的阶段较少，但不确定性的持续性更长，影响更大。

Baker 等（2016）基于媒体对经济不确定性的报道频率开发了经济政策不确定性指数。他们使用过滤技术计算包含某些词语的文章数量，这些词语有："不确定性"(Uncertainty)、"不确定的"(Uncertain)、"经济的"(Economic)、"经济"(Economy)、"国会"(Congress)、"赤字"(Deficit)、"联邦储备"(Federal Reserve)、"法律"(Legislation)、"规章"(Regulation)、"白宫"(White House)。结合美联储未来 10 年税收规划文件和对预测专家的调查，并赋予权重、标准化调整后，Baker 等（2016）构造出美国的经济政策不确定性指数。之后，他们将该方法在国家层面加以拓展，测度了全球主要经济体的月度经济政策不确定性指数。

尽管不存在度量不确定性的完美指标，但上述各项指标具有相似的演变趋势。在全球金融危机期间，所有度量不确定性的指标都呈现上升的趋势(Bachmann 等，2013)。此外，各个不确定性指数之间具有一定的正相关性。Scotti（2016）比较了多种不确定性指数之间的关系，发现相关性最弱的是 Bachmann 等（2013）和 Baker 等（2016）的指标，相关性最强的是 Bekaert 等（2013）和 Scotti（2016）的指标。

2.3.2 经济政策不确定性的影响

关于经济政策不确定性的效应，研究最充分的是其对投资的影响。一般结论认为，不确定性的增加在宏观和微观层面都会降低投资（Carruth 等，2000）。Bernanke 等（1983）、Pindyck（1991）、Bloom（2009）强调不确定性对不可逆投资的消极影响；Nakamura（2002）假设规模报酬递减，那么只要资本有效期较短，不确定性也会降低投资，而不论投资是否可逆；此外，也有文献从风险厌恶、金融摩擦等视角揭示了不确定性对投资的负面效应（Saltari 和 Ticchi，2007；Christiano 等，2014；Gilchrist 等，2014）。然而，Abel 等（2002）认为，经济政策不确定性对投资的影响是不确定的。Bloom（2014）指出，从长期来看，不确定性可以通过两种机制对投资产生积极影响。首先，如果未来潜在收益足够高，不确定性可能会刺激投资。其次，当企业能够根据信息的好坏迅速调整生产规模时，不确定性可能会促进经济增长。聚焦中国的实证研究支持了经济政策不确定性对投资的负面效应（Wang 等，2014；李凤羽和杨墨竹，2015；陈国进和王少谦，2016；谭小芬和张文婧，2017；饶品贵等，2017）。

与国内投资相比，经济政策不确定性对国际直接投资（FDI）流入的影响甚至更大（Julio 和 Yook，2016）。Rajan 和 Marwah（1998）、Chen 和 Funke（2003）的理论模型表明，只要投资具有一定的不可逆性，政策不确定性就会对 FDI 产生负面效应。Delios 和 Henisz（2003）研究了政策不确定性如何影响日本企业的国际化扩张路径。东道国政策不确定性越高，企业持续投资的可能性越小，并且越倾向于选择合资的经营模式。Julio 和 Yook（2016）使用选举时期度量政策不确定性，研究其对国际资本流动的影响。结果发现，选举前美国对国外分支机构的 FDI 流量显著下降，而在选举不确定性消失后，FDI 流量显著回升。

在相互依赖的全球经济中，一国经济政策不确定性可以迅速蔓延，并对其他国家的经济活动产生不利影响，这种经济政策不确定性的国际溢出效应得到了一些文献的支持（Mumtaz 和 Theodoridis，2017；Li 和 Peng，2017）。Colombo（2013）认为，相比欧盟内部经济政策不确定性的影响，美国对欧盟的溢出效应更大。Klößner 和 Sekkel（2014）发现，金融危机以来，美国和英国经济政策不确定性的外溢效应最大，其他国家则是净接受者。Han 等（2017）、Fontaine 等（2017）发现，中国经济受美国经济政策不确定性的影响最大，而只有在全球经济不景气时，美国经济才会受到中国经济不确定性的影响。Balli 等（2017）则探究了影响经济政策不确定性跨国溢出效应的双边因素，发现贸易和共同语言是解释跨国溢出效应的关键因素。

总体来看，经济政策不确定性的贸易效应尚未引起广泛关注（Greenland 等，2016）。Novy 和 Taylor（2014）的理论模型认为，企业订购投入品时面临存货成本，进口投入品的存货成本比本土投入品更高。当不确定性增加时，企业调整投入品结构，更多地减少来自国外的投入品，因此，不确定性对贸易流量的影响比对国内产出的影响更大。Greenland 等（2016）运用 15 个国家的经济政策不确定性指数和贸易数据发现，目的地经济政策不确定性的上升显著降低了总贸易流量和扩展边际，但提升了集约边际。鲁晓东和刘京军（2017）、刘慧和綦建红（2018）均发现国内外宏观不确定性对中国出口的负面冲击。魏友岳和刘洪铎（2017）则发现国内经济政策不确定性只影响中国出口的扩展边际，而不影响集约边际。Tam（2018）使用全球向量自回归（Global Vector Autoregressive，GVAR）贸易模型估计了经济政策不确定性对全球价值链的影响。

2.3.3 贸易政策不确定性的形式

从范畴上讲，贸易政策不确定性是经济政策不确定性中的一部分，也有多种度量方法。不同的是，经济政策不确定性的度量方法的差异，主要因为处理指标和技术不同，而贸易政策不确定性的度量方法之所以存在差异，主要源于政策工具的不同。

学者们以多种形式、采用不同指标衡量贸易政策不确定性。布雷顿森林体系的崩溃使许多国家采用浮动汇率制度，因此，最初的研究聚焦于汇率不确定性（Taglioni 和 Zavacka，2012；Handley 和 Limão，2013）。汇率波动始终存在，且在各国之间存在差异（Kenen 和 Rodrik，1986）。1971—1987 年，美元汇率波动是利率波动的 4 倍，是通货膨胀率波动的 10 倍，可见汇率是不确定性的主要来源（Jorion，1990）。进口国贸易限制政策的变化可视为另一种形式的贸易政策不确定性。最受关注的是美国的自愿出口限制（Voluntary Export Restraints，VER）和有序营销协定（Orderly Marketing Agreements，OMA），指对从特定国家（如韩国、日本、中国等）进口的特定产品（主要有鞋、纺织品、汽车、钢铁等）施加数量限制的政策，这些贸易限制政策由出口国管理。Crowley 等（2018）提出反倾销税可以度量贸易政策不确定性，因为一旦进口国对某种产品发起反倾销，其他国家在未来则会增加对该种产品发起反倾销的可能性（Tabakis 和 Zanardi，2017）。反倾销可以用来反映贸易政策不确定性的另一个原因是其裁决结果的不确定性，包括征收反倾销税（Antidumping Duty）、价格承诺（Price Undertaking）、撤回（Withdraw）、否决（Negative）、终止（Terminate）。Prusa（1992）指出，美国发起的反倾销立案只有 1/3 最终征税，许多案例被撤回和终止。在欧盟，1980—1987 年裁决结果为价格承诺的案例占 72%（Tharakan，1991）。

近年来，Handley 和 Limão 的一系列研究通过构建动态企业异质性模型，以加入 WTO 和参与特惠贸易协定（Preferential Trade Agreements，PTA）为背景，提炼出一种关税差距指标，反映贸易政策不确定性的下降程度。WTO 成员中 30%以上的产品关税可以单边地无偿增加，而最高关税和最惠国关税之间的差距较大（Bchir 等，2006；Handley，2014）。例如，新加坡可以在任何时间将关税从 0 提升到 6.3%，澳大利亚从 3.6%提升到 11%，韩国从 6.7%提升到 35.6%，等等。但在 WTO 谈判中，一旦有产品列入约束关税（Bound Tariff），那么这些产品的关税就不能无偿增加，因而约束关税是确定的（Messerlin，2008）。Groppo 和 Piermartini（2014）在 Bagwell 和 Staiger（1990）的理论框架下设定实证估计方程，运用 1996—2011 年 WTO 成员 HS6 位产品层面关税数据，研究了 WTO 关税承诺如何影响关税增加的概率。结果表明，尽管约束关税高于最惠国关税，但 WTO 承诺显著降低了贸易政策不确定性。

早期较多的理论文献运用博弈论方法模型化在不确定性条件下最优贸易政策的选择（Bhagwati 和 Srinivasan，1976；Arvan，1990；Qiu，1995）。Lapan 和 Choi（1988）分析了在面临价格不确定性和供给干扰时，小国如何确定最优关税和配额。Cooper 和 Riezman（1989）发现在需求不确定的情况下，配额占优于线性补贴或征税。Laussel（1982）则发现，当需求不确定时，最优边际补贴率随出口的增加而递减。Shivakumar（1993）研究了不确定性前提下政府选择配额还是补贴以及政策实施时间的问题。当没有不确定性时，政府选择配额；当不确定性较小时，政府承诺采取配额；当不确定性较大时，政府采取配额但延迟实施。

2.3.4 贸易政策不确定性的影响

依照贸易政策不确定性形式的不同，本节回顾汇率不确定性、配额和反倾销对产品质量的影响，以及近年来以 Handley 和 Limão 为代表的相关文献。

自 20 世纪 80 年代起，已有大量文献讨论了汇率不确定性如何影响贸易流量，但不论在理论层面还是实证层面，都未能得到一致的结论。就理论研究而言，汇率波动对贸易的影响方向取决于贸易主体的性质（生产者还是中间商）、风险偏好程度、是否跨期决策、资本可获得性等模型假设（McKenzie，1999）。在实证研究方面，汇率不确定性的影响方向则与样本、估计识别方法、汇率波动的度量方法、所选择的国家密切相关（Baum 和 Caglayan，2010）。汇率不确定性对贸易流量影响的代表性理论和实证文献见附录 1。

与贸易流量相比，汇率不确定性对贸易质量的影响尚未得到足够的关注。

已有文献主要将产品质量与汇率传递（Exchange Rate Pass-through）程度相联系。Auer 和 Chaney（2009）在 Mussa 和 Rosen（1978）模型的基础上，分析了汇率传递程度在不同产品间的差异。结果表明，低质量产品的汇率传递程度更高，且汇率升值导致出口转向高质量产品。然而，他们用美国高度细化的进口数据检验没有发现显著的证据。Chen 和 Juvenal（2016）、Antoniades 和 Zaniboni（2016）、Auer 等（2018）补充了 Auer 和 Chaney（2009）实证层面的不足，发现汇率传递程度随产品质量的增加而递减。Bernini 和 Tomasi（2015）则进一步强调了中间品进口机制的作用。与 Campa 和 Goldberg（2005）、Gopinath 和 Rigobon（2008）、Auer 和 Chaney（2009）的汇率部分传递的结果不同，王雅琦等（2015）、王永进和杨焱予（2018）认为中国出口价格对于汇率变动不敏感，即汇率几乎完全传递。王雅琦等（2015）进一步发现，相比生产率机制和中间品进口机制，质量机制对于汇率传递具有更强的解释力。也有文献估计人民币升值对出口产品质量的影响。余淼杰和张睿（2017b）运用余淼杰和张睿（2017a）开发的企业层面出口产品质量测度方法，发现人民币升值通过竞争效应促进出口产品质量升级。许家云等（2015）、王雅琦等（2018）也发现了人民币升值对出口产品质量的积极效应，且该效应在不同企业和产品间存在差异。

1981 年，美国对从日本进口的汽车实施配额限制，这一贸易政策的流行引发了大量关于配额政策下产品质量调整的研究。多数理论研究证明，配额促进了进口产品质量升级。该类模型可分为两种形式：一是假定每种最终产品的质量水平不变，贸易政策通过改变不同质量水平的产品组合而影响总体质量（Falvey，1979；Aw 和 Hwang，1991；Ries，1993）；二是将产品质量视为内生，贸易政策直接引起企业生产的产品质量的改变（Krishna，1987；Donnenfeld，1988；Krishna，1990）。理论文献还比较了从价关税（Ad-valorem Tariff）、对特定国家的关税（Specific Tariff）和配额的非对等效应（Falvey，1979；Rodriguez，1979；Wall，1994），提高从价关税会降低产品质量，而实施配额会提升质量，因此从价关税和配额是非等价的（Das 和

Donnenfeld，1987；Donnenfeld，1988）。在实证研究方面，Feenstra（1984）、Feenstra（1985）、Feenstra（1988）采用美国进口汽车数据，Aw 和 Roberts（1986）采用美国进口鞋类数据，Boorstein 和 Feenstra（1987）采用美国进口钢铁数据，De Melo 和 Messerlin（1988）采用日本出口汽车数据，均发现进口国对出口国实施配额会导致被限制产品的质量升级。Dinopoulos 和 Kreinin（1988）则研究了美国从日本的进口配额对欧盟生产者的影响。Khandelwal 等（2013）发现，美国、欧盟、加拿大对从中国进口的纺织和服装产品取消配额后，中国企业出口到这些国家的产品质量有所下降，这从反面验证了配额的质量升级效应。

与汇率波动领域的文献类似，大量关于反倾销影响的文献集中讨论了反倾销保护对贸易流量的效应，即反倾销的贸易限制效应和贸易转移效应。Blonigen 和 Prusa（2015）较为完整地综述了该领域的文献，并指出反倾销对产品质量的影响是未来的一个研究方向。的确，较少有学者回答反倾销究竟如何影响进出口产品质量，且仅有的几篇文献所得结论也不一致。在理论层面，Vandenbussche 和 Wauthy（2001）假设在两国寡头垄断中，企业先选择产品质量，而后进行价格竞争。结果显示，欧盟反倾销政策不利于本土企业的质量升级，反而会促进外国企业的质量改进。相反，Moraga - Gonzalez 和 Viaene（2015）的模型指出，当国家规模或收入水平相似且企业研发成本不对称程度较低时，实施反倾销可能会改变质量排序，从而实现本土企业的质量升级。在经验研究方面，Avsar（2012）运用巴西企业层面出口数据，发现不论巴西是反倾销的目标国还是发起国，巴西企业出口到相应国家的涉案产品的单位价值都会上升。他们认为价格上升是为了避免反倾销报复。谢建国和章素珍（2017）估计了美国对中国发起的反倾销案例如何影响中国出口产品质量，发现肯定性裁决和反倾销税对中国出口产品质量产生了显著的负面影响，其结果在理论上对应 Moraga-Gonzalez 和 Viaene（2015）的预测。

随着贸易成本的不断下降，关税不确定性的下降比关税水平的下降显得更为重要（Limão 和 Maggi，2015）。一国加入 WTO 和许多自由贸易协定的签署实施，为贸易政策不确定性下降的相关研究提供了契机。在这类研究中，最具代表性的是 Handley 和 Limão 的一系列文献，主要强调贸易政策不确定性对出口增长的扩展边际的影响（Sala 等，2010；Dutt 等，2013）。① 大多数贸易模型将贸易政策视为静态参数，而 Handley（2014）、Handley 和 Limão（2015）构建了动态企业异质性贸易模型。当面临政策不确定性时，潜在出口企业会比较当期进入的收益和延迟投资的收益，在临界点上，当期出口和延迟出口之间的现值差异等于出口固定成本。为了验证贸易政策不确定性下降激励出口进入的理论预测，Handley（2014）分析了澳大利亚关税承诺的贸易效应。Handley 和 Limão（2015）基于葡萄牙和欧盟的特惠贸易协定事件，考察了关税不确定性下降时，葡萄牙企业向欧盟市场的出口进入。Handley 和 Limão（2017a）、Schott 等（2017）发现美国对中国消除潜在的关税增加后，美国消费者收入增加，企业进口采购的效率提升，美国福利增加；但 Pierce 和 Schott（2016）却认为贸易政策不确定性下降后，来自中国的进口竞争显著降低了美国制造业就业水平。

也有文献认为，贸易政策不确定性的变化会同时影响贸易增长的二元边际。Osnago 等（2015）认为贸易政策不确定性是一种贸易壁垒，运用包含 149 个出口国 HS6 位产品层面的样本，他们研究了贸易政策不确定性对集约边际和扩展边际的影响。结果发现，贸易政策不确定性的下降增加了出口概率和出口量。Lakatos 和 Nilsson（2017）以欧盟和韩国双边自由贸易协定为背景，检验了贸易政策不确定性下降的预期效应。他们区分了自由贸易协定的谈判期、签署期和实施期，发现在这三个阶段欧盟和韩国出口的集约边际和扩展边际都有所增加，且欧盟的增加幅度更大。

采用其他方法衡量贸易政策不确定性的文献有 Crowley 等（2018）和 Car-

① Sala 等（2010）认为，约束关税变动不影响集约边际。他们结合 Dixit 和 Pindyck（1994）的最优投资选择和 Melitz（2003）的企业异质性理论，建立了一个动态局部均衡模型，以确定出口企业进入有风险目的地的时间。该模型发现，即使约束关税长期高于最惠国关税，但其下降仍会促使出口企业进入目的地市场。Dutt 等（2013）基于贸易引力模型的实证结果表明，加入 WTO 提高了出口增长的扩展边际，但对集约边际产生了负面影响。

ballo 等（2018）。[①] Crowley 等（2018）认为以往研究都集中于贸易自由化背景下带来的贸易政策不确定性变化，而鲜有文献从未来关税增加的角度研究贸易政策不确定性上升的影响。他们用反倾销税代表贸易政策不确定性，研究其对中国出口产品的进入和退出的影响。实证结果显示，关税增加后，中国企业进入新出口市场的可能性下降，并倾向于退出已建立的出口联系。Carballo 等（2018）研究了金融危机期间经济和贸易政策不确定性对企业贸易决策的影响，以及贸易协定的作用。结果显示，当经济和贸易政策不确定性较高时，非特惠贸易协定（PTA）目的地市场上的净退出率更高，表明经济下行时贸易协定可以缓解不确定性带来的消极影响。

大多数聚焦中国的文献都以中国 2001 年底加入 WTO 为背景，以美国对中国最高关税（或约束关税）和最惠国关税的差距为贸易政策不确定性的衡量指标，分析其如何影响中国对美国的出口。Handley 和 Limão（2017a）发现，贸易摩擦威胁的下降至少能够解释中国对美国的出口增长的 22%。以往研究只强调贸易政策不确定性引致的企业进入效应，Feng 等（2017）发现贸易政策不确定性的下降导致出口企业数目增加，更激烈的竞争迫使一些低生产率企业退出出口市场。因此，贸易政策不确定性会同时引发企业的进入和退出行为。钱学锋和龚联梅（2017）发现，跨太平洋伙伴关系协定（TPP）和区域全面经济伙伴关系（RECP）等区域贸易协定降低了贸易政策不确定性，增加了中国对协定内成员国的出口。汪亚楠和周梦天（2017）、黄亚钧和汪亚楠（2017）估计了进口关税削减和美国对中国贸易政策不确定性下降的出口效应，发现贸易政策不确定性强化了进口关税对企业出口额和出口产品种类的影响。

除了出口维度，企业创新、劳动力迁移等维度也是学者们关注的主题。Liu 和 Ma（2016）运用倍差法发现，中国加入 WTO 带来的贸易政策不确定

---

① Sudsawasd 和 Moore（2006）基于 1960—2000 年跨国面板数据，采用贸易份额、平均进口关税等指标度量贸易政策的不确定性，研究其对投资的影响。发现贸易政策不确定性显著降低了投资占人均 GDP 的份额。

性下降显著促进了企业创新。他们检验了两种作用渠道：首先，不确定性下降引起的市场规模扩张促进了企业创新；其次，不确定性下降后，企业的资本投入和中间品进口增加，从而激励了创新。佟家栋和李胜旗（2015）则针对出口企业进行分析后发现，产品创新在贸易政策不确定性下降后显著增强，且不同类型企业所受影响存在差异。Facchini 等（2018）运用中国人口普查数据，研究了贸易政策不确定性对中国内部不同区域劳动力资源再配置的影响。发现贸易政策不确定性下降幅度越大的地区，劳动力流入越大，且地区劳动变迁是由“无户籍”劳动者流入引起的。地区劳动再分配的作用机制是出口增长。贸易政策不确定性下降的其他微观影响包括企业利润的增加和出口国内附加值的降低（汪亚楠，2018；张平南等，2018）。

2.3.5 需求不确定性的影响

关于需求对出口的影响，已有文献主要从本国需求和外国需求两个角度考察它们对出口的影响。许多文献发现，本国需求和出口增长之间是替代关系（Artus，1973；Ball 等，1966；Faini，1994；Sharma，2003；Esteves 和 Rua，2015；Bobeica 等，2016）。首先，本国需求上升引发的通货膨胀压力会降低出口价格竞争力，导致企业减少出口；其次，在出口利润相对较低的情形下，由于生产能力有限，本国需求的增加使企业更倾向于将资源用于本国生产和销售（Esteves 和 Rua，2015）；最后，一国需求的变动会使企业调整其他市场的销售。当本国需求下降时，企业减少在本国的销售额，而增加对外国的出口（Vannoorenberghe，2012；Soderbery，2014）。

自全球金融危机以来，许多研究将贸易骤减归因于外国需求的萎靡（Eaton 等，2010；Bricongne 等，2012；Bussière 等，2013；Morel 等，2015；唐宜红和林发勤，2012）。Bems 等（2010）使用投入产出表发现，需求因素尤其是耐用品需求的下降可以解释金融危机期间贸易低迷的 70%。对中国来说，戴觅和茅锐（2015）发现，金融危机期间外需不足导致的出口供给过剩难以完全被内销吸收。具体而言，出口下降1%，内需仅增长0.3%。De Sousa等（2016）的理论和实证结果表明，当目的地需求波动性上升时，出口价格提高，出口量下降，需求偏度却具有相反的效应。一些文献研究了需求不确定性对出口二元边际的影响。在Nguyen（2012）看来，面对目的地市场的需求不确定性，企业出口失败的原因与出口学习经验密切相关。企业只有在进入目的地市场后才能认知需求状况，而由于目的地市场需求之间存在相关性，为获得更多信息，企业会根据以往经验预测潜在进入市场的需求状况，从而延迟进入目的地市场，且采取序贯出口（Sequentially Export）策略。Békés等（2017）运用法国海关数据发现，目的地需求不确定性主要通过扩展边际减少企业出口，而双边距离放大了需求波动的负面效应。基于出口市场广化的视角分析，一般结论认为，企业可以通过目的地市场多样化来降低需求不确定性风险，从而维持出口稳定（Hirsch和Lev，1971；Juvenal和Monteiro，2013；Esposito，2016；张粪和孙浦阳，2017）；出口市场多样化水平不足的原因在于匹配摩擦（Kramarz，2014）。但Vannoorenberghe等（2016）发现，只有大企业的市场分散策略才会使出口更稳定，而对小企业来说，市场多样化反而会增加企业出口波动性。

此外，已有文献还讨论了需求不确定性对出口以外的其他企业绩效的影响。Goldberg和Kolstad（1994）分析了汇率波动和出口需求冲击的联动如何影响跨国企业的FDI区位选择。Berman等（2015）使用多种代理指标反映目的地外生需求不确定性，并估计其对企业国内销售的影响，发现企业的出口需求和本土销售存在互补关系，即短期内10%的出口需求扩张使企业内销增加了1.5%~3%。Mayer等（2014）、Aghion等（2018）分析了出口需求冲击对企业生产率和创新的影响。Mayer等（2014）发现目的地需求规模的扩张促使出口国企业优化产品组合，进而提高生产效率；Aghion等（2018）发现需求冲击激励了出口企业的创新活动，该种激励效应在初始生产率更高的企业中表现更强烈。

2.4 政策不确定性、需求冲击对出口产品质量的影响

从 2.3 节的综述来看，已有一定文献聚焦政策不确定性和需求冲击对贸易“量”的影响，那么，政策不确定性和需求冲击影响出口“质”的研究现状如何？本节通过梳理相关文献，对该问题进行了回答。

鲜有文献关注经济政策不确定性对出口产品质量的影响。De Vany 和 Saving（1977）研究了不确定性环境下货车运输行业最优产品质量决定问题。他们的理论分析表明，在货车运输行业中，不确定性影响行业规模（表现为运输容量），而行业规模同时决定产出数量和质量（表现为等待时间）。实证方面，张兵兵和田曦（2018）基于 2000—2013 年的企业—产品层面出口数据，从需求侧角度研究了目的地经济政策不确定性如何影响出口产品质量，发现经济政策不确定性的上升促进了出口产品质量的升级。张莹和朱小明（2018）则从供给侧视角发现，出口国经济政策不确定性的增加通过降低研发创新对出口产品质量产生抑制效应。值得注意的是，已有实证研究并未提出经济政策不确定性影响出口产品质量的理论模型，也没有涉及竞争效应这一可能的作用机制。

沿袭 Handley 和 Limão 提出的贸易政策不确定性并将其与产品质量相联系的文献也较少，且所得结论有所出入。Feng 等（2017）认为贸易政策不确定性下降后，进入企业出口高质量产品但索取较低价格，退出企业出口低质量产品但索取较高价格，因此平均产品质量上升。实际上，Feng 等（2017）的研究重点是贸易政策不确定性的企业进入退出效应，而非质量和价格效应。同样从产品内企业进入退出寻找出口质量变化的原因，苏理梅等（2016）发现了相反的结论，即新进入企业的出口产品质量相对退出企业的出口产品质量更低，产品质量因而下降。然而，已有研究主要是分析贸易政策不确定性

如何通过进入退出机制对行业（HS6 位产品）出口产品质量产生影响，但并未提供企业层面的证据[1]，从而难以体现企业间的竞争效应。此外，与经济政策不确定性类似，已有文献没有构建贸易政策不确定性影响出口产品质量的理论框架。

鲜有文献分析目的地需求状况如何影响出口产品质量。Rodrigue 和 Tan（2015）发现，新进入出口市场的企业生产较低质量的产品，随着需求积累和出口的增加，企业开始提升出口产品质量，并获取较高的价格。从进口国角度来看，Blaum 等（2019）运用法国数据发现，规模较大的企业更倾向于将进口转向在高质量投入品生产上具有比较优势的国家，即形成一个非位似偏好进口需求系统。对出口国而言，这表明随着目的地大规模企业需求偏好的变化，更多地向这类企业出口将有助于改善产品质量。上述研究或注重需求随时间演变的后果，或注重进口国从来源国市场的进口转移，与本书强调的需求冲击有所差异。

2.5 小结

产品质量在国际贸易领域较长一段时间内处于边缘化地位，直到企业异质性贸易模型提出之后，为了解释实证研究中关于产品价格的一些事实，学者们才开始在 Melitz（2003）的基础上融合产品质量维度的异质性，并涌现出许多有关产品质量的经验研究，侧重于讨论产品质量的测度方法和影响因素。与此同时，随着世界经济不确定性的加剧，由频繁的贸易政策和经济政策干预带来的不确定性也吸引了学者们的广泛关注，产生了诸多评价不确定性效果的文献。关于不确定性和出口产品质量的已有文献对本书研究具有重要的启示，产品质量的度量和不确定性的理论研究都是本书的实证检验的基础。

---

① Feng 等（2017）虽然使用的是企业出口产品质量数据，但没有发现贸易政策不确定性对企业层面出口质量的显著影响。

尽管如此，现有文献仍存在一些不足。

首先，产品质量的测度方法仍有待进一步探索。已有文献在如何准确度量产品质量方面尚未形成共识，仅表现出一些共同的特征，主要有两点：一是多数文献基于 CES 效用函数的假设条件，从需求方面展开研究；二是主要使用工具变量法，通过寻找产品价格的工具变量试图解决内生性问题。然而，度量产品质量的已有方法存在一定的局限性。以星级评价等为代理指标的方法受限于数据可得性和特定行业，显然难以推广；其他测度方法往往仅以消费者需求为基础，而忽视了供给侧的重要性，且普遍运用的工具变量法受限于外生变量的选择问题，不同的文献主张不同的外生工具变量，从而导致测度结果的差别。以中国为例，同样运用工具变量法，但由于选择的工具变量不同，张杰等（2014）发现 2000—2006 年中国出口产品质量轻度下降，施炳展（2013）却认为该时期出口产品质量有所提高。

其次，就不确定性如何影响出口产品质量的理论研究有待完善。在不确定性方面，经济政策不确定性的理论大多与企业投资相联系，而较少涉及贸易，贸易政策不确定性的理论则集中于研究其对贸易流量尤其是企业进入和退出的影响，需求不确定性如市场规模的变动往往与竞争相联系。出口产品质量理论关注的主题则主要包括企业出口产品质量与生产率之间的关系，出口产品质量与目的地收入、距离的关系，出口产品质量与工资的关系等方面，而很少在出口产品质量中融入不确定性因素。由此可见，结合不确定性理论和产品质量理论，构造各类不确定性影响出口产品质量的模型，是对这两类理论文献的有益补充。

再次，关于影响出口产品质量的目的地因素有待进一步挖掘。现有文献主要考察了目的地 GDP、人均 GDP、距离等贸易引力模型中的常规因素，而忽略了其他特征的重要性。实际上，目的地的金融环境、政治环境、制度质量、知识产权保护等因素往往更不稳定，明确它们是否以及如何决定出口产品质量，对出口国而言可能具有更重要的现实意义。此外，在分析目的地因素与出口产品质量的关系时，多数文献讨论的仅仅是相关关系，而较少涉及因果关系。

最后，不确定性对出口产品质量的实证研究需要进一步充实。不仅在理论方面，实证研究中也很少分析不确定性对出口产品质量的影响。该主题下聚焦中国的少数文献从产品内企业进入和退出分析产品质量变化，所得结论也不一致，同时忽略了在位企业所受的影响。理论上，贸易政策不确定性的下降吸引企业进入，可能会加剧市场竞争，造成企业成本加成和利润下降，进而降低对出口产品质量升级的激励。目前尚无研究经济政策不确定性和需求不确定性对出口产品质量效应的文献，与贸易政策不确定性类似，经济政策不确定性可能影响企业出口投资，从而引起进入退出和整体质量的变动；需求冲击则可能促使企业调整生产规模，改变对出口产品质量的投入成本，最终影响企业出口产品质量。

3 政策不确定性对出口产品质量的影响：理论分析

将不确定性与出口产品质量相联系之所以重要，是因为金融危机后不确定性持续攀升的时期，恰为中国经济从高速增长转向高质量发展的关键阶段。换言之，理解不确定性对出口产品质量的影响是中国实现高质量发展的重要前提。为了探寻不确定性影响出口产品质量的共性规律，需要先从一个全面的、广泛的、一般的不确定性视角出发，经济政策不确定性就具有这样的特征，它涉及所有经济政策调整带来的不确定性的变化。在此基础上，结合国际贸易领域的前沿主题和中美贸易摩擦的现实背景，本章由经济政策不确定性细化到贸易政策不确定。在影响机制上，本章探讨了政策不确定性影响出口产品质量的两种路径——扩展边际和需求冲击。

在扩展边际路径中，贸易政策不确定性影响出口产品质量的理论模型与两篇文献密切相关。Handley 和 Limão（2015）将政策不确定性背景引入 Melitz（2003），建立了一个动态异质性企业贸易模型，通过比较未来关税确定与否这两种情况下企业进入的临界成本，他们发现当消除贸易政策不确定性时，进入出口市场的生产率门槛下降，意味着部分低效率出口企业能够进入目的地市场。需要指出的是，他们只关注了贸易政策不确定性对贸易流量尤其是扩展边际的影响，但没有涉及产品质量。Antoniades（2015）拓展了 Melitz 和 Ottaviano（2008）的内生成本加成模型，引入了内生的产品质量。其结果表明，目的地市场规模的扩大一方面会加剧市场竞争，导致价格、成本加成和产品质量下降；另一方面，市场规模的扩大降低了企业创新成本，从而增加了质量差异化程度，价格、成本加成和产品质量都有所提升。本书在 Handley 和 Limão（2015）、Antoniades（2015）的基础上构建贸易政策不确定性影响出口产品质量的理论模型，分别讨论了产品质量为外生给定和内生决定两种情形下的影响机理。在Handley和Limão（2015）成本函数中的可变成本项下引入产品质量参数，可以得到贸易政策不确定性通过自选择效应影响行业出口产品质量的结论。将贸易政策不确定性因素引入可变成本加成的内生质量选择模型，即结合Handley和Limão（2015）、Antoniades（2015），能够揭示竞争效应渠道在贸易政策不确定性影响企业出口产品质量过程中所起的作用。

除了扩展边际之外，本书还从需求侧提出了政策不确定性影响出口产品质量的另一条路径——需求冲击。在已有结论的基础上，Aghion等（2018）基于二次方程的消费者效用函数和规模报酬递增的企业成本函数，建立了目的地市场规模影响法国出口企业创新绩效的模型，发现目的地市场规模的扩张导致法国技术先进企业的创新增加更多。本章在Aghion等（2018）的基础上引入产品质量，重构目的地需求冲击[①]影响出口国企业出口产品质量的理论模型。

本章的结构安排如下：3.1节对本章涉及的重要概念进行定义和说明；3.2节基于扩展边际的路径，分析经济政策不确定性如何通过自选择效应和竞争效应分别影响不同层面的出口产品质量；3.3节强调了由经济政策不确定性细化到贸易政策不确定性的必要性；3.4节基于扩展边际的路径，构建了贸易政策不确定性影响不同层面出口产品质量的理论模型；3.5节转向需求侧路径，分析政策不确定性如何通过需求冲击作用于企业出口产品质量；3.6节根据前面5节的分析，提出了政策不确定性影响出口产品质量的综合分析框架；3.7节为本章小结。

3.1 相关概念的界定

结合本章主题，本节界定如下概念：出口增长的扩展边际和集约边际、

① 本书将需求冲击定义为一种正向的冲击，即出口目的地对产品的进口需求增加。

需求冲击、自选择效应、竞争效应、规模效应。

出口增长可以分解为扩展边际（Extensive Margin）和集约边际（Intensive Margin）（Hummels 和 Klenow，2005）。根据研究的需要，不同文献在不同层面上定义二元边际（Besedeš 和 Prusa，2011）。借鉴 Evenett 和 Venables（2002）、Besedeš 和 Prusa（2011）的定义方法，本书在国家（地区）—HS6 位行业（产品）层面定义扩展边际和集约边际。出口增长的扩展边际是指特定行业—目的地组合中出口企业的数目，而出口增长的集约边际是指特定行业—目的地组合中平均每个企业的出口额。显然，扩展边际和集约边际共同决定一国特定行业对特定目的地的出口总额。需求冲击则是基于目的地视角的一个与集约边际相似的概念，它是指在某行业中平均每个中国出口企业所面临的来自特定目的地的进口需求，特别指出的是，本书中的需求冲击代表进口需求的增加，即它是一种积极的、正向的需求变化。本书对需求冲击的定义方法与 Aghion 等（2018）类似，不同之处在于，Aghion 等（2018）的定义是某行业所面临的来自特定目的地的总进口需求，而没有平均到每个出口企业。

为了更好地展现上述三个概念，本书用公式表示扩展边际、集约边际和需求冲击。假设中国 t 年在某个 HS6 位行业 h 上对目的地 c 的出口为 exp_{hct}，行业 h 中对目的地 c 出口的企业数目为 N_{hct}，目的地 c 在行业 h 上对世界的进口需求为 im_{hct}，则出口增长的扩展边际为 N_{hct}，集约边际为$\frac{exp_{hct}}{N_{hct}}$，需求冲击为$\frac{im_{hct}}{N_{hct}}$。

Melitz（2003）的企业异质性贸易模型表明，生产率较高的企业会自选择出口；Melitz 和 Ottaviano（2008）则指出，目的地市场规模的扩大会吸引更多企业进入，加剧市场竞争。在纳入出口产品质量后，本书将自选择效应定义为：企业根据自身状况选择进入或退出目的地市场而引起的行业内出口企业数目的变化，进而对行业整体出口产品质量所产生的效应。本书对竞争效应的定义是：由于企业进入或退出目的地市场而引起的出口企业数目的变化，进而对行业中其他企业出口产品质量所产生的效应。由于自选择效应和竞争效应都与企业数目的变化相关，因而与扩展边际相对应。此外，竞争效应是在自选择效应的基础上衍生出来的，自选择效应未考虑行业内企业之间的相互影响，这种企业之间的相互作用在竞争效应中得到了弥补。对于规模效应，本书的定义是：由于目的地需求的增加而引起的企业生产和出口规模的扩大，进而对企业出口产品质量所产生的效应。

3.2 经济政策不确定性对出口产品质量的影响：扩展边际的路径

在本章的理论模型中，首先论证了经济政策不确定性与出口固定成本的关系假设，它是经济政策不确定性得以影响出口产品质量的重要前提。由于出口固定成本的调整，企业进入退出所产生的自选择效应和竞争效应将分别影响行业整体出口产品质量和企业出口产品质量。在外生质量假设下，经济政策不确定性的变化通过出口产品质量门槛引起扩展边际的变化，进而影响整个行业的平均质量水平。内生质量选择模型则表明，经济政策不确定性的变化会改变行业内企业面临的竞争程度，从而对企业利润和出口产品质量产生影响。

3.2.1 经济政策不确定性与出口固定成本的关系假设

企业出口的过程涉及风险和资源投资，关于企业出口决定的理论和经验文献强调，出口固定成本是企业出口时必须支付的一项沉没成本（Melitz，2003；Roberts 和 Tybout，1997）。出口固定成本一般包括海外管理成本，调整产品设计以迎合当地市场偏好而支付的成本，了解目的地法规信息需要支付的成本，建立和维持销售网络需要支付的成本等（Jørgensen 和 Schröder，2008）。本书把出口固定成本归总为产品市场成本（收集产品和市场信息而支付的成本）、制度法规成本（学习了解制度和法规信息而支付的成本）、管理组织成本（出口过程中涉及的管理和组织成本）三类。

对外国市场需求偏好和制度法规信息的收集是出口固定成本的重要组成部分（Bugamelli 和 Infante，2003）。就市场信息而言，企业要出口经营，就必须充分熟悉外国商务知识，即对顾客偏好、市场需求和潜在竞争对手有所掌握（Eriksson 等，1997）。经济政策不确定性的上升抑制了一国经济的发展，产品的消费需求萎缩，这使部分顾客偏好信息和市场需求信息被隐藏。同时，不确定性的上升也使潜在竞争企业降低生产投资，缩减产出，出口企业难以顺畅获得这些企业的生产信息。因此，为应对较高程度的不确定性，产品设计和定价策略调整所带来的额外成本更高。

对出口目的地制度标准和法律规则的充分了解是一种优势来源，能够降低制度法规成本（Yoffie，1988；Lenway 和 Murtha，1994；Eriksson 等，1997）。缺乏对国外市场制度、政府制度、行政制度等的掌握不利于出口企业充分理解目的地市场的技术和商业环境，从而会给企业的经营带来障碍，耗费更多资源和成本。经济政策不确定性上升时，政府政策和法规变得更加难以预测，商业经营法则和市场运作规律面临调整的可能。因此，在不确定性较高的环境下，出口企业对目的地政府、市场等方面制度法规的掌握更为有限，需要为制度法规信息的收集承担更高的成本。

较高的经济政策不确定性还不利于企业管理组织的进行。为避免无法预测的变化，管理者需要付出更多努力，如经验学习、与外国政府建立联系等。这一方面要求提高管理者薪酬以激励其努力，另一方面也要投入资金维护政企关系，从而增加了管理组织成本（Vahlne 等，2017）。同时，不确定性环境下，目的地进口企业倾向于采取“观望”态度，降低当前进口投入，等经济明朗后再投入进口项目，这就使出口企业更难以维护和拓展销售网络，增加了销售维护成本。因此，经济政策不确定性上升时，需要支付的管理组织费用也将增加。

综上所述，经济政策不确定性的上升会导致出口企业面临产品市场成本、制度法规成本和管理组织成本的增加，从而引起出口固定成本的增加。换言之，出口固定成本是关于经济政策不确定性的增函数。本书给出如下假设。

假设 3-1：经济政策不确定性越高，决定是否出口的企业所面临的出口固定成本越高。

由于在位的出口企业已经支付了固定成本，按照假设 3-1，经济政策不确定性将只影响潜在进入企业而对已出口企业没有影响。但事实上，经济政策不确定性的上升同样会增加已出口企业的固定成本。例如，不确定性的变化可能改变目的地企业的进口采购方式（Schott 等，2017），出口企业为维护和调整销售网络，需要追加类似出口进入时的固定成本；不确定性的上升可能意味着目的地经济政策、法律法规的变化，即使已出口企业熟悉该国的政策法规，面对政策法规的变化，企业也要支付成本以更新对调整后政策法规的认知。本书把由经济政策不确定性上升引起的，已出口企业对类似出口进入时支付的固定成本的追加称为出口的“固定调整成本”。由此可得假设3-2。

假设 3-2：经济政策不确定性越高，已出口企业增加的固定调整成本越高。

3.2.2 经济政策不确定性、自选择效应与行业出口产品质量

假设出口国将产品出口到目的地。出口目的地 c 代表性消费者的效用函数为 CES 形式：

$$U_c = \left\{ \int_{\omega \in \Omega_c} [z_c(\omega)\ q_c(\omega)]^{\frac{\sigma-1}{\sigma}} d\omega \right\}^{\frac{\sigma}{\sigma-1}} \tag{3-1}$$

其中，Ω_c表示出口目的地可消费的产品种类集合。z_c（ω）为产品种类 ω 的质量，$q_c(\omega)$ 为目的地对该种产品的需求数量。任意两种产品之间的替代弹性为σ，$\sigma > 1$。通过求解效用最大化问题可得需求函数：

$$q_c(\omega) = A\,[z_c(\omega)]^{\sigma-1}\,[p_c(\omega)]^{-\sigma} \tag{3-2}$$

其中，$p_c(\omega)$ 为包含进口关税 τ 的产品出口价格，在自由贸易情况下，$\tau = 1$；当目的地征收进口关税时，$\tau > 1$，企业获得的净价格为 $\frac{p_c(\omega)}{\tau}$。需求参数 $A = E_c P^{\sigma-1}$，其中 E_c 是出口目的地代表性消费者的收入，P 是依质量调整的出口目的地总体价格指数，$P = \left[\int_{\omega \in \Omega c}\left(\frac{p_c(\omega)}{z_c(\omega)}\right)^{1-\sigma} d\omega\right]^{\frac{1}{1-\sigma}}$。对于行业内任意企业而言，需求参数 A 为外生给定。

假设有外生固定数目的企业在出口国国内生产，企业根据自身生产状况决定是否进入出口目的地市场。若企业出口，其在目的地垄断竞争市场上参与出口销售，劳动是唯一的生产要素，工资率被标准化为 1。所有企业的边际成本均为 c，但企业在产品质量维度具有异质性，每个连续企业从质量分布函数 $G(z)$ 中抽取差异化产品质量 z。① 借鉴 Gervais（2015），假设企业的总成本函数形式为 $TC = cz^{\alpha}q$，α 代表生产成本对质量的弹性，$0 < \alpha < 1$，说明可变成本随产品质量的提高而增加，但成本的增幅较质量的增幅要小。② 当企业出口时，在每一阶段，企业制定出口价格以最大化营业利润：

$$\max_{p} \pi = \frac{pq}{\tau} - c\,z^{\alpha} q \tag{3-3}$$

结合式（3-2）可得出口价格 $p = \frac{\sigma}{\sigma - 1}\tau c z^{\alpha}$，即企业拥有不变的成本加成。出口数量 $q = \left(\frac{\sigma}{\sigma - 1}\right)^{-\sigma} A\,\tau^{-\sigma} c^{-\sigma} z^{\sigma(1-\alpha)-1}$，当替代弹性较大、成本对质量的弹性较小时，质量升级会扩大出口量。企业获得的出口利润为：

① 若同时假设边际成本和产品质量两个维度的异质性，则企业出口的临界边际成本和临界产品质量相互依赖，即从确定性环境转向不确定性环境时，只能确定临界边际成本和临界产品质量二者组合的变化，而难以单独判断临界产品质量的变化。因此，本书假定企业边际成本相同。

② 当产品质量参数仅出现在可变成本中时，意味着它是外生的（Gervais，2015）；也有文献假设产品质量影响固定成本，或者产品质量的升级同时提高可变成本和固定成本（Hallak 和 Sivadasan，2013；Antoniades，2015；Bellone 等，2016），此时产品质量是内生的。

$$\pi = B\tau^{-\sigma} c^{1-\sigma} z^{(\sigma-1)(1-\alpha)} \tag{3-4}$$

其中，$B=\frac{1}{\sigma-1}\left(\frac{\sigma}{\sigma-1}\right)^{-\sigma}A$，代表目的地市场的需求状况。式（3-4）表明，产品质量越高的企业，出口利润越大。

借鉴 Handley 和 Limão（2015）的做法，在讨论企业出口决定时，假设式（3-4）中目的地总需求项 B 不受影响。在经济政策确定的情况下，只有当未来出口利润的现值超过出口固定成本时，企业才决定出口，因此，$\frac{\pi}{1-\beta}\geqslant K$，其中 β 为贴现因子，则确定性环境下出口产品质量的最低门槛为

$$z^{D}=\left[\frac{(1-\beta)K}{B}\tau^{\sigma}c^{\sigma-1}\right]^{\frac{1}{(\sigma-1)(1-\alpha)}} \tag{3-5}$$

显然，只有产品质量高于最低质量门槛的企业才能出口。从式（3-5）来看，当其他因素（关税 τ 和生产技术 c）不变时，行业的出口产品质量门槛与出口固定成本 K 正相关：给定较高的出口固定成本，只有生产高质量产品的出口企业才能进入目的地市场获利。

然后引入经济政策不确定性。根据假设 3-1 和假设 3-2，不确定的经济政策不仅会增加为进入市场需要支付的出口固定成本，还会使已出口企业的固定调整成本增加。为了描述上述假设，本书将出口固定成本和经济政策不确定性的关系写为如下形式：

$$FX_t(epu) = K1\{f=entry\} + k_t(epu) \tag{3-6}$$

其中，下标 t 代表时间，f 代表企业，$entry$ 表示进入状态，$1\{f=entry\}$ 表示 t 时间点企业 f 是否要进入目的地市场，是则取 1，否则为 0。$k_t(epu)$ 是固定调整成本关于经济政策不确定性 epu 的增函数。式（3-6）的经济含义是，在 t 时间点面临 epu 的经济政策不确定性时，已出口企业需要增加的固定调整成本为 $k_t(epu)$，潜在进入企业需要支付的出口固定成本为 $K+k_t(epu)$。实际上，已出口企业的固定调整成本是对原出口固定成本 K 的一种补充。图 3-1 描绘了式（3-6）的函数关系。

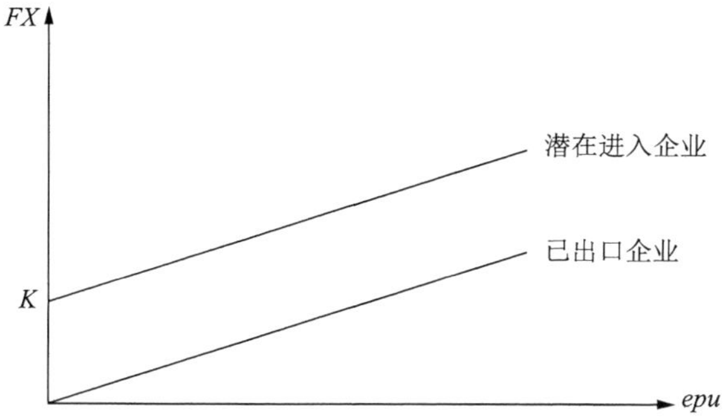

图 3-1 经济政策不确定性与调整的出口固定成本

资料来源：根据模型假设得到。

当出现经济政策不确定性时，出口产品质量门槛调整为

$$z^U = \left[\frac{(1-\beta)(K+k)}{B}\tau^{\sigma}c^{\sigma-1}\right]^{\frac{1}{(\sigma-1)(1-\alpha)}} \tag{3-7}$$

其中，k 为经济政策不确定性上升带来的固定调整成本的增加。对比式（3-5）和式（3-7）可知 $z^U \geqslant z^D$：经济政策的不确定性导致更高的出口产品质量门槛。由于经济政策不确定性的上升，已出口企业需要增加固定调整成本的支出，产品质量位于 z^D 和 z^U 之间的出口企业的利润难以弥补增加的固定调整成本，这部分企业将退出目的地市场。因此，目的地经济政策不确定性的上升迫使生产低质量产品的出口企业退出市场，整个行业的平均出口产品质量得到提高。

理论模型中假设了外生的国内生产企业数目，而在现实中，随着时间的推移，企业数目往往会增加，即有新建的企业进入国内市场。这意味着新增企业抽取的产品质量可能介于 z^D 和 z^U 之间，确定性环境下这些企业能够进入目的地市场，一旦面临经济政策的不确定性，这些企业的产品质量将低于出口产品质量门槛，从而被排除在目的地市场之外。换言之，当国内有新增企业时，经济政策不确定性的出现还会阻止低质量生产企业进入目的地市场。

经济政策不确定性影响行业出口产品质量的关键在于企业的进入退出机制，而企业的进入退出又与出口固定投资密切相关。企业在出口之前往往要收集目的地产品和市场信息，学习和了解当地制度，建立销售网络，即必须支付一定的出口固定成本（Melitz，2003），而出口固定成本是一种不可逆投资（Handley 和 Limão，2015）。在不确定性出现时，企业通过评估投资带来的预期收益现值能否弥补固定成本而作出选择，由于不确定性的上升使未来的预期收益更难以预测，企业将延迟不可逆投资的时间，以等待经济环境明朗后再进入市场（Pindyck，1991；Dixit 和 Pindyck，1994）。因此，经济政策不确定性的上升减弱了企业对出口的投资意愿，进入出口市场的企业减少。此外，由于经济政策不确定性的上升，企业维持市场运营的成本将增加，导致部分原本出口利润就微薄的企业无法继续生存，因而选择退出。进入企业的减少和退出企业的增加使整个行业出口企业数目减少。显然，不论是延迟进入的企业还是选择退出的企业，其决策依据都是出口带来的利润难以弥补增加的出口固定成本，但增加的出口固定成本对所有企业而言均相同。这就表明延迟进入的企业和选择退出的企业获得了较低的出口利润，原因是这些企业的生产效率和出口产品质量较低。可见，经济政策不确定性的上升将低质量的企业排除在市场之外，而行业的整体出口产品质量是所有企业的平均水平，低质量企业的退出和延迟进入使平均水平提高，即行业整体出口产品质量提升。由此得出如下理论命题。

命题 3-1：当企业生产的产品质量为外生时，经济政策不确定性的上升阻碍低质量生产企业进入目的地市场，迫使低质量出口企业退出目的地市场，行业整体出口产品质量提高。

3.2.3 经济政策不确定性、竞争效应与企业出口产品质量

3.2.2 小节的模型有两个特点：一是反映盈利能力的成本加成只取决于产品质量，而不受企业进入退出的影响；二是假设外生的企业出口产品质量。为了进一步考察经济政策不确定性是否影响企业层面的出口产品质量，本书

对 3.2.2 小节的模型加以修改，引入内生成本加成和内生质量选择。

借鉴 Antoniades（2015）的设定，出口目的地消费者效用函数为

$$U = q_0^c + \int_{i \in \Omega} q_i^c di + \phi \int_{i \in \Omega} z_i q_i^c di - \frac{1}{2}\rho \int_{i \in \Omega} (q_i^c)^2 di - \frac{1}{2}\eta \left[\int_{i \in \Omega} q_i^c di\right]^2 \tag{3-8}$$

其中，q_0^c 和 q_i^c 分别表示计价产品和出口种类 i 的个人消费，出口种类 i 的质量由 z_i 表示。参数 α 和 η 代表计价产品和出口种类 i 之间的替代弹性，参数 ρ 为不同出口种类之间的替代弹性，ϕ 为反映质量偏好的参数，所有参数均为正。

出口种类 i 的反需求函数为

$$p_i = \alpha - \rho q_i^c + \phi z_i - \eta Q^c \tag{3-9}$$

其中，p_i 为包含关税 τ 的出口价格，个人总消费 $Q^c = \int_{i \in \Omega} q_i^c di$，种类 i 的消费为

$$q_i = Lq_i^c = \frac{\alpha L}{\eta N + \rho} - \frac{L}{\rho}p_i + \frac{L\phi}{\rho}z_i + \frac{\mu NL}{\rho(\eta N + \rho)}\bar{p} - \frac{\eta NL}{\gamma(\eta N + \rho)}\bar{z} \tag{3-10}$$

其中，N 为总出口种类，L 是目的地规模，$\bar{p} = \left(\frac{1}{N}\right)\int_{i \in \Omega^*} p_i di$，$\bar{z} = \left(\frac{1}{N}\right)\int_{i \in \Omega^*} z_i di$，$\Omega^* \subset \Omega$ 是消费种类集合。

供给方面，劳动是唯一生产要素，每单位劳动可生产一单位计价产品 q_0，因此工资被标准化为 1。在同时涉及国内和出口市场时，Melitz 和 Ottaviano（2008）、Antoniades（2015）均没有考虑出口固定成本，否则会使模型复杂化。为了引入出口固定成本，本书只考虑出口市场以简化分析。由于目的地消费者偏好可能与本国消费者偏好存在差异，企业为满足不同消费者偏好，需要分别向本国和外国提供不同产品，因此生产国内产品和出口产品的成本不同。即使企业在国内生产时已知生产国内产品的成本，也无法获悉生产出口产品的成本。假设企业出口前必须支付出口固定成本 FX 用于管理组织和了

解目的地市场供求、制度法规等信息，并从帕累托分布 $G(c)$ 中抽取出口产品的边际生产成本 c，$G(c)=\left(\frac{c}{c_M}\right)^k$，$c\in[0,\ c_M]$。生产成本与产品质量正相关，则企业 i 的出口产品总生产成本为

$$TC_i = \tau c_i q_i + \theta(z_i)^2 \tag{3-11}$$

其中，第一项为生产并出口 q_i 单位产品所需的可变成本，第二项借鉴了 Bellone 等（2014）的设定，反映了质量升级所需支付的固定生产成本，质量越高，固定生产成本越高。由于固定生产成本是质量的凹函数，随着质量的增加，固定生产成本增长幅度越来越大，即质量升级的固定生产成本递增。

略去下标 i，企业选择数量最大化出口利润为

$$\max_q \pi = (p-\tau c)q - \theta z^2 \tag{3-12}$$

可得出口数量 $q=\frac{L}{2\rho}(c_X-\tau c)+\frac{L}{2\rho}\phi z$，出口价格 $p=\frac{1}{2}(c_X-\tau c)+\frac{1}{2}\phi z$，从而利润为

$$\pi = \frac{L}{4\rho}(c_X - \tau c + \phi z)^2 - \theta z^2 \tag{3-13}$$

其中，c_X为出口和不出口无差别的临界边际成本，反映了市场竞争程度，c_X越低，竞争越激烈，只有成本低于 c_X的企业才能出口获利。企业根据式(3-13）选择出口产品质量以最大化利润，则由一阶条件可得

$$z = \lambda(c_X - \tau c) \tag{3-14}$$

其中，$\lambda=\frac{L\phi}{4\rho\theta - L\phi^2}$为质量差异化程度，为使 $\lambda>0$，假设 $4\rho\theta > L\phi^2$。将式(3 - 14）代入数量、价格和利润表达式中，则有

$$q = \frac{L}{2\rho}(1+\phi\lambda)(c_X - \tau c) \tag{3-15}$$

$$p = \frac{1}{2}(1+\phi\lambda)(c_X - \tau c) \tag{3-16}$$

$$\pi = \frac{L}{4\rho}(1+\phi\lambda)(c_X - \tau c)^2 \tag{3-17}$$

式（3-14）说明，保持其他条件不变，企业出口产品质量内生性取决于竞争程度 c_X，竞争越激烈（c_X越小），出口产品质量越低。

目的地市场的临界边际成本 c_X 由出口进入均衡决定，当企业出口进入的预期利润刚好克服固定出口成本时，市场达到均衡：

$$\int_0^{c_X} \pi dG(c) = FX \tag{3-18}$$

结合式（3-17）和式（3-18）可得

$$c_X = \left\{\frac{4\rho(k+1)(k+2)(c_M)^k FX}{L(1+\phi\lambda)[k(k+1)\tau^2 - 2k(k+2)\tau + (k+1)(k+2)]}\right\}^{\frac{1}{k+2}} \tag{3-19}$$

由式（3-10）可知出口企业数目为

$$N = \frac{2\rho(k+1)}{\eta(1+\phi\lambda)} \frac{\alpha - c_X}{c_X} \tag{3-20}$$

结合式（3-6）、式（3-19）和式（3-20）可知，由于经济政策不确定性的上升会增加企业面临的出口固定成本，而较高的出口固定成本导致较高的临界边际成本，进而降低了出口企业的数目，即原来确定性环境下部分能够出口的企业退出市场，在位出口企业面临的竞争程度下降，出口价格、数量、成本加成和利润都提高。根据式（3-14），出口产品质量将提高。如同3.2.2小节所述，较高的 c_X阻碍了新企业的进入。

经济政策不确定性不仅作用于行业出口产品质量，还会对企业出口产品质量产生影响。正如命题3-1所言，经济政策不确定性的上升通过减少进入和加剧退出而降低了出口企业的数目。低效率出口企业的退出使竞争程度减弱，行业内的闲置资源向高效率生产企业转移，高效率企业的市场份额和利润增加，因而企业能够将更多资源用于研发创新，以提升产品品质，即经济政策不确定性的上升通过减弱竞争，增加存活企业的市场占有率而提升了企业出口的产品质量。因此，本书得到如下命题。

命题3-2：在内生质量选择模型中，经济政策不确定性的上升阻碍低效率生产企业进入目的地市场，迫使低效率出口企业退出目的地市场，市场竞争程度下降，企业利润增加，出口产品质量得到提高。

3.3 由经济政策不确定性细化到贸易政策不确定性的必要性

经济政策不确定性是一个广义概念，涉及各领域政策调整的可能性。结合学科特点，本书进一步聚焦贸易领域，将经济政策不确定性细化到贸易政策不确定性，主要原因如下。

首先，贸易政策不确定性已成为国际贸易学领域中一个前沿问题（龚联梅和钱学锋，2018；佘智，2019）。贸易政策不确定性体现的是某种贸易政策发生的概率，它不同于贸易政策的确定性调整，如关税下降、取消配额等。因此，以往关于贸易自由化和其他确定性贸易政策调整的研究均不属于贸易政策不确定性的范畴。贸易政策不确定性由 Handley 和 Limão 开创，他们不仅建立了贸易政策不确定性影响出口的理论框架，还在实证研究中提出了贸易政策不确定性的度量方法（Handley，2014；Handley 和 Limão，2015；Handley 和 Limão，2017a）。在 Handley 和 Limão 已有研究的基础上，其他学者进行了拓展，考察了贸易政策不确定性对出口增长、劳动力市场、企业创新等维度的影响，评价贸易政策不确定性的经济效应已成为当前一个热点议题。

其次，当前的中美贸易摩擦加剧了贸易政策的不确定性。自 2018 年 3 月以来，美国已经陆续对中国的多类产品加征 10%~25%的关税，为维护多边贸易体制和国家合法权益，中国采取了必要的反制措施。显而易见，美国加征关税使中国出口企业面临的贸易政策不确定性上升，即企业不确定美国未来是否会提高税率或取消加征的关税。实际上，自中美贸易摩擦以来，中美双方已经进行了十轮谈判，出口企业难以预料谈判结果，因而增加了不确定性。此外，本书以中国加入 WTO 后美国贸易政策不确定性的下降为研究背景，恰好也聚焦中美双边贸易。因此，由多边经济政策不确定性细化到中美双边贸易政策不确定性，研究其对出口产品质量的影响，具有较强的现实意义。

最后，与经济政策不确定性相比，贸易政策不确定性有其特殊性。贸易成本分为固定贸易成本和可变贸易成本。由3.2节可知，经济政策不确定性作用于出口固定成本，进而影响扩展边际和出口产品质量。贸易政策不确定性作为经济政策不确定性中的一种类型，也可能通过出口固定成本影响出口产品质量。然而，更重要的是，贸易政策不确定性涉及关税调整的可能性，因而更可能通过可变贸易成本影响出口企业数目的变化和出口产品质量。根据Feng等（2017）的结论，即使控制企业面临的出口固定成本，贸易政策不确定性的下降仍然会影响行业内企业的出口进入和退出。可见，除了经济政策不确定性的共性，贸易政策不确定性还有其自身的特殊性，这表明有必要将贸易政策不确定性从经济政策不确定性中分离，对它进行单独研究。

3.4 贸易政策不确定性对出口产品质量的影响：扩展边际的路径

本书的理论模型包含两部分：一是在Handley和Limão（2015）的理论框架下引入外生的产品质量，其特点为不变的企业成本加成和外生的企业出口产品质量，可用于解释贸易政策不确定性引发的企业进入对行业平均出口产品质量的影响，印证了第6章6.1节产品层面的估计结果。二是在Antoniades（2015）的模型中嵌入不确定性，其特点为可变的企业成本加成和内生的企业出口产品质量，可用于解释贸易政策不确定性带来的竞争效应如何通过企业盈利绩效来影响企业出口产品质量，印证了第6章6.2节企业层面的估计结果。

3.4.1 贸易政策不确定性、自选择效应与行业出口产品质量

当没有不确定性因素时，需求侧和供给侧的假设与3.2.2小节相同，即

目的地消费者具有 CES 形式的效用函数，本国生产者以相同的边际成本生产质量水平存在差异的产品，则根据 3.2.2 小节的推导，企业利润为

$$\pi = B\tau^{-\sigma}c^{1-\sigma}z^{(\sigma-1)(1-\alpha)} \tag{3-21}$$

其中，B 代表目的地市场的需求状况。由式（3-16）可知，目的地进口关税越高，企业出口利润越小。再次参照 Handley 和 Limão（2015）的假设：本国企业的出口进入不影响目的地需求状况，即假设式（3-21）中的 B 保持不变。则在确定性关税水平下，企业进入出口目的地市场的临界产品质量为

$$z^{D} = \left[\frac{(1-\beta)K}{B}\tau^{\sigma}c^{\sigma-1}\right]^{\frac{1}{(\sigma-1)(1-\alpha)}} \tag{3-22}$$

产品质量 $z > z^{D}$ 时，企业会选择出口。由式（3-22）可知，进口关税的削减会降低产品质量门槛，从而使出口企业数目增加。此外，在既定的关税水平和出口固定成本下，如果企业生产效率较低，则需要更高的临界产品质量来弥补。

与 3.2 节不同的是，本章关注的并非出口固定成本的调整，而是目的地关税的变化。在贸易政策不确定性的情形下，企业有出口和观望等待两种选择。对不确定性出现之前已经进入出口目的地市场的企业来说，由于没有其他固定成本，不确定性不影响其出口状态。对于非出口企业来说，只有当扣除出口固定成本后出口带来的净收益超过等待所带来的收益时，企业才决定出口。当临界关税为 $\bar{\tau}$ 时，企业选择出口和等待的收益相等，即

$$\Pi_{e}(z, \bar{\tau}) - K = \Pi_{w}(z, \bar{\tau}) \tag{3-23}$$

假设当前关税成本为 τ_t，每年贸易政策受到冲击的概率为 γ，当冲击发生时，关税被调整为 τ_u，其概率密度函数为 $H(\tau_u)$，且 $\tau_u \in [1, \tau_h]$，其中 τ_h 为最高关税。因此，贸易政策的不确定性源于企业对 $[\gamma, H(\tau_u)]$ 组合的预期。当 $\gamma = 0$ 时，关税保持不变；当 $\gamma = 1$ 时，关税有确定性的上升（$\tau_u > \tau_t$）或下降（$\tau_u < \tau_t$）。

企业进入出口目的地市场的预期收益为

$$\Pi_{e}(z, \tau_t) = \pi(z, \tau_t) + \beta[(1-\gamma)\Pi_{e}(z, \tau_t) + \gamma E\Pi_{e}(z, \tau_u)] \tag{3-24}$$

其中，等式右边第一项为当期出口收益，第二项为未来预期收益的折现值。企业不出口而选择等待的预期收益为

$$\begin{aligned}\Pi_w(z) = \beta(1-\gamma)\Pi_w(z) + \beta\gamma[1-H(\bar{\tau})]\Pi_w(z) + \\ \beta\gamma H(\bar{\tau})\{E[\Pi_e(z,\ \tau_u) \mid \tau_u \leqslant \bar{\tau}] - K\}\end{aligned} \tag{3-25}$$

其中，等式右边第一项为下一期不受政策冲击时的预期收益；第二项为受到政策冲击但 $\tau_u > \bar{\tau}$，即企业仍然处于等待时的预期收益；第三项为受到政策冲击且 $\tau_u \leqslant \bar{\tau}$，即企业进入出口目的地市场时的预期收益。

对式（3-24）和式（3-25）取期望得到 $E\Pi_e(z,\ \tau_u)$ 和 $E[\Pi_e(z,\ \tau_u) \mid \tau_u \leqslant \bar{\tau}]$，由此可得，出口的预期收益和等待的预期收益（推导过程见附录 2）：

$$\Pi_e(z,\ \tau_t) = \frac{\pi(z,\ \tau_t)}{1-\beta(1-\gamma)} + \frac{\beta\gamma}{1-\beta}\frac{E\pi(z,\ \tau_u)}{1-\beta(1-\gamma)} \tag{3-26}$$

$$\Pi_w(z) = \frac{\beta\gamma H(\bar{\tau})}{1-\beta[1-\gamma H(\bar{\tau})]}\left\{\frac{E[\pi(z,\ \tau_u) \mid \tau_u \leqslant \bar{\tau}]}{1-\beta(1-\gamma)} + \frac{\beta\gamma}{1-\beta}\frac{E\pi(z,\ \tau_u)}{1-\beta(1-\gamma)} - K\right\} \tag{3-27}$$

其中，$\tau_t \geqslant \bar{\tau}$。显而易见，式（3-26）意味着企业出口带来的收益即为未来利润的现值；式（3-27）意味着，存在 $\gamma H(\bar{\tau})$ 的概率使未来关税 $\tau_u \leqslant \bar{\tau}$，企业选择出口并预期获得大括号中的净利润。

联合（3-21）、（3-23）、（3-26）、（3-27）四个表达式，可得贸易政策不确定性条件下的临界产品质量（推导过程见附录 2）：

$$\begin{aligned}(z_t^U)^{-(\sigma-1)(1-\alpha)} = \frac{Bc^{1-\sigma}\tau_t^{-\sigma}}{(1-\beta)K}\Bigg[\frac{(1-\beta)}{1-\beta(1-\gamma)} + \frac{\beta\gamma}{1-\beta(1-\gamma)} \\ \left(\frac{E(\tau_u^{-\sigma}) + H(\bar{\tau})[\tau_t^{-\sigma} - E(\tau_u^{-\sigma} \mid \tau_u \leqslant \bar{\tau})]}{\tau_t^{-\sigma}}\right)\Bigg]\end{aligned} \tag{3-28}$$

令临界关税水平 $\bar{\tau}(z)$ 为关于 z 的减函数，由于 $\bar{\tau} \leqslant \tau_t$，为了求解当期能够允许企业进入的最小质量水平，即临界质量 z_t^U，应使 $\bar{\tau}(z_t^U) = \tau_t$，结合确定性条件下临界质量 $(z_t^D)^{(\sigma-1)(1-\alpha)} = \dfrac{(1-\beta)K}{Bc^{1-\sigma}\tau_t^{-\sigma}}$，则

$$\left(\frac{z_t^D}{z_t^U}\right)^{(\sigma-1)(1-\alpha)}=\frac{(1-\beta)}{1-\beta(1-\gamma)}+\frac{\beta\gamma}{1-\beta(1-\gamma)}\left(\frac{E(\tau_u^{-\sigma})+H(\tau_t)[\tau_t^{-\sigma}-E(\tau_u^{-\sigma}\mid\tau_u\leqslant\tau_t)]}{\tau_t^{-\sigma}}\right)\tag{3-29}$$

由于 $\frac{E(\tau_u^{-\sigma})+H(\tau_t)[\tau_t^{-\sigma}-E(\tau_u^{-\sigma}\mid\tau_u\leqslant\tau_t)]}{\tau_t^{-\sigma}}\leqslant 1$（证明过程见附录2），因此

$$z_t^U\geqslant z_t^D\tag{3-30}$$

式（3-30）的含义是，消除不确定性后质量门槛下降，行业内更多低质量生产企业进入目的地市场，最终使平均出口产品质量下降。

贸易政策不确定性影响行业出口产品质量的内在逻辑与经济政策不确定性具有一致性。企业出口之前必须支付不可逆的出口沉没成本，当贸易政策不确定性较高时，企业对于出口进入这一无法收回的投资持谨慎态度，更倾向于延迟投资时间以获取更多信息（Handley 和 Limão，2015）。只有生产足够高质量产品的企业才能够通过索取较高的价格而获得较高的利润，以至于即使在较高的不确定性下，这类企业仍能克服出口固定成本进入市场，高质量生产企业的进入提升了行业的平均质量水平。贸易政策不确定性的下降则是一个相反的过程，不确定性的下降使部分初始无法出口的企业意识到预期出口净收益会高于预期等待收益，因而决定出口；不确定性情形下，这些企业无法出口的原因是其提供的低质量产品无法获取较高利润来抵销出口固定成本。因此，与在位出口企业相比，新进入企业出口的产品质量偏低，这类企业的进入导致行业内平均出口产品质量的下降。由此本书得到如下命题。

命题 3-3：当企业生产的产品质量为外生时，贸易政策不确定性的下降使更多低质量生产企业进入出口目的地市场，行业整体出口产品质量水平下降。

3.4.2 贸易政策不确定性、竞争效应与企业出口产品质量

本小节在 Antoniades（2015）的内生质量选择模型中引入贸易政策不确定性，并分析其如何影响企业出口产品质量。

假设本国 H 和目的地 F 的市场规模分别为 L^H和 L^F，消费者具有与 3.2.3 小节相同的效用函数，根据式（3-10），国家 l（$l=\{H, F\}$）对产品种类 i 的需求为

$$q_i^l = L^l q_i^c = \frac{\alpha L^l}{\eta N^l + \rho} - \frac{L^l}{\rho} p_i^l + \frac{L^l \phi^l}{\rho} z_i^l + \frac{\eta N^l L^l}{\rho(\eta N^l + \rho)} \bar{p}^l - \frac{\eta N^l L^l}{\gamma(\eta N^l + \rho)} \bar{z}^l \qquad (3-31)$$

所有符号的含义与 3.2.3 小节相同，只是增加了上标 l 以区分所在国家。

企业使用劳动要素进行生产，工资率标准化为 1。企业进入生产前需要支付出口固定成本 f_E以获悉其边际成本 c，边际成本服从帕累托分布，累积分布函数 $G(c)=\left(\frac{c}{c_M}\right)^k$，$c \in [0, c_M]$。$l$ 国企业出口一单位产品到 h 目的地支付的可变贸易成本为 τ^h。① 此外，生产成本还取决于产品质量，可以写为

$$TC_i^l = \begin{cases} c_i^l q_i^l + \theta^l (z_i^l)^2 \\ \tau^h c_i^l q_i^l + \theta^l (z_i^l)^2 \end{cases} \qquad (3-32)$$

生产成本中各项的含义与 3.2.3 小节类似，但这里不考虑内销产品和出口产品边际成本与质量的差异。②

基于以上设定，令 z_D^l 和 z_X^l 分别代表 l 国企业在本国市场和出口市场销售的产品质量，则有

---

① 注意 3.2.3 小节假设出口固定成本是为了与经济政策不确定性相联系，而这里没有考虑出口固定成本，因为引入可变贸易成本就足以产生出口的自选择效应（Melitz and Ottaviano，2008）。

② 实际上，Antoniades（2015）的总成本函数为：$TC_i^l = c_i^l q_i^l + \delta^l z_i^l q_i^l + {}^l\theta(z_i^l)^2$，即产品质量水平的变化会同时增加固定成本和可变成本，δ^l 反映了生产过程的质量调整成本。本书简化了成本函数，Antoniades（2015）指出，$\delta^l=0$ 时结果不受影响。

$$z_D^l = \lambda_D^l(c_D^l - c) \tag{3-33}$$

$$z_X^l = \tau^h \lambda_X^l(c_X^l - c) = \lambda_X^l(c_D^h - \tau^h c) \tag{3-34}$$

其中，^l_D 和 ^l_X 为 l 国企业在本国行业和外国行业的质量差异化程度，$\lambda_D^l = \dfrac{L^l\phi^l}{4\rho\theta^l - L^l(\phi^l)^2}$，$\lambda_X^l = \dfrac{L^h\phi^h}{4\rho\theta^l - L^h(\phi^h)^2}$，假设都取正值。式（3-34）第二个等号利用了 $c_X^l = \dfrac{c_D^h}{\tau^h}$。由此可知，在市场规模和生产技术不变的情况下，市场竞争程度的增加（c_D^l 或 c_X^l 的下降）将降低 l 国企业销售到相应市场的产品质量。

l 国企业在本国和外国市场上的利润为

$$\pi_D^l = \frac{L^l}{4\rho}(1 + \phi^l\lambda_D^l)(c_D^l - c)^2 \tag{3-35}$$

$$\pi_X^l = \frac{L^h}{4\rho}(\tau^h)^2(1 + \phi^h\lambda_X^l)(c_X^l - c)^2 = \frac{L^h}{4\rho}(1 + \phi^h\lambda_X^l)(c_D^h - \tau^h c)^2 \tag{3-36}$$

企业自由进入市场，直到期望利润为 0 时达到均衡，则有

$$\int_0^{c_D^l}\pi_D^l dG(c) + \int_0^{c_X^l}\pi_X^l dG(c) = f_E \tag{3-37}$$

同样地，结合目的地 h 的自由进入均衡条件，并利用 $c_X^l = \dfrac{c_D^h}{\tau^h}$，可以得到关于 c_D^l 和 c_D^h 的两个方程，从而解得

$$c_D^h = \left\{\frac{2\rho(k+1)(k+2)(c_M)^k f_E}{L^h} \frac{(1 + \phi^l\lambda_D^l) - (\tau^l)^{-k}(1 + \phi^l\lambda_X^h)}{(1 + \phi^h\lambda_D^h)(1 + \phi^l\lambda_D^l) - (\tau^h)^{-k}(\tau^l)^{-k}(1 + \phi^l\lambda_X^h)(1 + \phi^h\lambda_X^l)}\right\}^{\frac{1}{k+2}} \tag{3-38}$$

在目的地 h 的市场上，不仅有本地企业，也有来自 l 国的出口企业。企业总数目为

$$N^h = \frac{2\rho(k+1)}{\eta}\frac{\alpha - c_D^h}{c_D^h} \tag{3-39}$$

竞争程度越激烈（较低的 c_D^h），市场上的企业数目越多。

由于假设不存在出口固定成本，因此在确定性环境下，当目的地关税水平为 τ_t^h 时，只要企业的边际成本低于进入出口目的地市场的临界成本 $c^* = c_X^l = \dfrac{c_D^h}{\tau_t^h}$，该企业就将其产品出口。在 c^* 处有

$$\pi_X^l(c^*,\ \tau_t^h) = 0 \tag{3-40}$$

现在结合3.4.1小节中设置的不确定性环境，只有当出口的预期利润超过等待的预期利润时，企业才决定出口。在均衡状态下：

$$\Pi_e(c,\ \bar{\tau}) = \Pi_w(c,\ \bar{\tau}) \tag{3-41}$$

$$\Pi_e(c,\ \tau_t^h) = \frac{\pi_X^l(c,\ \tau_t^h)}{1-\beta(1-\gamma)} + \frac{\beta\gamma}{1-\beta}\frac{E\pi_X^l(c,\ \tau_u^h)}{1-\beta(1-\gamma)} \tag{3-42}$$

$$\Pi_w(c) = \frac{\beta\gamma H(\bar{\tau})}{1-\beta[1-\gamma H(\bar{\tau})]}\left\{\frac{E[\pi_X^l(c,\ \tau_u^h) \mid \tau_u^h \leqslant \bar{\tau}]}{1-\beta(1-\gamma)} + \frac{\beta\gamma}{1-\beta}\frac{E\pi_X^l(c,\ \tau_u^h)}{1-\beta(1-\gamma)}\right\} \tag{3-43}$$

假设不确定性环境下出口和等待无差异的临界边际成本为 c^{**}，利用式（3-36）、（3-41）、（3-42）、（3-43）联立方程，可得

$$\begin{aligned}&(1-\beta)(c_D^h - \tau_t^h c^{**})^2 + \beta\gamma E(c_D^h - \tau_u^h c^{**})^2 - \\ &\beta\gamma H(\tau_t^h)\left\{E\left[(c_D^h - \tau_u^h c^{**})^2 \mid \tau_u^h \leqslant \tau_t^h\right] - (c_D^h - \tau_t^h c^{**})^2\right\} = 0\end{aligned} \tag{3-44}$$

通过式（3-44）无法直接解出 c^{**}。如果在确定环境下拥有出口进入临界成本 c^* 的企业在不确定性环境下无法进入目的地市场，就说明贸易政策不确定性的上升提高了进入门槛，从而抑制了出口进入。因此，可以通过比较不确定性环境下成本为 c^* 的企业进入和等待的预期利润，进而决定是否进入，以考察贸易政策不确定性的影响。由（3-41）、（3-42）、（3-43）三式可得

$$\Pi_e(c^*,\ \tau_t^h) - \Pi_w(c^*) = \frac{\beta\gamma[1-H(\tau_t^h)]E[\pi_X^l(c^*,\ \tau_u^h) \mid \tau_u^h \geqslant \tau_t^h]}{[1-\beta(1-\gamma)]\{1-\beta[1-\gamma H(\tau_t^h)]\}} \tag{3-45}$$

由式（3-36）和式（3-38）可知，目的地关税 τ^h 的上升会降低 c_D^h，同时由于增加了可变贸易成本 $\tau^h c$，出口企业的利润 π_X^l 下降。因此，$E[\pi_X^l(c^*,$

$\tau_u^h) \mid \tau_u^h \geqslant \tau_t^h] \leqslant \tau_X^l(c^*, \tau_t^h) = 0$。从而得到

$$\Pi_e(c^*, \tau_t^h) - \Pi_w(c^*) \leqslant 0 \tag{3-46}$$

式（3-46）表明，确定性环境下刚好可以出口的企业在不确定性环境下达不到出口门槛，即贸易政策不确定性的上升阻碍了企业进入。相反，贸易政策不确定性的下降则导致更多企业进入而加剧竞争，根据式（3-34），竞争效应降低出口产品质量。

本书下面结合中国加入 WTO 的背景来阐述贸易政策不确定性影响出口产品质量的机理。运用命题3-3，中国加入 WTO 导致的美国贸易政策不确定性下降会促进更多中国企业进入美国市场，企业数目的增加强化了市场竞争，一方面导致价格和成本加成下降；另一方面，由于市场被更多企业瓜分，每个企业的市场占有率减少，结果是企业出口利润的下降。成本加成和利润的下降阻碍了企业对研发创新的投入，最终难以生产和出口优质的产品，即贸易政策不确定性下降带来的竞争效应。尤为重要的是，根据命题3-3，新进入企业出口的产品质量相对较低，这符合中国加入 WTO 后的出口模式：作为一个劳动力充裕的发展中国家，中国加入 WTO 后许多企业生产劣质产品，通过低价出口参与国际竞争，从而对行业内其他企业形成负面冲击。由此本书给出如下命题。

命题3-4：在包含可变成本加成的内生质量选择模型中，目的地贸易政策不确定性的下降导致更多企业进入，因而加剧了市场竞争，出口企业的利润和成本加成下降，出口产品质量降低。

3.5 政策不确定性对出口产品质量的影响：需求冲击的路径

3.5.1 从供给侧路径转向需求侧路径

出口增长的扩展边际和集约边际都属于供给侧因素，本书已经分析了经

济和贸易政策不确定性如何通过扩展边际路径影响出口产品质量，接下来的问题是，两种政策不确定性是否会通过集约边际作用于出口产品质量。遗憾的是，至少在经济政策不确定性方面，本书并未发现集约边际路径的存在性。其原因是，第 7 章关于经济政策不确定性的实证结果显示，目的地经济政策不确定性对出口增长集约边际的影响不显著。

出口产品质量的影响因素包括供给侧和需求侧两方面，既然供给侧的集约边际并非政策不确定性影响出口产品质量的路径，由此本书转向对需求侧路径的分析，即探讨政策不确定性如何通过目的地需求冲击影响企业出口产品质量。然而，需求冲击本身对企业出口产品质量的影响机制并不像扩展边际那么直接。为此，本书首先抛开政策不确定性，集中分析需求冲击对企业出口产品质量的影响渠道，然后再讨论政策不确定性如何通过需求冲击路径作用于企业出口产品质量。

3.5.2　需求冲击对企业出口产品质量的影响

考虑出口国 M 个出口企业在某一出口目的地市场 F 销售的情况。出口目的地 F 有 L 个消费者，每个消费者的收入被标准化为 1。假设目的地 F 代表性消费者在产品 i 上的效用函数为

$$U(q_i,\ z_i) = \alpha q_i - \frac{1}{2}\beta {q_i}^2 + \gamma q_i z_i \tag{3-47}$$

其中，q_i 为产品 i 的消费量，z_i 为产品 i 的质量，α、β、γ 均为正值。

每个消费者在预算约束下最大化其效用函数：

$$\max_q \int_0^M U(q_i,\ z_i)\, di \qquad s.t.\ \int_0^M p_i q_i di = 1 \tag{3-48}$$

建立拉格朗日函数并对 q_i 求导，由一阶条件可得消费者逆需求函数：

$$p_i = \frac{\alpha - \beta q_i + \gamma z_i}{\lambda} \tag{3-49}$$

λ 为拉格朗日乘子，也等于收入的边际效用。式（3-49）表明，产品价格随消费者购买量的增加而减少，随消费质量的增加而增加。

借鉴 Bellone 等（2014）对企业成本的设定，假设企业的边际成本为 c，企业生产质量水平为 z_i 的产品需要支付的固定成本为 θz_i^2，θ 为正值，θ 在不同企业之间是有差异的。因此，生产的产品质量越高，需要支付的固定成本就越高，且固定成本随质量上升越来越快，即质量的固定成本递增。正如 Antoniades（2015）指出的，质量升级可视为企业创新活动，此时 θ 反映了创新能力，创新能力越强，θ 越小。企业首先选择产量以最大化利润：

$$\max_q \pi = L[p(q, z) - c]q - \theta z^2 \tag{3-50}$$

由一阶条件得 $q = \frac{\alpha - \lambda c + \gamma z}{2\beta}$，$p = \frac{\alpha + \lambda c + \gamma z}{2\lambda}$，从而 $\pi = \frac{L(\alpha - \lambda c + \gamma z)^2}{4\beta\lambda} - \theta z^2$。企业通过选择产品质量 z 最大化利润，由此可得

$$z = \frac{\gamma L(\alpha - \lambda c)}{4\beta\theta\lambda - \gamma^2 L} \tag{3-51}$$

$$\pi = \frac{(\alpha - \lambda c)^2}{4\beta\theta\lambda - \gamma^2 L} \tag{3-52}$$

式（3-51）表明，在其他条件不变的情况下，出口目的地市场规模 L 越大，出口产品质量越高，即目的地市场规模①对出口产品质量的规模效应；且这种规模效应随创新能力的上升（θ 的下降）而增加。参照 Aghion 等（2018），本书将内生变量 λ 解释为出口目的地市场的竞争程度，竞争程度越高，出口产品质量越低，即目的地市场规模对出口产品质量的竞争效应。竞争效应存在的原因是，竞争加剧会降低企业成本加成（价格下降而边际成本不变），利润的下降使企业对产品质量改进的成本投入减少。因此，目的地市场规模对出口产品质量的影响方向取决于正的规模效应和负的竞争效应的对比。自由进入均衡。

在式（3-51）中，竞争程度 λ 的变动并非外生，而是由其他因素——市

---

① 理论模型中可以用市场规模反映需求冲击，这是因为本书作了两个假设：一个是固定的出口企业数目 M；另一个是特定目的地内每个企业只生产一种产品。因此，市场规模 L 的增加意味着既定产品—目的地组合内每个出口企业面临的进口需求的增加，即需求冲击。

场规模 L——内生决定的。换言之，市场规模不仅直接影响出口产品质量，还会通过竞争间接影响出口产品质量。本书通过自由进入均衡寻找 λ 与 L 之间的关系。均衡时，出口国企业选择支付进入成本 f 出口与选择不出口之间没有差异，即

$$\frac{(\alpha - \lambda\bar{c})^2}{4\beta\theta\lambda - \gamma^2 L} = f \tag{3-53}$$

由式（3-51）、式（3-53）可得

$$z = \frac{\gamma f L(\alpha - \lambda c)}{(\alpha - \lambda\bar{c})^2} \tag{3-54}$$

其中，$\bar{c}$ 为临界边际成本。当市场规模 L 增加时，为了使式（3-53）继续成立，$\bar{c}$ 或 λ 必然增加。直觉上，出口目的地市场规模的增加导致消费产品种类的增加，企业面临更有弹性的产品需求曲线，竞争程度加强。假定 λ 增加①，则当企业创新能力较小（θ 较大）时，有 $\frac{d\lambda}{dL} > \frac{\gamma^2}{4\beta\theta}$，由式(3 - 53)，$\alpha - \lambda\bar{c}$ 增加，根据式（3-54），出口产品质量 z 下降；当企业创新能力较大（θ 较小）时，有 $\frac{d\lambda}{dL} < \frac{\gamma^2}{4\beta\theta}$，此时 $\alpha - \lambda\bar{c}$ 减少，出口产品质量 z 提升。换言之，目的地市场规模对出口产品质量的影响随企业创新能力的增加而增强。由以上分析可知，无论是直接影响还是间接影响，企业创新能力越强，市场规模对出口产品质量的影响越大。

出口产品质量影响逻辑过程可以概括为：企业面临的出口需求增加时，生产规模扩大，单位产量的平均成本下降，利润的上升使企业增加对产品质量改进的投入，最终能够生产和出口高质量产品。若企业只求量变而不求质变，则由于出口规模的扩张，既定质量水平上的生产成本下降，此时虽然获得了更高的利润，但随着需求趋于疲软，生产成本将重新回升，企业的盈利也将回落。相反，若企业决定将所增加利润中的部分资源用于提升出口产品

---

① 若 λ 下降或不变，则根据式（3-53）、式（3-54），出口质量增加的幅度比市场规模更大，这与估计结果不符。此外，直觉上，市场规模的增加应当会加剧竞争，即 λ 上升。

质量，则在给定价格下，其出口市场份额将增加，此时企业能够凭借高质量产品持续获利。因此，较高的出口需求会刺激着眼于长远利益的企业提升产品质量。由于创新能力强的企业负担的固定成本相对较低，需求增加时，这些企业获得的利润比创新能力较差的企业更高，也会将更多资金投入产品质量的改进中。因此，创新能力较高的企业的出口产品质量升级幅度更大。总之，企业将需求冲击这一外部机遇转化为自身出口产品质量升级的内部动力，从量的扩张推动质的升级。

命题 3-5：目的地市场规模对出口国企业出口产品质量产生了积极效应，企业创新能力强化了该效应。

需求冲击影响出口产品质量的第一种渠道是规模效应。较高的目的地市场需求要求出口企业通过扩大生产规模增加供给，生产既定质量水平所需的固定成本得以被更多的产量分摊，这意味着平均固定成本下降。在生产的边际成本不变的情况下，单位产量的平均成本下降，因此，企业将获取更高的利润。利润的增加使企业可以在产品设计和性能优化方面增加资源的投入，从而促进产品质量的提升。因此，需求冲击通过规模效应渠道提高企业出口产品质量。

需求冲击影响出口产品质量的第二种渠道是竞争效应。目的地需求的增加不仅会使已出口企业扩大出口规模，还会吸引更多其他国家企业进入。这是因为需求的增加意味着出口利润的上升，这使部分企业得以克服出口固定成本进入目的地市场参与销售。新企业的进入带来了新产品种类，已出口企业面临来自更多可替代产品的竞争，竞争的加剧必然引起价格和成本加成下降，在出口量不变时，利润也将下降，从而不利于出口产品质量的升级。因此，需求冲击通过竞争效应抑制了出口产品质量的提升。

命题 3-6：目的地市场规模对出口国企业出口产品质量的影响是规模效应和竞争效应共同作用的结果。

3.5.3 政策不确定性、需求冲击与企业出口产品质量

在政策不确定性不断上升的背景下，世界进口需求也出现了较大的波动性。图 3-2 描绘了 2000—2017 年世界总进口及世界从中国进口的增长率。从中可以发现，进口增长率起伏较大，且世界对中国的需求增长率一般高于世界总需求增长率。此外，世界总进口及从中国的进口在 2009 年、2015 年、2016 年均出现下降。据世界银行估计，2016 年全球贸易下降中约 75%由政策不确定性上升解释。尽管贸易限制措施保持稳定，但由经济政策不确定性引起的国际贸易关系不稳定，可能是 2016 年政策不确定性增加的原因。因此，经济政策不确定性、贸易政策不确定性和需求波动之间可能具有一定的联系。

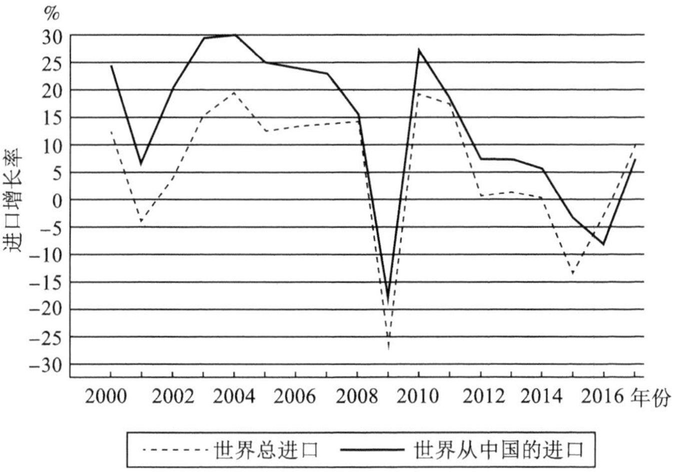

图 3-2 2000—2017 年世界总需求与对中国的需求增长率

数据来源：根据 WTO 统计数据库整理得到。

一般而言，政策不确定性的上升如果不利于经济增长，也就不利于目的地进口需求的扩张，即政策不确定性的上升导致贸易总额一定程度的削减。然而，政策不确定性更为重要的影响在于大幅排除了低效率出口企业的参与，即市场上出口企业数目有较大幅度的下降（Greenland 等，2016；Handley 和

Limão，2017a）。由此，根据需求冲击的概念，政策不确定性将提高单个企业面临的来自目的地的进口需求，而由于需求冲击会通过规模效应和竞争效应影响企业出口产品质量，因此需求冲击是政策不确定性作用于出口产品质量的另一种可能渠道。

3.6 政策不确定性影响出口产品质量的综合分析框架

经济政策不确定性和贸易政策不确定性影响出口产品质量的机理可以纳入统一的分析框架中。实质上，政策不确定性通过出口调整影响出口产品质量。更具体地说，一方面，政策不确定性影响了贸易成本，贸易成本的变化通过出口进入和退出引起出口增长的扩展边际调整，然后通过自选择效应和竞争效应分别作用于行业出口产品质量和企业出口产品质量；另一方面，政策不确定性还会影响需求冲击，需求冲击又通过规模效应和竞争效应作用于企业出口产品质量。

经济政策不确定性和贸易政策不确定性对出口产品质量的影响方向是一致的。综合命题3-1至命题3-4可以发现，目的地政策不确定性的上升有助于行业和企业出口产品质量的升级，政策不确定性的下降则不利于出口产品质量的提高。目的地政策不确定性的上升使该国经济环境更为复杂，出口国低绩效企业会推迟进入目的地市场，已出口企业还可能从目的地市场退出，使行业内资源配置得到优化，该行业整体出口产品质量提高。行业内出口企业数目的减少还降低了企业面临的竞争程度，使出口价格、成本加成、利润等企业绩效得到改善，企业出口产品质量提高。对于需求冲击渠道，由于政策不确定性上升引起的贸易总额下降不及出口企业数目的降幅，因此存活企业面临的进口需求增加，进而促进出口产品质量的提升。

经济政策不确定性和贸易政策不确定性对出口产品质量的影响路径是一

致的。在行业层面，政策不确定性影响出口产品质量的过程为：政策不确定性—贸易成本—出口企业数目—行业出口产品质量，即自选择效应。出口企业数目调整之所以能引起行业出口产品质量的变化，是因为进入或退出企业的出口产品质量与在位企业的出口产品质量存在差异。企业数目的改变导致行业整体（平均）出口产品质量的变化。在企业层面，政策不确定性影响出口产品质量的路径有两条：一是政策不确定性—贸易成本—出口企业数目—竞争程度—企业出口产品质量，即竞争效应；二是政策不确定性—需求冲击—规模效应和竞争效应—企业出口产品质量。其中，自选择效应和竞争效应均源自出口企业数目的变化，即扩展边际调整。因此，政策不确定性通过出口增长的扩展边际和需求冲击两种渠道影响了出口产品质量。

经济政策不确定性和贸易政策不确定性的影响机制差异仅仅表现在二者作用的贸易成本上：经济政策不确定性通过出口固定成本影响出口产品质量，而贸易政策不确定性更倾向于通过关税调整的概率这种可变贸易成本影响出口产品质量。这是因为，经济政策不确定性往往作用于不可逆投资，而企业支付的出口固定成本就属于这种无法收回的出口投资。因此，经济政策不确定性更容易影响出口固定成本。而在 Handley 和 Limão 的一系列文献中，贸易政策不确定性被定义为关税差距变化的可能性。可见，贸易政策不确定性直接与关税这种可变贸易成本相联系。

政策不确定性影响出口产品质量的综合分析框架如图 3-3 所示。

本书强调了经济政策不确定性和贸易政策不确定性如何通过扩展边际路径影响出口产品质量。除扩展边际外，集约边际是出口增长的另一种重要成分。接下来的问题是，两种政策不确定性是否会通过集约边际作用于出口产品质量。遗憾的是，至少在经济政策不确定性方面，本书并未发现集约边际路径的存在性。其原因是第 7 章关于经济政策不确定性的机制检验结果显示，目的地经济政策不确定性对出口增长集约边际的影响不显著。当然，本书第 7 章还发现贸易政策不确定性的下降会降低集约边际，关于贸易政策不确定性中集约边际的作用，有待将来进一步深入研究。

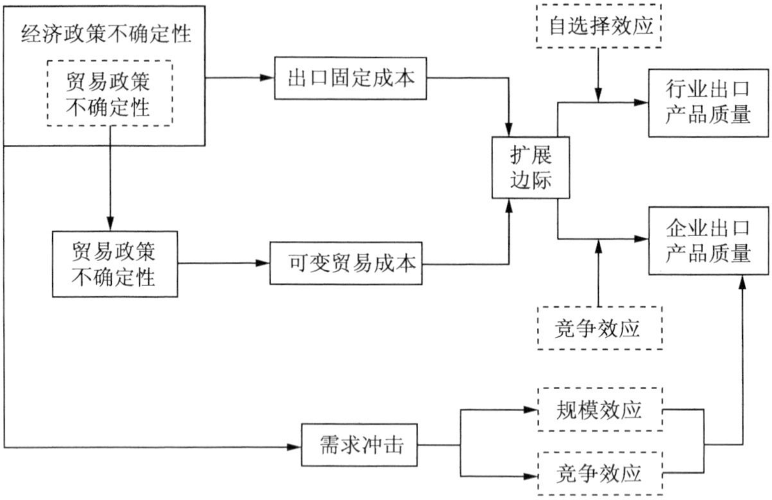

图 3-3　政策不确定性影响出口产品质量的综合分析框架

3.7　小结

本章从理论上提出了政策不确定性影响出口产品质量的分析框架。基于经济政策不确定性和出口固定成本关系的论证与假设，本章首先建立了经济政策不确定性通过扩展边际路径影响行业和企业出口产品质量的理论机制，然后进一步细化到贸易领域的政策不确定性。本章在 Handley 和 Limão（2015）的模型中引入外生产品质量，在 Antoniades（2015）的模型中引入贸易政策不确定性，构建了贸易政策不确定性通过扩展边际路径影响行业和企业出口产品质量的理论模型。除了扩展边际路径，本章还讨论了经济和贸易政策不确定性如何通过需求冲击的路径影响企业出口产品质量。

第一，对于扩展边际的路径，经济政策不确定性通过企业进入退出带来的自选择效应影响行业出口产品质量，通过企业进入退出带来的竞争效应影响企业出口产品质量。具体而言，经济政策不确定性的上升增加了出口固定成本。在外生质量假设下，生产低质量产品的出口企业退出目的地市场，而进入出口目的地的低质量生产企业也在减少，这种自选择效应促使整个行业的平均出口产品质量得到提升。在内生质量假设下，经济政策不确定性的淘汰机制会进一步影响企业出口产品质量，由于行业内企业数目的减少，企业面临的竞争程度降低，其出口利润提高，出口产品质量也会得到提升。

第二，与经济政策不确定性类似，贸易政策不确定性也会通过扩展边际路径影响行业和企业出口产品质量。在CES需求函数和外生质量假设下，消除贸易政策不确定性会降低行业内企业出口进入的质量门槛，更多生产低质量产品的企业得以进入目的地市场，结果使整个行业的平均出口产品质量下降。而在线性需求函数和内生质量假设下，降低贸易政策不确定性导致的企业进入还将通过竞争效应影响行业内其他企业的绩效。企业数目的增加使竞争更为激烈，因此企业在出口市场的利润和成本加成下降，出口产品质量降低。

第三，需求冲击是经济和贸易政策不确定性影响企业出口产品质量的另一条路径。政策不确定性的上升虽然不利于贸易总额的增长，但对出口企业数目的负面效应更大。因此，政策不确定性会通过提高存活企业面临的进口需求而提升企业出口产品质量。

4 中国企业出口产品质量的特征事实

要分析中国出口产品质量如何受目的地政策不确定性的影响，首先必须对中国出口产品质量的现状有清晰的认知。为此，本章将描述和刻画中国出口产品质量的特征事实。由于不同产品之间的出口质量难以直接比较，本章主要基于企业层面的出口产品质量指标进行描述性分析。具体而言，4.1 节介绍数据处理过程，并对出口产品价格和出口产品质量之间的关系进行检验；4.2 节描述中国企业出口产品质量的演变态势；4.3 节分析不同类型企业的出口产品质量差异；4.4 节为本章内容小结。

4.1 数据说明与企业出口产品质量测度有效性

本章使用的数据为 2000—2006 年中国海关数据库，该数据库以月份为时间维度，每条观测值包括一个企业从某个来源国进口或向某个目的地出口某种 HS8 位产品的贸易额和贸易量信息，其他变量还有企业性质、贸易方式等。本书的数据处理步骤为：一是剔除贸易状态为进口的企业；二是剔除关键变量①缺失的样本；三是剔除贸易中间商企业②；四是对于出口额和出口量，将月度数据加总到年度数据，将产品由 HS8 位代码加总到 HS6 位层面；五是对于出口额和出口量，将样本加总到企业—产品—国家（地区）—年份维度。

关于企业层面出口产品质量的测度方法见第 8 章的 8.1.2 小节，本书对所

---

① 关键变量包括企业名称、企业代码、HS8 位产品代码、出口目的地、出口额、出口量。

② 借鉴 Ahn 等（2011）对中间商的识别方法，本书将海关企业名称中含有“进出口”“经贸”“贸易”“科贸”“外经”字样的企业认定为中间商。

测度的出口产品质量进行有效性检验。理论和实证研究显示，出口产品价格包含出口产品质量信息。企业出口的产品质量越高，该产品定价也越高，即出口产品价格和出口产品质量应为正相关（Roberts 等，2012；张杰等，2014）。本书采用如下模型检验标准化之前的企业出口产品价格和质量的关系：

$$\ln p_{fhct} = \beta_0 + \beta_1 \ln z_{fhct} + \alpha_{fhc} + \alpha_t + \varepsilon_{fhct} \tag{4-1}$$

其中，下标 f、h、c、t 分别代表企业、HS6 位产品、出口目的地和年份。p_{fhct} 和 z_{fhct} 分别代表企业出口产品价格和质量，α_{fhc} 和 α_t 分别代表企业—产品—目的地固定效应和年份固定效应，预期 β_1 为正。

对式（4-1）的回归结果如表 4-1 第（1）列所示。与预期相符，出口产品质量的系数为正且在 1%的统计水平上显著；由于第 6 章聚焦中国对美国出口，表 4-1 第（2）列以目的地为美国的样本回归，结果仍显著为正。因此，企业出口产品质量测度结果具有合理性。

表 4-1　出口产品价格和质量的关系检验

$\ln p$	（1）所有目的地	（2）美国
$\ln z$	0.0615*** （0.0008）	0.0453*** （0.0010）
常数项	1.4553*** （0.0026）	1.3995*** （0.0082）
N	10149416	964194
R^2	0.949	0.934

注：括号中数值为标准误，*** 表示 1%的显著性水平。

4.2 中国企业出口产品质量的演变趋势描述

表 4-2 描述了 2000—2006 年中国企业出口产品质量的变化趋势。由该表可知，2000—2006 年企业出口产品质量呈现轻微的下降趋势，年均下降幅度为 0.07%。尽管如此，企业出口产品质量在不同年份的运动趋势仍具有一定

的波动性，表现为上升趋势和下降趋势交替演进的态势。施炳展等（2013）、张杰等（2014）同样发现中国出口产品质量的下降态势。其中，施炳展等（2013）发现与1995—2000年相比，2000年后中国出口产品质量出现了更大幅度的下降；而张杰等（2014）认为中国企业出口产品质量的下降趋势主要出现在2000—2003年，之后有回升的态势。

对于中国出口产品质量下降事实的解释，施炳展等（2013）认为，原因是中国依靠出口数量扩张，大量向国外以低价销售劣质产品。张杰等（2014）则指出，许多低质量民营企业的进入是导致出口产品质量下降的主要原因。此外，Schott（2008）从专业化分工视角为中国出口产品质量的下降提供了解释，认为在中国和发达国家同时参与市场竞争的情况下，发达国家会依靠技术优势转向高质量产品的生产，而中国将专业化生产低质量产品。本书后续章节的研究结论则提供了一个新的解释视角，认为2000—2006年政策不确定性的下降为低质量和低效率企业的进入提供了契机，大量低质量产品的进入导致中国出口产品质量的下降。

表4-2　2000—2006年中国企业出口产品质量变化

年份	企业出口产品质量	变化	增长率（%）
2000	77.98	—	—
2001	78.12	0.14	0.18
2002	78.16	0.04	0.05
2003	77.95	-0.21	-0.27
2004	77.86	-0.09	-0.12
2005	77.98	0.12	0.15
2006	77.66	-0.32	-0.41

数据来源：根据海关数据库计算整理得到。

本书用核密度图刻画了不同产品质量水平上的出口企业分布密度，如图4-1所示。图（A）表明，出口产品质量水平低于50的企业占比很小，而位于70~90的企业较为密集。图（B）比较了2000年和2006年中国出口产品质量的核密度分布。从图 4-1 中可以看出，在给定的核密度水平上，2006 年出口产品质量略微低于 2000 年，这与表 4-2 的结论一致。

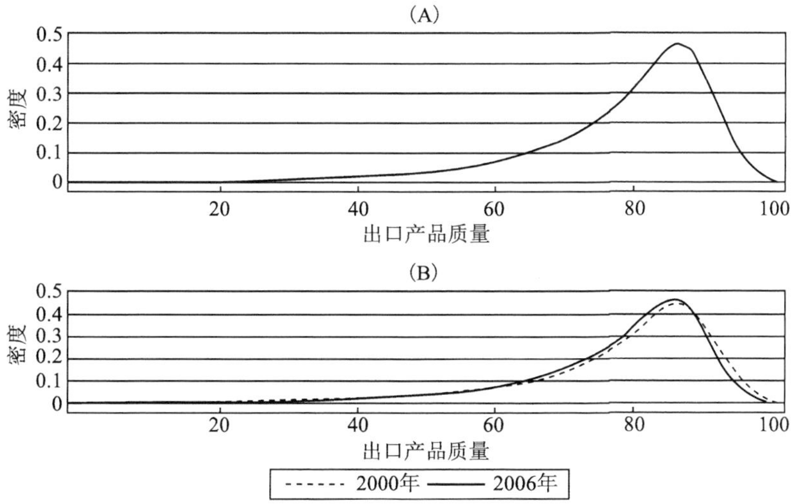

图 4-1　中国企业出口产品质量核密度

资料来源：根据海关数据库计算整理得到。

表 4-2 的总体描述没有考虑产品类型的差异，不同产品类型中的企业出口质量在变化趋势上可能不同，表 4-3 分别显示了按 BEC 分类和 SITC 分类的结果。① 在 BEC 分类中，中间品出口企业的产品质量微弱上升，而最终品出口企业的产品质量显著下降。在 SITC 分类中，资源密集型产品、资本密集型产品和技术密集型产品的出口质量增加，而劳动密集型产品的出口质量下降。由于资源密集型产品较多地用于中间投入，因而中间品和资源密集型产品具有一致的趋势。在中国加入 WTO 后，出口企业数量迅速增长，许多企业依托中国低劳动力成本的优势，以低价格大量出口低质量劳动密集型产品，而劳动密集型产品主要为工业制成品，如服装、家具、鞋类等最终品，这也可能是最终品出口质量下降的原因。

① 不同产品类型的出口质量在不同的样本中进行标准化处理，因而不宜直接比较绝对数值的大小。

表 4-3 2000—2006 年不同产品类型的出口质量变化趋势

分类标准	产品类型	2000 年	2001 年	2002 年	2003 年	2004 年	2005 年	2006 年
BEC 分类	中间品	75. 89	76. 06	76. 38	76. 36	76. 26	76. 19	75. 93
	最终品	79. 25	79. 23	79. 13	79. 49	78. 70	79. 02	78. 75
SITC 分类	资源密集型	68. 95	69. 18	69. 34	69. 22	69. 31	69. 77	69. 66
	劳动密集型	78. 62	78. 51	78. 68	78. 80	78. 25	78. 25	77. 87
	资本和技术密集型	75. 94	76. 44	76. 46	76. 62	76. 34	76. 44	76. 30

数据来源：根据海关数据库计算整理得到。

4.3 不同类型企业的出口产品质量差异

在对中国企业进行分类研究时，最受学者关注的是企业所有制差异。因此，本书首先考察国有企业、民营企业和外资企业的出口产品质量差异，结果如图 4-2 所示。出口产品质量最高的企业类型是外资企业，其次是国有企业，民营企业的出口产品质量最低；从时间趋势看，外资企业的出口产品质量上升，民营企业的出口产品质量有较大幅度的下降，而国有企业的出口产品质量变化不大。这说明中国企业出口产品质量的下降与民营企业有关。这些结论与已有文献一致（施炳展，2013；施炳展和邵文波，2014；张杰等，2014）。

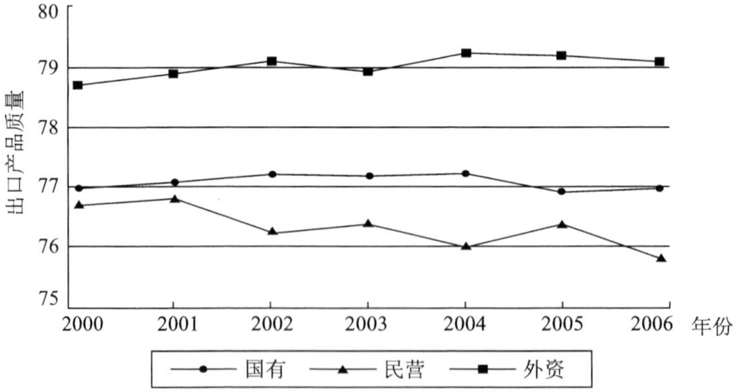

图 4-2 2000—2006 年不同所有制企业的出口产品质量

资料来源：根据海关数据库计算整理得到。

中国参与全球生产分工的一个重要特征是存在大量加工贸易。从事加工贸易的企业在关税政策和生产方式上均与从事一般贸易的企业有所差别，这些差别是否会导致出口产品质量的不同？图 4-3 左图回答了该问题。由图可知，加工贸易企业的出口产品质量显著高于一般贸易企业，其原因是加工贸易多从国外进口质量较高的投入品和零部件，并加工组装出高质量的最终品用于出口。因此，与一般贸易相比，加工贸易企业出口的产品质量更高。随着时间的推移，加工贸易企业的出口产品质量有所下降。与此相反，一般贸易企业的出口产品质量逐步上升，二者的差异在逐步缩小。这种反向变动趋势在中国加入 WTO 后得到更充分的体现。已有的经验研究为理解该事实提供了支撑。例如，Bas 和 Strauss-Kahn（2015）发现，由于中国加入 WTO 后中间品进口关税的削减，一般贸易企业将更多进口高质量投入品，以生产和出口更高质量最终品，而由于政府对加工贸易企业免征关税，所以中间品贸易自由化不会影响加工贸易企业的生产行为。许家云等（2017）也发现，中间品进口会通过“质量效应”“种类效应”和“技术溢出效应”三种渠道促进企业出口产品质量的提升。此外，中国的贸易自由化还促使加工贸易向一般贸易转移（Brandt 和 Morrow，2017），即加工贸易的规模会下降，而企业规模的缩减会导致该企业选择生产较低质量的产品（Kugler 和 Verhoogen，2012）。因此，加工贸易企业的出口产品质量可能随时间下降。本书还拟合了加工贸易份额和出口产品质量之间的关系，如图 4-3 中右图所示。该图表明，加工贸易份额越高的企业，出口产品质量也越高，因而与左图的结果相对应。

国际贸易领域中备受关注的一个话题是多产品和多市场企业的出口行为。表 4-4 显示了企业出口的产品种类或目的地数目不同时，其出口产品质量的变化。从前两列可知，单产品企业的出口产品质量显著低于多产品企业，二者的差距为 4.25。进一步地，随着出口产品种类的增加，出口产品质量不断上升（产品种类大于 50 的除外）。从后两列来看，多目的地企业的出口产品质量比单目的地企业高 0.91，出口产品质量随目的地数目的增加表现出先上升后下降的趋势。多产品和多市场企业出口产品质量较高的原因可能是，这些企业可以在不同产品和市场中灵活选择，因而能够较好地应对不利因素，以获得较高的利润，从而有助于研发出较高质量的产品。图 4-4 拟合了出口产品质量—产品种类曲线和出口产品质量—目的地数目曲线，分别表现为线性和倒“U”形关系。

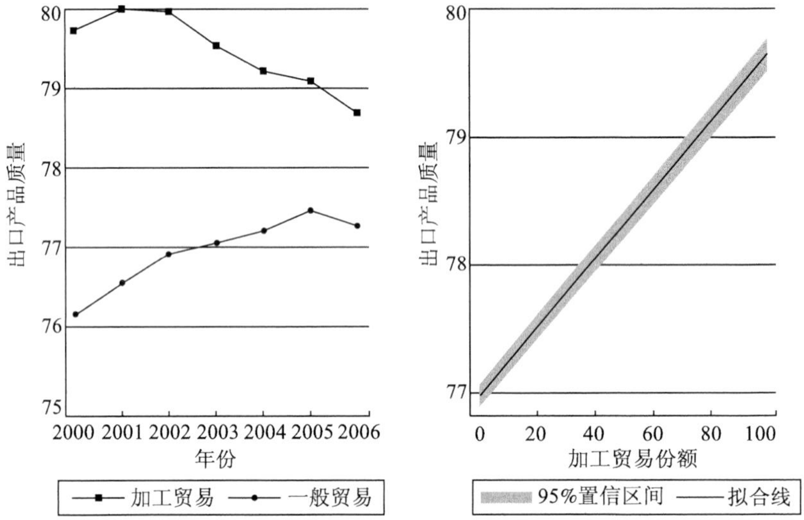

图 4-3　不同贸易方式企业的出口产品质量

资料来源：根据海关数据库计算整理得到。

表 4-4　不同产品种类和目的地数目情形下的出口产品质量

产品种类	出口产品质量	目的地数目	出口产品质量
1	74. 58	1	77. 19
2	76. 04	2	77. 59
3	77. 28	3	77. 77
4	78. 19	4	77. 83
5	78. 74	5	78. 13
6	79. 09	6	78. 44
7	79. 71	7	78. 20
8	79. 80	8	78. 33
9	80. 21	9	78. 62

续表

产品种类	出口产品质量	目的地数目	出口产品质量
10	80.32	10	78.60
11~20	81.61	11~20	78.49
21~30	82.73	21~30	78.01
31~40	83.75	31~40	78.48
41~50	84.42	41~50	77.51
>50	83.19	>50	78.97

数据来源：根据海关数据库计算整理得到。

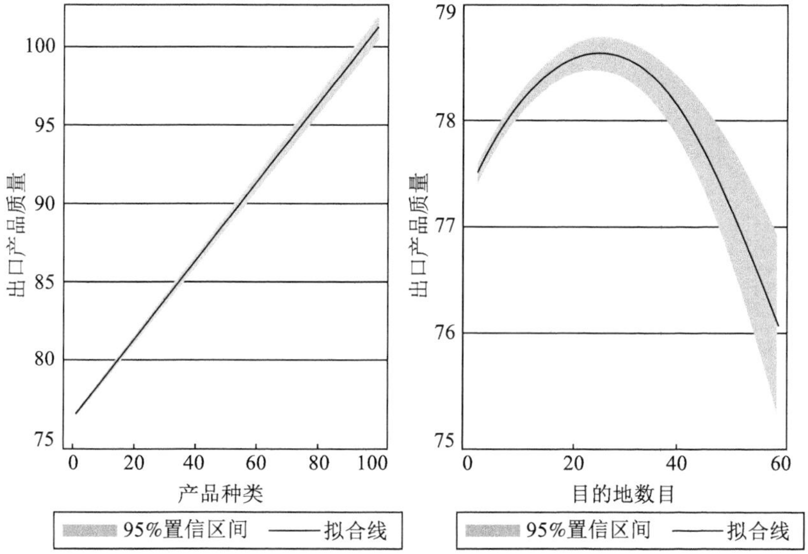

图 4-4　产品种类、目的地数目和出口产品质量之间的关系

资料来源：根据海关数据库计算整理得到。

不同地区的经济发展水平和开放程度有所差异，那么企业出口产品质量在不同地区之间有何差异？本书接下来比较东部、中部和西部地区的企业出口产品质量，如图 4-5 所示。结果表明，东部企业的出口产品质量最高，其次是中部，西部地区出口产品质量最低。从时间维度来看，东部和中部地区企业的出口产品质量有所下降，而西部地区企业出口产品质量有所提升。因此，中国总体出口产品质量的下降主要由东部和中部企业引起。

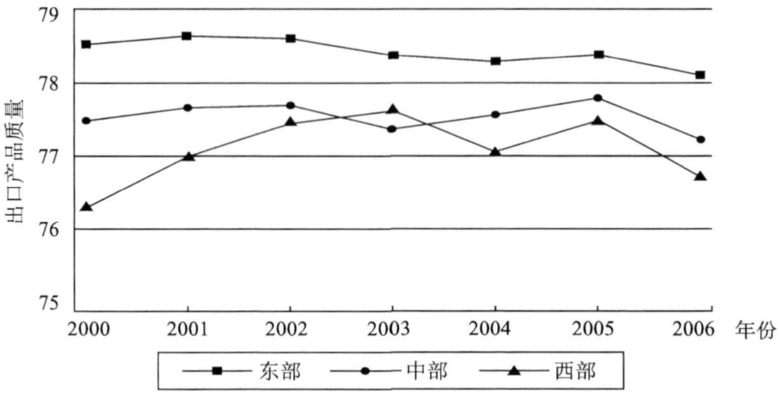

图 4-5　2000—2006 年不同地区的企业出口产品质量

资料来源：根据海关数据库计算整理得到。

4.4　小结

本章基于海关数据库测度的出口产品质量指标，描述了中国企业出口产品质量的特征事实。首先，通过检验出口产品价格和质量的关系来说明出口质量指标测度的有效性，其次描述了 2000—2006 年中国企业出口产品质量的变化趋势，并分析了不同类型企业的出口产品质量差异。结果表明，2000—2006 年中国企业出口产品质量总体上呈现下降的趋势，不同类型产品和企业的出口产品质量变化趋势有差异，最终品和劳动密集型产品的出口质量下降；民营企业、加工贸易企业、东部地区和中部地区企业的出口产品质量下降。此外，外资企业出口产品质量较高，民营企业出口产品质量较低；企业出口产品质量随加工贸易份额的增加而提高；企业出口的产品种类越多，出口质量越高；随着目的地数目的增加，企业出口产品质量先上升后下降；东部地区企业的出口产品质量显著高于中西部地区企业。

5　经济政策不确定性对出口产品质量的影响：实证分析

本书已经从理论层面分析了政策不确定性对出口产品质量的影响机理，并描述了中国企业出口产品质量的特征事实，下面本书转向经验研究。本章基于 Baker 等（2016）的经济政策不确定性指数、1995—2010 年 CEPII-BACI 年度数据和 2000—2006 年中国海关季度数据，实证分析了目的地经济政策不确定性对行业和企业出口产品质量的影响。

关于经济政策不确定性影响的文献主要聚焦对经济周期的影响，研究主题集中于经济政策不确定性如何影响一国经济波动和增长、股票市场绩效、企业投资等维度（Bloom，2009；Aizenman 和 Marion，1993；Ko 和 Lee，2015；Liu 和 Zhang，2015；Christou 等，2017；Gulen 和 Ion，2015；Kang 等，2014；Wang 等，2014）。此外，还有一类文献关注经济政策不确定性在国际的溢出效应（Colombo，2013；Bernal 等，2016；Mumtaz 和 Theodoridis，2017；Li 和 Peng，2017）。大部分文献认为，经济政策不确定性的上升增加了经济和股票市场的波动性，降低了就业率、股票收益率和企业投资水平，不利于经济增长。因此，从现有研究来看，无论是国内还是国外的经济政策不确定性，对经济产生的影响以负面效应居多。

本章与现有文献的差异主要表现在以下方面：首先，已有文献涉及的主要是宏观（国家）层面的经济政策不确定性指数，而本章构建的经济政策不确定性指数为微观的 HS6 位行业（产品）层面，因而具有更大的变异程度；其次，以往关于经济政策不确定性国际溢出效应的文献多集中于双边关系，本章则构建了产品在出口市场上面临的多边经济政策不确定性指数，从而能够将目的地之间经济政策不确定性的溢出效应内部化，即消除了国家（地区）间空间关联效应的干扰；最后，现有文献主要聚焦经济政策不确定性对股票市场、企业投资等维度的影响，而较少分析其对贸易的影响，在有关贸易维度的文献中，又多考虑出口流量所受的影响，而忽略了经济政策不确定性的出口产品质量效应，本章弥补了贸易质量维度的空白。

需要指出的是，Feng 等（2017）在估计贸易政策不确定性对行业内企业进入退出的影响时，采用 HS6 位产品代替行业。Handley 和 Limão（2017a）则直接使用了“HS6 位行业”一词。本书借鉴这些文献的做法，在估计政策不确定性对行业层面出口产品质量的影响时，认为企业生产 HS8 或 HS10 位产品①，如果产品代码的前 6 位（HS6 位）相同，则这些企业同属于一个 HS6 位行业，即将 HS6 位产品视为一个行业，而位于 HS6 位行业内的企业生产和出口 HS8 位或 HS10 位产品。②

本章剩余部分的结构安排如下：5.1 节检验了 3.2.1 小节提出的关键假设，即经济政策不确定性与出口固定成本的关系；5.2 节运用 1995—2010 年 CEPII-BACI 数据库和 Baker 等（2016）的 EPU 指数，估计了 EPU 对 HS6 位行业出口产品质量的影响；5.3 节基于中国海关季度数据，进一步分析了经济政策不确定性对企业出口产品质量的影响；5.4 节为本章内容小结。

5.1 经济政策不确定性与出口固定成本的关系检验

3.2 节的理论预测依赖于经济政策不确定性与出口固定成本关系的假设，尽管 3.2.1 小节已经阐述了二者之间的正相关性，但为了确保假设的稳健性，本节运用中国工业企业数据库和中国海关数据库的匹配数据，并结合 Baker 等（2016）公布的跨国经济政策不确定性指数，进一步对该假设加以验证。③

本节主要从 HS6 位行业层面检验经济政策不确定性和出口固定成本的关系。

---

① 在中国海关数据库中，企业报告的即是其生产和出口的 HS8 位产品。

② 事实上，根据理论模型，只要在某一层面中仍存在异质性企业，则该层面即可视为行业。

③ 关于中国海关数据库和全球各国经济政策不确定性指数的数据处理与匹配，见本章 5.2.1 和 5.3.1 小节的数据来源；关于中国工业企业数据库和中国海关数据库的数据处理与匹配，见第 6 章 6.2.1 小节的数据来源。

具体而言，HS6 位行业层面的经济政策不确定性指数是对目的地经济政策不确定性的加权平均。[①] 对于出口固定成本，本书借鉴 Feng 等（2017）的做法，构建了两个指标：一是固定资产份额，即以 HS6 位行业层面内企业出口额为权重，将企业层面固定资产份额（企业的固定资产与销售额之比）加总到行业层面；二是 HS6 位行业层面内中间商的出口份额。出口固定成本越高，企业的固定资产投入越多（Castro 等，2013），同时，Ahn 等（2011）、Bernard 等（2011）认为，出口固定成本越高的市场，中间商的出口份额越大。

图 5-1 拟合了经济政策不确定性与出口固定成本之间的关系。从图中可知，无论是以固定资产份额还是以中间商份额衡量出口固定成本，其与经济政策不确定性之间总是表现为正相关，相关系数分别为 0.132 和 0.085。换言之，经济政策不确定性越高，企业出口需要克服的固定成本就越大，因而需要投入更多固定资产；面对较高的经济政策不确定性，企业可能更愿意从事能够节省出口固定成本的中间商贸易，从而导致中间商出口份额的增加。

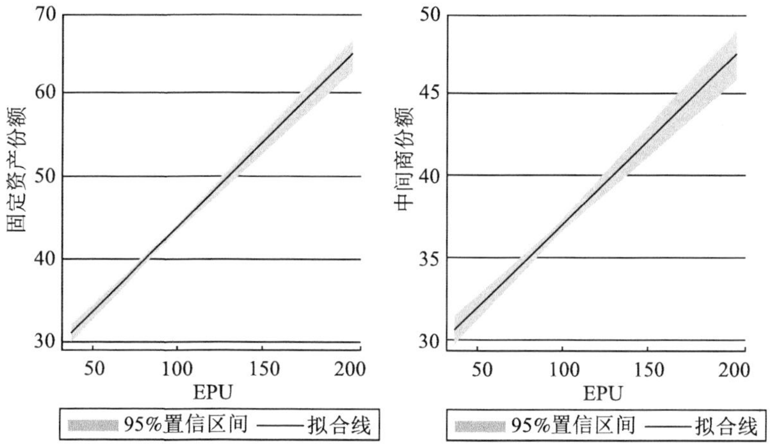

图 5-1 HS6 位行业层面经济政策不确定性与出口固定成本的关系

进一步，为了验证经济政策不确定性与出口固定成本的显著相关性。本

① HS6 位行业层面的经济政策不确定性指数计算方法见本章 5.2.1 小节的变量测度。

书构建以下回归模型：

$$fx_{ht} = \beta_0 + \beta_1 epu_{ht} + \alpha_t + \alpha_h + \varepsilon_{ht} \tag{5-1}$$

其中，下标 h 和 t 分别代表 HS6 位行业和年份。fx_{ht} 为出口固定成本，epu_{ht} 为经济政策不确定性指数，α_t 和 α_h 分别用于控制年份和 HS6 位行业固定效应，ε_{ht} 为误差项。本书认为经济政策不确定性能够及时反馈到出口固定成本，因而没有将 epu_{ht} 滞后。回归结果如表 5-1 所示，经济政策不确定性的系数显著为正，说明经济政策不确定性和出口固定成本之间具有显著的正相关性。从系数大小来看，经济政策不确定性上升 10 个单位，固定资产份额会增加 2.2 个百分点，而中间商出口份额会增加 1.1 个百分点。

表 5-1　经济政策不确定性与出口固定成本的回归结果

expfc	固定资产份额（1）	中间商出口份额（2）
epu	0.0022*** （0.0002）	0.0011*** （0.0001）
常数项	0.2596*** （0.0188）	0.2599*** （0.0068）
年份固定效应	是	是
HS6 位行业固定效应	是	是
N	28136	31269
R^2	0.301	0.564

注：括号中数值为标准误，*** 表示 1%的显著性水平。以下回归结果表格的标准误和显著性水平采用与该表相同的表达形式。

以上分析从行业层面对经济政策不确定性和出口固定成本的关系进行了检验。就单个企业而言，该结论是否成立？为此，本书还构建了企业层面的年度经济政策不确定性指标，计算方法与 HS6 位行业层面类似，并预测其与企业固定资产份额的关系，结果如图 5-2 所示。与行业层面类似，二者之间表现为正相关，即企业面临的经济政策不确定性越高，其投入的出口固定成本也越高，再次支持了理论假设。

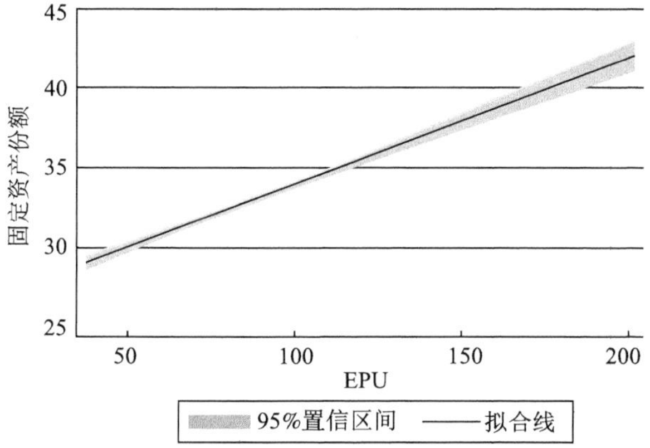

图 5-2 企业层面经济政策不确定性与出口固定成本的关系

数据来源：根据本书的匹配数据整理得到。

5.2 经济政策不确定性对 HS6 位行业出口产品质量的影响

5.2.1 计量模型、变量测度与数据来源

5.2.1.1 计量模型

本书首先设定目的地层面的经济政策不确定性对中国 HS6 位行业出口产品质量的影响，计量模型为：

$$\ln z_{hct} = \beta_0 + \beta_1 epu_{c,\ t-1} + \alpha_t + \alpha_h + \alpha_c + \varepsilon_{hct} \tag{5-2}$$

其中，下标 h、c、t 分别代表 HS6 位行业、出口目的地和年份。z_{hct}代表行业出口产品质量，$epu_{c,t-1}$代表 $t-1$ 期的经济政策不确定性指数。α_t 为年份固定效应，用于控制宏观经济的冲击；α_h、α_c 分别为行业固定效应和国家固定效应，用于控制 HS6 位行业层面和目的地层面不随时间变化因素的影响。ε_{hct} 为随机误差项。

同一出口目的地对不同行业的重要性有差异，因此不同 HS6 位行业可能面临不同程度的经济政策不确定性水平。此外，文献表明，经济政策不确定性具有跨国的空间溢出效应，国家之间的经济政策不确定性可能存在空间自相关（Colombo，2013；Bernal 等，2016；Mumtaz 和 Theodoridis，2017；Li 和 Peng，2017）。为此，本书构建一个 HS6 位行业层面的多边经济政策不确定性指标 epu_{ht}，并建立如下模型：

$$\ln z_{hct} = \beta_0 + \beta_1 epu_{h,\ t-1} + \alpha_t + \alpha_{hc} + \varepsilon_{hct} \tag{5-3}$$

其中，$epu_{h,t-1}$表示滞后一期的 HS6 位行业层面经济政策不确定性指数。α_{hc}表示行业—目的地固定效应，不仅控制了 HS6 位行业和目的地层面不随时间变化的因素，还吸收了行业—目的地层面不随时间变化因素的影响，如目的地针对特定行业实施的法律规章等。估计方程中经济政策不确定性滞后一期的原因是，在面对不确定性的变化时，企业需要一定的时间作出反应，其生产和出口行为因而可能具有滞后性。

估计方程（5-2）和方程（5-3）的一个潜在问题是对内生性的担忧。然而，在模型（5-2）中，行业—目的地层面的出口产品质量不太可能影响更为宏观层面的目的地经济政策不确定性，因而由反向因果引发的内生性问题不太可能出现；同时，为了缓和可能的遗漏变量问题，在控制行业和国家（地区）层面不随时间变化因素的基础上，本书还将引入其他随时间变化的目的地特征，如国内生产总值和汇率等。在模型（5-3）中，HS6 位行业层面的经济政策不确定性指数是对目的地层面经济政策不确定性指数的加权平均，且由于权数采用的是初始年份的出口，因而也具有较好的外生性。

5.2.1.2 变量测度

度量企业生产和出口的产品质量是国际经济学面临的一项挑战，一种直观的做法是把产品价格视为产品质量的代理变量（Schott，2004；Hallak，2006），但产品价格不仅取决于质量，还与生产成本直接相关（Khandelwal，2010）。近年来，不少文献提出了测度产品质量的新方法（Khandelwal，2010；

Hallak 和 Schott，2011；Feenstra 和 Romalis，2014），但使用较为普遍的是 Khandelwal 等（2013）的度量方法，其核心假设是在既定的产品出口价格下，出口数量越多，则该产品的出口质量越高。本书同样借鉴该方法测度出口产品质量。

基于嵌入产品质量的 CES 消费者效用函数，利用产品的出口数量和价格信息可以反推出口产品质量：

$$\ln q_{hct} + \sigma_{Hc}\ln p_{hct} = \alpha_{ct} + \alpha_h + \varepsilon_{hct} \tag{5-4}$$

其中，下标 H 代表 HS3 位行业，α_{ct}为目的地—年份固定效应，以控制该国总体收入水平和价格水平的影响。对式（5-4）回归后，HS6 位行业出口产品质量 $\ln\hat{z}_{hct} = \hat{\varepsilon}_{hct}/(\sigma_{hc} - 1)$，其中替代弹性 σ_{Hc}不仅在 HS3 位行业间是异质的，在不同目的地之间也有差异。替代弹性数据来源于 Broda 等（2006），他们估计了全球 73 个国家 HS3 位行业层面的替代弹性。

本书的关键解释变量为经济政策不确定性（Economic Policy Uncertainty，EPU）。Baker 等（2016）公布的 EPU 指数为跨国月度数据，本书使用各月份 EPU 指数的简单平均值作为当年的 EPU 水平，即 $epu_{ct} = \frac{\sum_m epu_{cm}}{M}$，其中 m 表示某一特定月份，M①为当年所有月份。即使不同 HS6 位行业出口到相同的目的地组合，其面临的经济政策不确定性也可能有差异②，行业层面 EPU 的计算公式为 $epu_{ht} = \sum_c \frac{x_{hc,\ t0}}{\sum_c x_{hc,\ t0}} epu_{ct}$，其中 $x_{hc,t0}$为初始年份 t_0 中国在 HS6 位行业 h 上对目的地 c 的出口额。因此，HS6 位行业层面的 EPU 是以初始年份出口额为权重，对国家层面 EPU 进行加权平均而得到的。

① 一般情况下 $M=12$，但有些国家初始年份的 EPU 不一定从 1 月开始公布，此时 $M<12$。

② 假设某年 a、b 两个 HS6 位行业均出口到 A、B 两个国家，其中 A 国 EPU 为 100，B 国 EPU 为 300，a 行业出口到 A、B 两国的份额分别为 90%和 10%，b 行业出口到 A、B 两国的份额分别为 10%和 90%，则 EPU 较低的 A 国对 a 行业更为重要，而 EPU 较高的 B 国对 b 行业更为重要。因此，a、b 两个行业虽然出口到相同的国家组合，但面临的 EPU 不同。

5.2.1.3 数据来源

HS6 位行业层面估计所涉及的数据库主要为 CEPII-BACI 数据库和 Baker 等（2016）开发的全球各国 EPU 指数，样本期限为 1995—2010 年。

CEPII-BACI 数据库由法国国际经济研究中心统计，报告的是 1995—2010 年 HS6 位行业层面上一国对另一国的出口量和出口额信息，因而能够根据式(5-4)推断行业的出口产品质量，本书选择中国为出口国的样本。经济政策不确定性数据来源于 Baker 等（2016）基于媒体报道而编制的指数。① 具体来说，Baker 等（2016）的 EPU 指标包含三部分：媒体报道、税法规定和预测分歧。他们选择每个国家最重要的几种报纸，从报道的文章中搜索如“不确定性”（Uncertainty）或“不确定的”（Uncertain）、“经济的”（Economic）或“经济”（Economy）、“国会”（Congress）、“赤字”（Deficit）“法律”（Legislation）、“规章”（Regulation）等涉及经济或政策不确定性的关键词，然后计算每月同种报纸报道文章的数量，以生成未标准化的月度 EPU 序列。在此基础上，通过国家预算机构收集税制规定，并确定用于文章数量加权的货币权重。最后，结合预测者之间关于经济变量预测离散程度的差异，并对文章数量进行标准化，得到各国月度 EPU 指数。

本书收集了 Baker 等（2016）公布的全球 22 个国家（地区）的月度 EPU 指数，最终用于行业层面回归的国家为 20 个。② 先将其转换为年度 EPU，然后以国家为标准匹配至 CEPII-BACI 数据库，并计算 HS6 位行业层面的 EPU。结合 Broda 等（2006）估计的 73 个国家 HS3 位行业层面的替代弹性，可以测度中国的行业出口产品质量。关于目的地 GDP、汇率等控制变量，则来源于世界发展指标（World Development Indicators，WDI）。

---

① EPU 数据的网址：http：//www. policyuncertainty. com/。

② Baker 等（2016）公布了 22 个国家和地区的 EPU 指数。这些国家和地区为美国、澳大利亚、巴西、加拿大、智利、哥伦比亚、法国、德国、希腊、中国香港、印度、爱尔兰、意大利、日本、韩国、墨西哥、荷兰、俄罗斯、新加坡、西班牙、瑞典、英国。但由于 Broda 等（2006）没有估计俄罗斯和新加坡的产品替代弹性，因而中国出口到这两个目的地的产品质量无法估计，即最终用于回归的目的地数量为 20 个。

5.2.2 描述性统计

图 5-3 显示了 1995—2010 年目的地 EPU 水平和中国出口的变化趋势。从中可以看出，不同年份间 EPU 的波动性较大，其中 EPU 较高的时间段集中在 1998 年、2001—2003 年、2008—2010 年，这主要是由当时的经济背景和历史事件决定的。1998 年、2008—2010 年是亚洲金融危机、全球金融危机、欧债危机发生的时期，各国频繁采取经济政策刺激经济复苏，因此 EPU 水平较高。2001—2003 年较高的 EPU 则可能与美国的“9·11”事件和中国加入 WTO 有关。中国出口在 1995—2001 年增长相对缓慢，2002 年加入 WTO 后直到 2008 年，中国出口年均增长率为 25%，受金融危机影响，2009 年出口下降 15.6%，但之后迅速回升。结合 EPU 和出口来看，EPU 较高的阶段往往伴随着较缓慢的出口增长。①

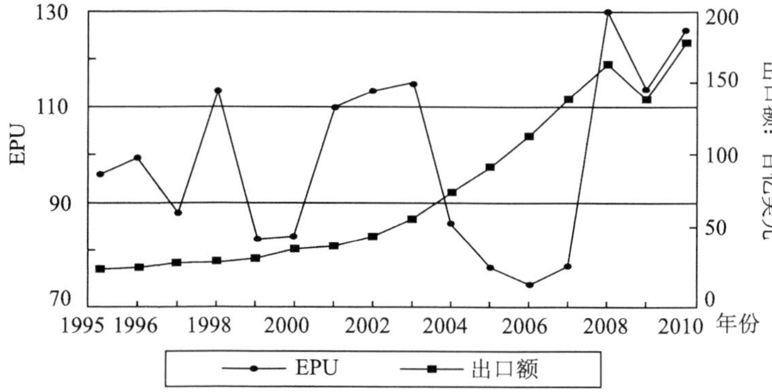

图 5-3 1995—2010 年目的地经济政策不确定性与中国出口

数据来源：根据 CEPII-BACI 数据库和 Baker 等（2016）编制的 EPU 指数整理得到。

本节的实证分析主要基于 HS6 位行业层面的 EPU 指数，该指标与国家层面的 EPU 是否具有一致的趋势，不同行业的 EPU 水平是否具有较大的差异

---

① 2002 年和 2003 年 EPU 较高且出口增长快速，是因为加入 WTO 后中国进口关税的大幅削减和来自美国贸易政策不确定性的下降。

性？图 5-4 关于 HS6 位行业层面的 EPU 均值和标准差回答了上述问题。对比图 5-3 和图 5-4 可知，HS6 位行业层面 EPU 的变化趋势与国家层面十分相似；同时，从标准差来看，不同行业之间的 EPU 有明显的变异性，变异程度在 6. 5~26. 7 个单位。因此，本书计算的行业层面 EPU 能够较好地用于实证分析。

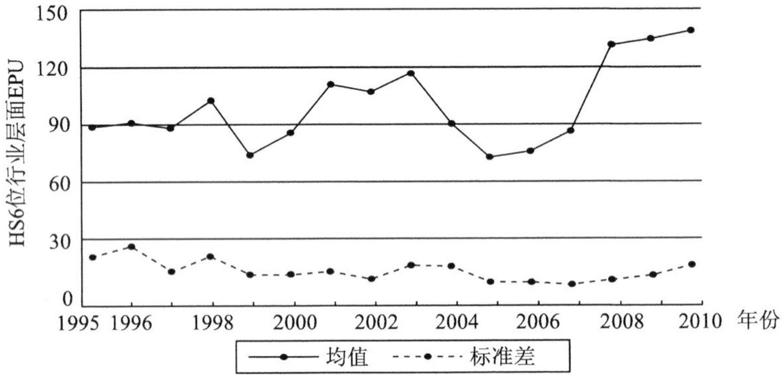

图 5-4　1995—2010 年 HS6 位行业层面的经济政策不确定性

数据来源：根据 CEPII-BACI 数据库和 Baker 等（2016）编制的 EPU 指数整理得到。

本章的目的是分析经济政策不确定性如何影响出口产品质量。为此，首先基于不同层面选择高 EPU 和低 EPU 样本比较其出口产品质量分布，汇总如图 5-5 所示。其中，图（A）、图（B）、图（C）分别选择 EPU 最高（低）的国家（地区）—年份、年份、国家（地区），图（D）则选择 EPU 最高（低）的 5 个 HS6 位行业。[①] 从图中可以看出，在国家（地区）—年份、国家（地区）和行业三个层面上，高 EPU 样本的出口产品质量相对更高；而在年份层面上，高 EPU 年份和低 EPU 年份的出口产品质量没有显著差别。这表明 EPU 变化时，国家（地区）和 HS6 位行业维度可能是决定出口产品质量差异的关键因素。

---

① 图 5-5（D）行业层面之所以没有选择 EPU 最高（低）的一个 HS6 位行业，而选择 5 个行业，是因为一个 HS6 位行业的样本太少，可能存在特殊性。

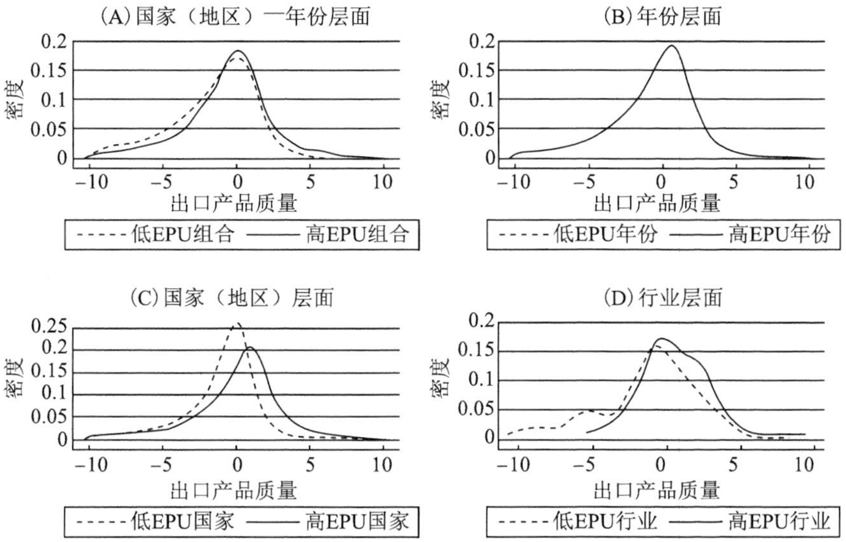

图 5-5 不同层面 EPU 组别的出口产品质量分布

数据来源：根据 CEPII-BACI 数据库和 Baker 等（2016）编制的 EPU 指数整理得到。

5.2.3 实证结果分析

5.2.3.1 基准回归结果

国家（地区）层面 EPU 的回归结果见附录 3，本节着重分析 HS6 位行业层面 EPU 的回归结果。表 5-2 报告了滞后不同期数的 EPU 对行业出口产品质量的影响。从中可以看到，无论是当期还是滞后期，EPU 的系数始终显著为正，说明目的地 EPU 的上升对中国行业出口产品质量具有促进作用。[①] 这一结果乍看似乎与直觉不甚相符，因为许多文献发现 EPU 的上升抑制了企业投资和经济增长，更多的应当是负面效应。但需要注意的是，这类文献主要是基于 EPU 的供给侧角度出发的，即一国 EPU 的上升会抑制本国企业绩效的提升，在出口产品质量维度，张莹和朱小明（2018）认为出口国 EPU 的上升会

① 考虑到近年来 EPU 不断上升的事实，本书从 EPU 上升的方向阐述回归结果，EPU 下降可从相反的角度进行论述。

通过抑制企业创新投入而对该国出口产品质量产生负面效应。与他们不同，本书立足于 EPU 的需求侧视角，考察出口目的地 EPU 的变化如何影响中国的出口产品质量，因而结论不同也就不足为奇。即使有文献发现 EPU 在国家（地区）之间具有负面溢出效应，换言之，即使目的地 EPU 传递到中国而导致中国 EPU 发生变化，也会被年份固定效应吸收。

正如第 3 章的理论命题 3-1 所预测的，目的地 EPU 是通过影响出口的扩展边际而对行业出口产品质量产生积极效应的：目的地 EPU 的上升不仅阻碍了生产低质量产品的企业进入出口市场，还使部分出口低质量产品的企业因无法支付固定调整成本而被迫退出市场。在一个 HS6 位行业内，存活下来的出口企业提供的平均产品质量自然就比 EPU 上升之前更高。因此，目的地 EPU 的上升实质上起着一种淘汰机制的作用，通过排除劣质生产企业来提升行业整体出口产品质量水平。

就 EPU 系数的大小而言，以滞后一期为例，当 HS6 位行业所面临的 EPU 上升 10 单位时，该行业出口产品质量将提高 0.9%，这是一个较大幅度的提升。表 5-2 仅报告了滞后 5 期内的结果，实际上在 EPU 滞后 8 期内，其对行业出口产品质量的影响都显著为正。EPU 滞后期数及其对应的系数如图 5-6 所示。图中显示，EPU 对行业出口产品质量的影响程度先上升后下降，并且在滞后 3 期时达到最大。EPU 开始影响较大的原因可能是初期退出的企业较多，进入的企业较少。在此之后，随着企业进入和退出状态趋于稳定，EPU 对行业出口产品质量的影响逐步减弱。

表 5-2　EPU 对 HS6 位行业出口产品质量的影响

lnz	(1)	(2)	(3)	(4)	(5)	(6)
epu	0.0006** (0.0002)					
epu_{-1}		0.0009*** (0.0003)				
epu_{-2}			0.0016*** (0.0003)			

续表

lnz	(1)	(2)	(3)	(4)	(5)	(6)
epu_{-3}				0.0019*** (0.0003)		
epu_{-4}					0.0013*** (0.0003)	
epu_{-5}						0.0011*** (0.0003)
常数项	-1.6804*** (0.0294)	-0.9961*** (0.0226)	-1.0577*** (0.0242)	-1.1343*** (0.0342)	-1.0977*** (0.0372)	-1.1614*** (0.0390)
年份固定效应	是	是	是	是	是	是
HS6 位行业—目的地固定效应	是	是	是	是	是	是
N	873414	739949	671872	606584	542494	479865
R^2	0.952	0.957	0.960	0.963	0.965	0.968

注：括号中数值为标准误，***、** 分别表示 1%、5%的显著性水平。

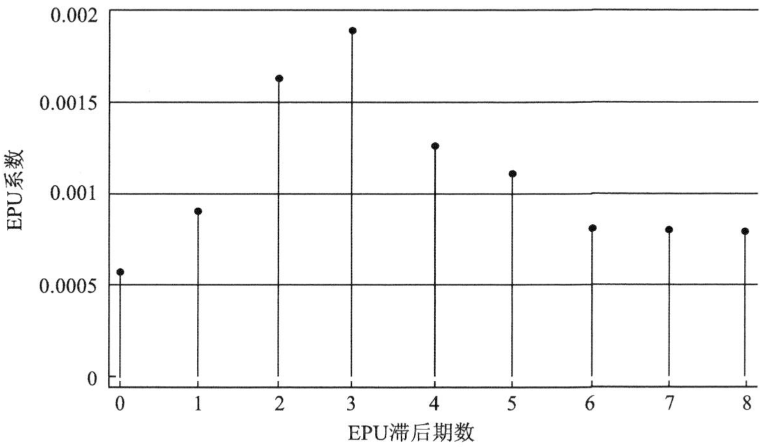

图 5-6 年度 EPU 滞后期数及其系数

数据来源：根据回归结果整理得到。

5.2.3.2 稳健性检验

在下面的分析中，本书聚焦 EPU 滞后一期的效应。[①] 表 5-3 对基准结果进行稳健性检验。为检验结果不受度量方法的干扰，第（1）列使用国家（地区）层面 EPU（$epuc_{-1}$）代替行业层面 EPU，结果仍显著为正，但影响程度明显增强，结合附录 3 的结果，说明国家（地区）层面 EPU 具有较大但较短期的影响，而 HS6 位行业层面 EPU 却具有相对较小但更持久的影响。

经济政策不确定性包含多种形式，贸易政策不确定性仅为其中的一种，其对出口产品质量的影响将在第 6 章分析。剔除贸易政策不确定性后，预期经济政策不确定性的影响应当仍然显著，否则，经济政策不确定性对出口产品质量的影响完全来源于贸易政策不确定性，便应直接进入贸易政策不确定性的影响分析，而无须单独考察经济政策不确定性的影响。贸易政策不确定性的下降包含自 2002 年起中国加入 WTO 后美国承诺的 MFN 地位、中国内地和中国香港 2004 年实施的《内地与香港关于建立更紧密经贸关系的安排》（CEPA）、中国和智利 2005 年底签署的 FTA，本书构造 *tpu* 虚拟变量，将美国 2002 年及之后、中国香港 2004 年及之后、智利 2006 年及之后的样本赋值为 1，否则为 0。第（2）列引入 *tpu* 变量控制贸易政策不确定性的下降，此时 EPU 的系数仍显著为正，说明除贸易政策不确定性之外，其他形式的经济政策不确定性也会对出口产品质量产生显著影响。此外，贸易政策不确定性的下降不利于行业出口产品质量的升级，这与第 6 章的结论相吻合。

除加入 WTO、签署 FTA 导致的贸易政策不确定性下降外，出口产品遭受反倾销会引起贸易政策不确定性的上升（Crowley 等，2018）。为此，第（3）列剔除目的地对中国发起反倾销的产品，结果保持稳健。Khandelwal 等（2013）发现，目的地取消对中国的配额措施会促进中国纺织品出口质量升级，而配额措施的取消又可能引起经济政策不确定性指数的变动。也就是说，

① 根据附录 3 国家（地区）层面 EPU 的回归结果，EPU 对出口产品质量的影响只在当期和滞后一期显著为正，因此选择 EPU 滞后一期。

出口产品质量的提高可能仅仅是取消纺织品配额的结果，而其他产品的出口质量未必受影响。为了排除这种可能性，第（4）列剔除了纺织品行业，EPU 系数变化很小，说明纺织品配额措施的取消不是推动出口产品质量提升的重要因素，即 EPU 对行业出口产品质量的影响并不局限于纺织品。GDP 和汇率都与 EPU 密切相连，第（5）列控制了目的地 GDP 和汇率，以缓和遗漏变量可能导致的内生性问题，结果保持稳健。后续企业层面的实证分析使用的样本时间跨度为 2000—2006 年，因此，第（6）列选择 2000—2006 年的子样本回归，结果依然稳健且系数更大。

表 5-3　HS6 位行业层面的稳健性检验

ln*z*	国家层面 EPU (1)	TPU 下降 (2)	剔除反倾销产品 (3)	剔除纺织品 (4)	目的地特征 (5)	2000—2006 年 (6)
$epuc_{-1}$	0.0030*** (0.0001)					
epu_{-1}		0.0009*** (0.0003)	0.0010*** (0.0003)	0.0009*** (0.0003)	0.0007*** (0.0003)	0.0014*** (0.0004)
tpu		−0.1747*** (0.0129)				
ln*gdp*					0.4890*** (0.0368)	
ln*excr*					−0.8954*** (0.0219)	
常数项	−1.2903*** (0.0198)	−0.9585*** (0.0229)	−1.1634*** (0.0237)	−1.0741*** (0.0243)	−6.2701*** (0.5122)	−0.1475*** (0.0480)
年份固定效应	是	是	是	是	是	是
HS6 位行业—目的地固定效应	是	是	是	是	是	是
N	739949	739949	618406	677320	739949	365242
R^2	0.957	0.957	0.958	0.959	0.957	0.967

注：括号中数值为标准误，*** 表示 1%的显著性水平。

5.2.3.3 异质性影响

本书已经基于全样本估计了 EPU 对行业出口产品质量的效应，但这种效应在不同发展水平的目的地和不同产品类型之间可能存在差异。因此，本书下面分样本回归，结果如表 5-4 所示。第（1）、（2）列按不同发展水平将目的地分为发达国家（地区）和发展中国家（地区）①，回归系数表明，EPU 对行业出口产品质量的积极效应只在发达国家（地区）中显著，而在发展中国家（地区）中不显著，这与企业在不同类型目的地中的进入退出有关，其原因将在第 7 章的影响机制中详细讨论。第（3）~（5）列按照国际贸易标准分类（Standard International Trade Classification，SITC）将样本分为资源密集型、劳动密集型、资本和技术密集型三大类，发现 EPU 对资源密集型、劳动密集型行业出口产品质量的影响比资本和技术密集型行业更大。以出口占比较大的劳动密集型行业为例，由于中国劳动力较为充裕，出口低质量产品的劳动密集型企业较多，EPU 上升后，这些企业受到冲击退出目的地市场的可能性较大，行业内淘汰较多低质量出口企业后，出口产品质量提升幅度也会较大。第（6）、（7）列按广义经济类别（Broad Economic Categories，BEC）将样本分为中间品行业和最终品行业，发现中间品行业所受影响略高于最终品行业。

表 5-4　EPU 对不同行业和国家的异质性影响

lnz	发达国家（地区）(1)	发展中国家（地区）(2)	资源密集型 (3)	劳动密集型 (4)	资本和技术密集型 (5)	中间品 (6)	最终品 (7)
epu_{-1}	0.0012 *** (0.0003)	−0.0004 (0.0006)	0.0019 *** (0.0007)	0.0019 *** (0.0004)	0.0011 ** (0.0005)	0.0014 *** (0.0003)	0.0011 ** (0.0005)
常数项	−1.2221 *** (0.0258)	−0.0883 * (0.0480)	0.3908 *** (0.0679)	−0.9453 *** (0.0305)	−1.5229 *** (0.0396)	−1.1216 *** (0.0266)	−0.6317 *** (0.0447)
年份固定效应	是	是	是	是	是	是	是

① 发展中国家包括巴西、智利、哥伦比亚、印度、墨西哥，其余 15 个为发达国家或地区。

续表

lnz	发达国家（地区）(1)	发展中国家（地区）(2)	资源密集型 (3)	劳动密集型 (4)	资本和技术密集型 (5)	中间品 (6)	最终品 (7)
HS6 位行业—目的地固定效应	是	是	是	是	是	是	是
N	588531	151413	78840	375877	259677	513431	201217
R^2	0.962	0.928	0.943	0.961	0.955	0.957	0.959

注：括号中数值为标准误，***、**、* 分别表示 1%、5%、10%的显著性水平。

5.3　经济政策不确定性对企业出口产品质量的影响

本章已经基于 HS6 位行业层面的数据验证了外生产品质量下的理论命题 3-1。在内生产品质量模型中，企业自身的出口产品质量也会受经济政策不确定性的影响。因此，需要运用企业层面数据验证内生产品假设下的理论命题 3-2。此外，平均加总到年度层面的 EPU 可能掩盖同年度内不同月份 EPU 差异较大的事实，季度数据则能相对较好地反映 EPU 的变化，因此，本节基于中国海关数据库季度数据进行实证分析。

5.3.1　计量模型、变量测度与数据描述

5.3.1.1　计量模型

与 HS6 位行业层面的计量模型类似，本书将企业层面的模型设定如下：

$$\ln z_{fhcq} = \beta_0 + \beta_1 epu_{h,\ q-4} + \alpha_q + \alpha_{hc} + \varepsilon_{fhcq} \tag{5-5}$$

其中，下标 f、h、c、q 分别代表企业、HS6 位行业、目的地和季度。z_{fhcq} 表示 q 季度 h 行业中 f 企业对 c 国的出口产品质量。$epu_{h,q-4}$ 表示滞后 4 季度的

行业层面 EPU 指数。关于滞后 4 季度的原因，除了企业的反应需要时间之外，也是为了与 HS6 位行业层面滞后一年的结果相对应。α_q 表示季度固定效应，以控制影响所有企业出口产品质量的季度宏观层面因素。如前所述，行业层面 EPU 本质上来源于目的地 EPU，而微观（企业）层面的出口产品质量不太可能影响目的地 EPU，因此回归方程不太可能出现内生性问题。

5.3.1.2 变量测度

类似于式（5-4），企业层面的出口产品质量基于如下方程测度：

$$\ln q_{fhcq} + \sigma_{Hc}\ln p_{fhcq} = \alpha_{cq} + \alpha_h + \varepsilon_{fhcq} \tag{5-6}$$

其中，α_{cq}为目的地—季度固定效应，以控制该国季度收入和价格水平的影响。对式（5-6）回归后，企业出口产品质量 $ln\hat{z}_{fhcq} = \hat{\varepsilon}_{fhcq}/(\sigma_{Hc} - 1)$。

HS6 位行业层面季度 EPU 的构建方法与年份 EPU 的构建方法类似，即以初始季度行业对特定目的地的出口额为权重，将国家（地区）层面的 EPU 汇总到行业层面：$epu_{hq} = \sum_{f,\ c} \frac{x_{fhc,\ q0}}{\sum_{f,\ c} x_{fhc,\ q0}} epu_{cq}$，其中 $x_{fhc,q0}$为初始季度 $q0$ 行业 h 中企业 f 对目的地 c 的出口额，epu_{cq}为目的地 c 在 q 季度时的 EPU 水平，是该季度各月 EPU 的均值，即 $epu_{cq} = \frac{\sum_m epu_{cm}}{3}$，其中 m 表示所在季度的某一特定月份。

5.3.1.3 数据来源

EPU 指数用 Baker 等（2016）的月度数据平均到季度数据。中国海关数据库报告了 2000—2006 年企业在每个月份出口每种 HS8 位产品到每个目的地的出口金额和出口数量，以及企业性质、贸易状态、贸易方式、运输方式等信息。根据研究内容，本书对海关数据库进行如下处理：一是保留贸易状态为出口的样本；二是行业层面结果显示，EPU 对出口产品质量的效应只在发达国家（地区）样本中显著，因此保留企业出口到 15 个发达国家（地区）的样本；三是根据企业名称删除贸易中间商企业；四是在出口额和出口量维度上，将 HS8 位产品加总到 HS6 位行业；五是在出口额和出口量维度上，将月度数据加总到季度数据。利用季度出口额和出口量信息，可以测度企业—产品—目的地—季度层面的出口产品质量。值得注意的是，虽然 Baker 等（2016）的 EPU 指数和海关数据库均为月度数据，但由于月度数据存在较多干扰因素（Lu 等，2013），因此本书归总到季度数据。

5.3.1.4 描述性统计

图 5-7 描述了 2000—2006 年各季度国家和 HS6 位行业层面的 EPU 指数。从演进态势上看，行业层面 EPU 和国家层面 EPU 的变化趋势较为一致。注意到在每个年度内，不同季度的 EPU 水平仍具有一定的波动性，表明季度 EPU 能够更稳健地分析短期内企业出口行为的调整。

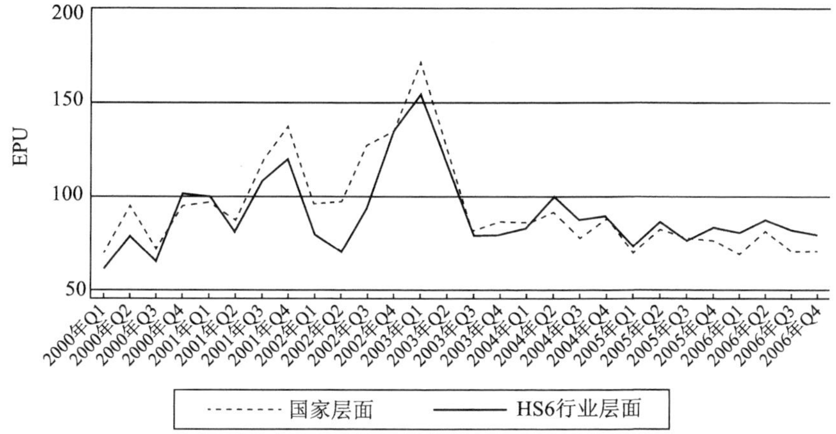

图 5-7 2000—2006 年各季度国家和 HS6 位行业层面的 EPU 指数

数据来源：根据中国海关数据库和 Baker 等（2016）编制的 EPU 指数整理得到。

根据理论命题 4-2，EPU 的上升会使企业出口产品质量提高，那么 EPU 相差较大的季度其出口产品质量应有差异。图 5-8 通过刻画 EPU 最高季度和最低季度的企业出口产品质量核密度反映了这一事实。从图中可以看出，与 EPU 最低的季度相比，在 EPU 最高的季度企业出口产品质量更高。

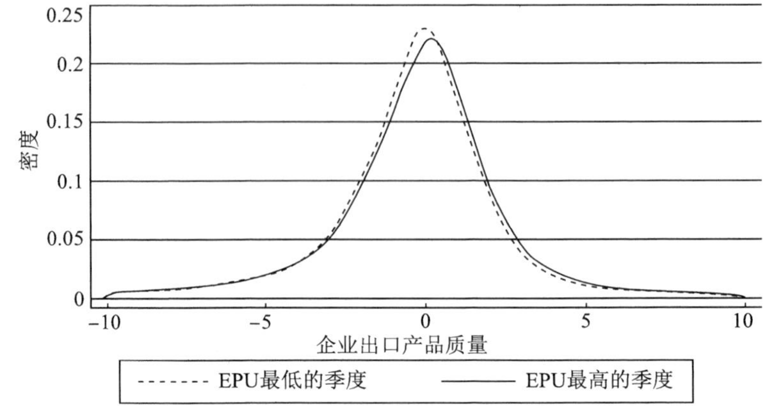

图 5-8 最高 EPU 和最低 EPU 季度的出口产品质量核密度

数据来源：根据中国海关数据库和 Baker 等（2016）编制的 EPU 指数整理得到。

5.3.2 实证结果分析

5.3.2.1 基准回归结果

表 5-5 报告了 EPU 及滞后不同期数对企业层面出口产品质量的影响。表中显示，从滞后 1 期开始，EPU 的回归系数显著为正，与理论预期一致，HS6 位行业层面 EPU 的增加促进了企业出口产品质量的提高。从大小上看，经济政策不确定性对企业出口产品质量的积极效应经历了先上升后下降的趋势，且在滞后 2 期最大，说明 EPU 的影响需要一定的时间传导到行业内的企业，以实现资源再配置效应：迫使低效率企业退出，在位企业竞争程度降低，从而获得较高的出口利润，以改善出口产品质量水平。当然，EPU 上升引致的企业数目的减少也可能导致在位企业面临的需求增加，从而通过规模效应和竞争效应影响企业出口产品质量。这些机制都将在后续章节中加以分析。表 5-5 只列出了滞后 5 期内的 EPU 系数，实际上当滞后更多季度时，EPU 对企业出口产品质量的负面影响开始显现。图 5-9 描绘了滞后 7 季度内 EPU 对企业出口产品质量的效应，该效应在滞后 1 期至滞后 5 期中显著为正。注意从第 7 期开

始，EPU 的系数由正转负，说明从长期来看，EPU 可能通过某些机制对企业出口产品质量产生负面效应，且该负面效应强于扩展边际和需求冲击路径所引起的正面效应。EPU 负面效应的机制可能是：EPU 的上升会降低目的地企业的创新投资，从而使同行业内出口企业的创新激励也受到抑制，最终不利于企业出口产品质量的提升。

与 HS6 位行业层面相比，企业层面出口产品质量受 EPU 的影响在时间上相对较短，在规模上相对较小。这说明从长期来看，进入退出机制可能对行业具有更重要的意义。

表 5-5 EPU 对企业出口产品质量的影响

ln*z*	(1)	(2)	(3)	(4)	(5)	(6)
epu	0.0001 (0.0001)					
epu_{-1}		0.0006 *** (0.0001)				
epu_{-2}			0.0009 *** (0.0001)			
epu_{-3}				0.0006 *** (0.0002)		
epu_{-4}					0.0007 *** (0.0002)	
epu_{-5}						0.0004 ** (0.0002)
常数项	-0.9572 *** (0.0099)	-0.4169 *** (0.0116)	-0.3936 *** (0.0134)	-0.2647 *** (0.0133)	-0.2428 *** (0.0115)	-0.2118 *** (0.0152)
季度固定效应	是	是	是	是	是	是
HS6 位行业—目的地固定效应	是	是	是	是	是	是
N	12718728	6628153	5501776	4778614	4266864	3651619
R^2	0.797	0.809	0.810	0.810	0.810	0.810

注：括号中数值为标准误，***、** 分别表示 1%、5%的显著性水平。

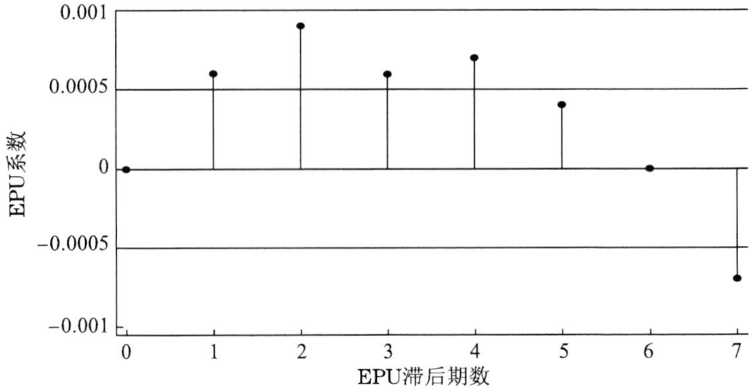

图 5-9　季度 EPU 滞后期数及其系数

数据来源：根据回归结果整理得到，当期、滞后 6 期的 EPU 系数不显著，本书在图中用 0 标示。

5.3.2.2　稳健性检验

为了与 HS6 位行业层面结果相对应，本书在后续分析中采用滞后 4 期的 EPU 作为解释变量。如同 5.2.3 小节，附录 3 估计了目的地层面 EPU 对企业出口产品质量的影响，结果与基准回归一致，证明了 EPU 指标的稳健性。表 5-6 按照与表 5-3 第（2）~（4）列相同的处理方法，考虑了贸易政策不确定性、反倾销产品和纺织品的干扰。在控制贸易政策不确定性、剔除反倾销产品或纺织品的情形下，EPU 对企业出口产品质量的影响始终显著为正，因此结论保持稳健。①

表 5-6　企业层面的稳健性检验

lnz	（1）TPU 下降	（2）剔除反倾销产品	（3）剔除纺织品
epu_{-1}	0.0008*** （0.0001）	0.0010*** （0.0002）	0.0007*** （0.0002）
tpu	−0.2231*** （0.0080）		

① 表 5-6 的稳健性检验中未控制 GDP 和汇率等国家（地区）层面的因素，是因为本书无法获得各个国家（地区）季度层面的 GDP 和汇率数据。

续表

lnz	（1）TPU 下降	（2）剔除反倾销产品	（3）剔除纺织品
常数项	−0.0626*** （0.0080）	−0.1987*** （0.0186）	−0.0515*** （0.0172）
年份固定效应	是	是	是
HS6 位行业—目的地固定效应	是	是	是
N	4266864	2974521	3763801
R^2	0.810	0.808	0.813

注：由于本书没有世界各个国家（地区）季度层面的 GDP、汇率等指标，因而稳健性检验中未控制更多目的地层面的因素。括号中数值为标准误，*** 表示 1%的显著性水平。

5.3.2.3 异质性影响

对于不同类型的企业而言，其出口产品质量受 EPU 的影响可能有差异。表 5-7 因此基于不同标准将企业进行分组，以考察 EPU 的异质性影响。第（1）~（3）列按照所有制类型将样本分为国有企业、民营企业和外资企业。结果表明，较高的 EPU 对民营企业出口产品质量的促进效应最大，其次是国有企业，而对外资企业的影响不论在大小还是显著性上都最小。这可能因为民营企业融资较为困难，遭受外部冲击时显得更为脆弱，从而导致较多的企业退出，竞争效应能在该类企业中较好地发挥作用，存活企业的利润增加，出口产品质量得到提高。相反，当 EPU 上升时，外资企业拥有更多融资渠道，且生产和出口更为灵活，可能通过向母公司筹措资金或者用其他产品和市场的利润弥补损失，结果退出的概率降低。第（4）、（5）列为单产品企业和多产品企业回归结果，第（6）、（7）列为单目的地企业和多目的地企业回归结果。可以发现，EPU 的正效应在单产品企业和单目的地企业中更为显著。对于多产品企业和多目的地企业来说，由于可以通过产品和目的地重组来避免因 EPU 上升引起的损失，从而遭受更小的冲击。因此，这两类企业退出的数目较少，竞争效应的作用相对有限。

表 5-7 EPU 对不同特征企业的异质性影响

lnz	所有制类型			产品数目		目的地数目	
	(1) 国有企业	(2) 民营企业	(3) 外资企业	(4) 单产品	(5) 多产品	(6) 单产品	(7) 多产品
epu_{-4}	0.0009***	0.0013***	0.0006*	0.0009**	0.0007***	0.0015***	0.0005**
	(0.0003)	(0.0004)	(0.0003)	(0.0004)	(0.0002)	(0.0003)	(0.0002)
常数项	-0.2766***	-0.4084***	0.0783***	0.4680***	-0.0597***	0.2159***	-0.0484***
	(0.0308)	(0.0365)	(0.0294)	(0.0414)	(0.0164)	(0.0258)	(0.0183)
季度固定效应	是	是	是	是	是	是	是
HS6 位行业—目的地固定效应	是	是	是	是	是	是	是
N	807614	502871	1595743	461863	3800819	836385	3426291
R^2	0.850	0.884	0.791	0.883	0.807	0.819	0.817

注：括号中数值为标准误，***、**、*分别表示1%、5%、10%的显著性水平。

5.4 小结

本章将中国高质量发展目标与不确定性上升的现实背景相结合，实证分析了囊括范围较广的经济政策不确定性如何影响出口产品质量。本章运用 Baker 等（2016）的数据，构造了 HS6 位行业层面的多边经济政策不确定性指标，然后结合 1995—2010 年 CEPII-BACI 数据库和 2000—2006 年中国海关季度数据库，在 HS6 位行业层面和企业层面实证检验了 3.2 节提出的重要假设和理论命题。主要结论如下。

第一，HS6 位行业层面的实证结果显示，经济政策不确定性对行业出口产品质量产生了较大且长期的显著正效应，这种效应在替换指标、控制贸易政策不确定性、排除特殊产品、控制目的地特征等情况下保持稳健。经济政策不确定性对行业出口产品质量的影响在中间品行业、资源和劳动密集型行业中更显著，并且只在出口到发达国家（地区）的行业中显著。

第二，企业层面的实证结果发现，经济政策不确定性的上升有助于企业出口产品质量的提高，但无论是经济效应还是影响的持续性都显著低于 HS6 位行业层面，这表明自选择效应对行业的重要性高于竞争效应对企业的重要性。此外，经济政策不确定性的影响在民营企业、单产品企业和单目的地企业中更为显著。

6　贸易政策不确定性对出口产品质量的影响：实证分析

随着世界经济格局的复杂多变，不确定性问题引发了许多学者的关注。第5章已经研究了经济政策不确定性对HS6位行业和企业出口产品质量的影响，但经济政策不确定性是一个较为广义的概念，涵盖税收、货币、贸易等多方面的政策维度。在国际贸易领域，近年来有学者开始评估贸易政策不确定性的经济效果，结合2018年中美贸易摩擦背景导致的不确定性上升，从经济政策不确定性中筛选更具体、更细化的贸易政策不确定性作为研究视角，探讨其对出口产品质量的影响具有重要的现实意义。既然贸易政策不确定性是经济政策不确定性中的一部分，笔者不禁好奇，贸易政策不确定性影响出口产品质量的方向是否与经济政策不确定性一致？本章的研究有助于回答该问题。

在中国经济由高速增长向高质量发展转型的背景下，出口产品质量升级与出口数量扩张变得同等重要。因此，要全面评价贸易政策不确定性的效果，还需要进一步分析其对出口产品质量的效应。Feng等（2017）、苏理梅等（2016）实证分析了贸易政策不确定性对出口产品质量的影响，但研究结论不一致。Feng等（2017）关注的重点是企业进入退出状态，认为贸易政策不确定性导致高质量企业进入，低质量企业退出，行业的整体质量得到提高。苏理梅等（2016）同样运用HS6位行业层面的数据，但得到相反的结论。本章与以上文献的区别在于：已有文献主要认为自选择效应是贸易政策不确定性影响出口产品质量的作用机制，因此聚焦HS6位行业层面的分析，而没有涉及新企业进入对其他企业的竞争冲击。由于忽略了竞争效应，已有文献尚未探讨企业出口产品质量如何对贸易政策不确定性作出反应。本书则同时分析了贸易政策不确定性对行业和企业出口产品质量的影响。当然，已有文献没有提出贸易政策不确定性影响出口产品质量的理论模型，本书在第 3 章已经弥补了这一不足。

需要说明的是，如同第 5 章，在行业层面的实证分析中，本书仍借鉴 Handley 和 Limão（2017a），使用“HS6 位行业”一词。在企业层面的实证分析中，行业指的是国民经济行业分类 4 位层面。因此，此时用“HS6 位产品”。

本章的内容安排如下：6. 1 节利用 CEPII－BACI 数据库和 Feenstra 等（2002）公布的美国关税数据实证分析贸易政策不确定性对 HS6 位行业出口产品质量的影响；6. 2 节基于中国工业企业数据库和海关数据库研究贸易政策不确定性如何影响企业出口产品质量；6. 3 节为本章小结。

6. 1 贸易政策不确定性对 HS6 位行业出口产品质量的影响

从 1986 年开始，中国就试图重返关税和贸易总协定（General Agreement on Tariff and Trade，GATT）及之后的世界贸易组织（WTO），GATT/WTO 的一个基本原则是成员国之间给予对方最惠国（Most Favored Nation，MFN）待遇。尽管美国早在 1979 年就准许了中国的最惠国待遇，但附加了一系列要求，且需要美国每年复查重审。一旦某年中国没有获得 MFN 待遇，美国将对中国征收较高的非 MFN 关税。因此，美国最初授予中国暂时性的 MFN 待遇。在加入 WTO 的谈判中，中国要求美国取消对给予中国正常贸易关系地位的年度复审。2000 年 3 月，克林顿要求美国国会承诺对中国的永久性正常贸易关系（Permanent Normal Trade Relations，PNTR）地位。2000 年 5 月，美国同意授予中国 PNTR 地位。尽管支持中国 PNTR 地位的立法已经颁布，但只有在中国加入 WTO 之后才能生效（Pregelj，2001）。总之，在中国加入 WTO 之后，中国对美国出口产品被征收较高关税的威胁得以消除，该种产品的贸易政策不确定性下降，这也为本书的政策评估提供了一个准自然实验。

6.1.1 计量模型、变量测度与数据来源

6.1.1.1 计量模型

倍差法是政策评估中最常用的方法之一。倍差法估计首先要明确处理组和对照组，在此基础上还需要特定时点上出现一个外生的政策冲击，且能对处理组有较大影响，而对对照组不产生作用或影响微弱。如此一来，政策冲击的效应就可以用政策实施前后处理组的变化与政策实施前后对照组的变化之间的差异度量，即所谓的"平均处理效应"。倍差法作为一种准自然实验方法，能够较好地解决内生性问题。就本书而言，中国加入 WTO 之前，不同 HS6 位行业面临的 TPU 差异较大，而加入之后，大部分行业的 TPU 在 2002 年下降为 0。因此，基于 HS6 位行业维度的 TPU 变异和政策时点的存在，本书运用倍差法分析 TPU 对中国出口产品质量的影响。根据 TPU 下降幅度的不同，本书将处理组定义为 TPU 降幅较大的行业，亦即加入 WTO 前 TPU 较高的行业，将对照组定义为 TPU 降幅较小的行业。因此，TPU 下降的"平均处理效应"为，中国加入 WTO 前后 TPU 降幅较大的 HS6 位行业出口产品质量变化和 TPU 降幅较小的 HS6 位行业出口产品质量变化之间的差异。回归方程为

$$\ln z_{ht} = \beta_0 + \beta_1 tpu01_h \times post02_t + \alpha_t + \alpha_h + \varepsilon_{ht} \tag{6-1}$$

其中，下标 h 和 t 分别代表 HS6 位行业和年份。z_{ht} 为中国对美国的行业出口产品质量，$tpu01_h$ 为加入 WTO 前 2001 年的贸易政策不确定性，较高的 $tpu01_h$ 意味着加入 WTO 之后行业 h 的 TPU 下降程度较大。$post02_t$ 为虚拟变量，2002 年及之后取 1，2002 年之前为 0。α_t 代表年份固定效应，用以控制与行业无关的宏观经济因素，如 1997 年亚洲金融危机、2008 年全球金融危机等事件的影响。由于不同 HS6 位行业之间的出口产品质量无法直接比较，同时为控制行业固有特征的影响，本书引入 HS6 位行业固定效应 α_h。ε_{ht} 为误差

项。β_1 为本书关心的估计系数，度量了加入 WTO 前后出口产品质量的变化在不同 TPU 水平的行业之间的差异。

本书研究的贸易政策不确定性是一个较强的外生变量。首先，中国加入 WTO 需要征得所有成员国的同意。在 2001 年之前，许多谈判协议细节仍未解决，入世时间具有不可预见性，即中国加入 WTO 为外生事件（Bas 和Strauss-Kahn，2015；Lu 和 Yu，2015；Liu 和 Qiu，2016）。其次，评价 TPU 贸易和经济效应的文献指出，美国实施的关税早在斯穆特-霍利关税法中就已经决定，说明 TPU 具有很强的外生性（Liu 和 Ma，2016；Pierce 和 Schott，2016；Feng 等，2017）。就本书而言，中国出口产品质量不太可能影响美国对中国的关税政策，因而本书也认为 TPU 为外生变量。最后，遗漏变量问题不太可能出现，这是因为在回归方程式（6-1）中，行业固定效应吸收了不随时间变化的 HS6 位行业层面因素，年份固定效应不仅吸收了中国和美国随时间变化的国家层面因素，如两国 GDP 等，还能够控制双边宏观层面因素如汇率的影响；在后续实证分析中，本书还控制了随时间变化的 HS2 位行业层面因素、中国和美国 HS6 位行业层面的关税。

6.1.1.2　变量测度

被解释变量为 HS6 位行业出口产品质量，与第 5 章一致，本书采用 Khandelwal 等（2013）的测度方法。由于出口目的地只有美国，因此忽略下标 c，t 年中国 h 行业对美国的出口产品质量可由下式估计：

$$\ln q_{ht} + \sigma_h \ln p_{ht} = \alpha_t + \alpha_h + \varepsilon_{ht} \tag{6-2}$$

其中，α_t 用于控制美国总收入和价格指数。用式（6-2）回归后，HS6 位行业出口产品质量 $\ln\hat{z}_{ht} = \hat{\varepsilon}_{ht}/(\sigma_h - 1)$，替代弹性数据来源于 Broda 和 Weinstein（2006），他们估计了美国 HS10 位产品层面的 σ 值。HS6 位行业的 σ 值取其所包含 HS10 位产品 σ 值的中位数。

目前的文献主要利用 MFN 关税（τ_h^{mfn}）和其他形式关税（非 MFN 关税、协定关税等，τ_h^{other}）的信息衡量 TPU，但具体形式稍有差异。Handley（2014）、Handley 和 Limão（2017a）基于理论推导出度量 TPU 的形式：

$1-(\tau_h^{other}/\tau_h^{mfn})^{-\sigma}$，Handley 和 Limão（2015）则用 $\frac{1-(\tau_h^{other}/\tau_h^{mfn})^{-\sigma}}{\sigma-1}$ 衡量 TPU，Liu 和 Ma（2016）除使用以上非线性指标外，还构建了对数的相对关税指标，即 $\ln(\tau_h^{other}/\tau_h^{mfn})$，但这类形式会剔除 MFN 关税为 0 的 HS6 位行业信息。Pierce 和 Schott（2016）、Feng 等（2017）直接以关税水平的差异衡量 TPU：$\tau_h^{other}-\tau_h^{mfn}$，本书借鉴该种方法，以减少样本损失。假设美国 2001 年对 HS6 位行业 h 实施的 MFN 关税为 τ_h^{mfn}，非 MFN 关税为 τ_h^{col2}，则当年中国的 HS6 位出口行业 h 面临来自美国的 TPU 为 $tpu01_h=\tau_h^{col2}-\tau_h^{mfn}$。在稳健性检验中，本书也将使用其他形式度量 TPU。

6.1.1.3 数据来源

HS6 位行业层面的估计主要使用了 CEPII-BACI 数据库和 Feenstra 等（2002）整理的美国 MFN 关税和非 MFN 关税。CEPII-BACI 数据库报告了 1995—2010 年每种 HS6 位产品层面上世界各国之间的双边进（出）口贸易额和贸易量，本书选择中国出口到美国的子样本，并估计 HS6 位行业的出口产品质量。Feenstra 等（2002）整理并在 NBER 公开的数据①包含 1989—2001 年每个 HS6 位行业层面上美国对其他国家征收的不同类型的关税税率。在美国关税税率表中，实施的 MFN 关税位于第 1 列，因而 MFN 税率也被称为“第 1 列税率”（Column 1 Duty Rate）；没有获得美国 MFN 地位的国家会被征收更高的关税，称为“非 MFN 税率”（Non-MFN Duty Rate）或者“第 2 列税率”（Column 2 Duty Rate）。本书主要使用 2001 年非 MFN 税率和 MFN 税率构建加入 WTO 前的贸易政策不确定性指标，加入 WTO 之后的 TPU 指标用约束关税和 MFN 关税的差距衡量，2001 年之后的关税数据来源于 WTO 关税下载中心②（WTO Tariff Download Facility）。基于共同的 HS6 位行业代码这一识别变量，可以完成出口产品质量和 TPU 数据的匹配。

① http：//www. johnromalis. com/publications/。

② http：//tariffdata. wto. org/ReportersAndProducts. aspx。

6.1.2 描述性统计

图 6-1 描绘了 1996—2010 年美国 MFN 关税和中国对美国出口的变化趋势。从图中可以发现，由于美国的最惠国关税水平已经较低，其下降空间有限，1996—2005 年仅下降 1.5 个百分点，此后基本保持不变。更重要的是，MFN 关税下降主要发生在中国加入 WTO 之前的 1996—2000 年，而 2001—2005 年的降幅只有 0.4 个百分点。与此同时，中国对美国的出口呈现出迅速增长的态势，且年均出口增长率由加入 WTO 前的 13.6%提升到加入 WTO 后金融危机爆发前的 21%，2008 年后的“V”字形变化表明，中国出口遭受冲击之后能够迅速复苏。

显而易见的是，中国对美国出口的高速增长难以用美国进口关税的有限降幅来解释。目前的文献主要从两个角度揭示了加入 WTO 后中国出口增长。从供给侧的角度来看，2001 年后中国进口关税大幅下降，更多的进口资源提高了企业出口绩效（Feng 等，2016；毛其淋和盛斌，2013；田巍和余淼杰，2013；张杰等，2014）。从需求侧的角度来看，由美国承诺中国 PNTR 地位引起的贸易政策不确定性的下降是中国出口繁荣的主要原因（Feng 等，2017；Handley 和 Limão，2017a）。

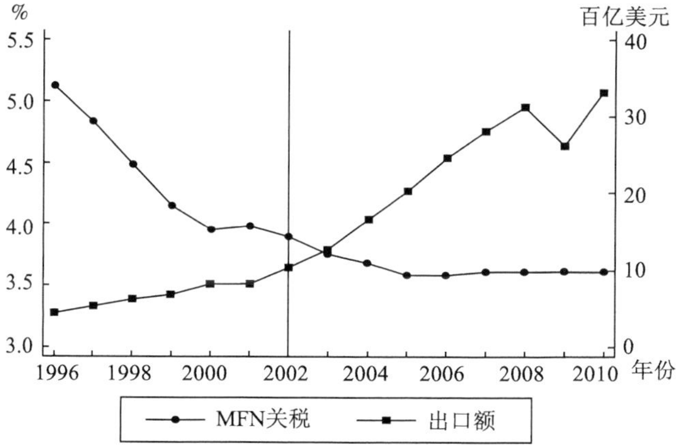

图 6-1 1996—2010 年美国 MFN 关税和中国对美国出口

数据来源：关税数据来源于 WTO 关税下载中心，但只提供了从 1996 年开始的关税数据，因此图中未包含 1995 年。出口数据由 CEPII-BACI 数据库加总得到。

中国加入 WTO 之前，贸易政策不确定性主要来自非 MFN 关税实施的可能性，加入后则来自约束关税的高低。因此，有必要明晰非 MFN 关税和约束关税的结构，图 6-2 显示了美国 2001 年非 MFN 关税和 2002 年约束关税的核密度。[①] 由图可知，非 MFN 关税在 20%~50%的区间分布最为密集，HS6 位行业占比为 53%；而不少 HS6 位行业的约束关税为 0，约束关税在 10%以内的 HS6 位行业占比为 91%。结合 MFN 关税表明，大部分加入 WTO 前贸易政策不确定性较高的 HS6 位行业在 2002 年后基本得以消除。

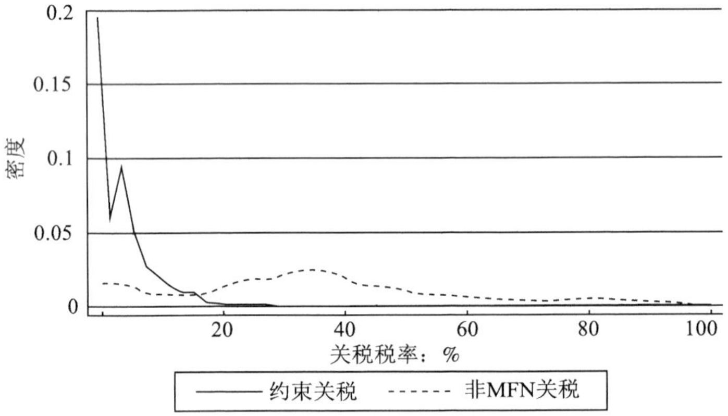

图 6-2　2001 年非 MFN 关税和 2002 年约束关税的核密度

数据来源：非 MFN 关税来源于 Feenstra 等（2002）整理和公布的关税数据，约束关税来源于 WTO 关税下载中心。

图 6-3 显示了 1995—2010 年中国出口的 HS6 位行业面临来自美国的 TPU。正如笔者所料，1995—2001 年 TPU 水平较高且有所上升，2001 年达 30.16%。2002 年之后，TPU 基本趋近于 0，由 2002 年的-0.29%变为 2010 年的-0.03%。以 2002 年为例，在所有 4460 种 HS6 位行业中，120 个行业的约束关税高于最惠国关税，2908 个行业的约束关税与最惠国关税相等，1432 个行业的约束关税低于最惠国关税。TPU 出现负值的原因是，一些受约束行业的关税可以单方面无偿提高（Bchir 等，2006）。重要的是，加入 WTO 之后中

① 美国在 2001 年调整了约束关税，此后直到 2010 年都没有再次更新。

国面临的 TPU 显著下降。

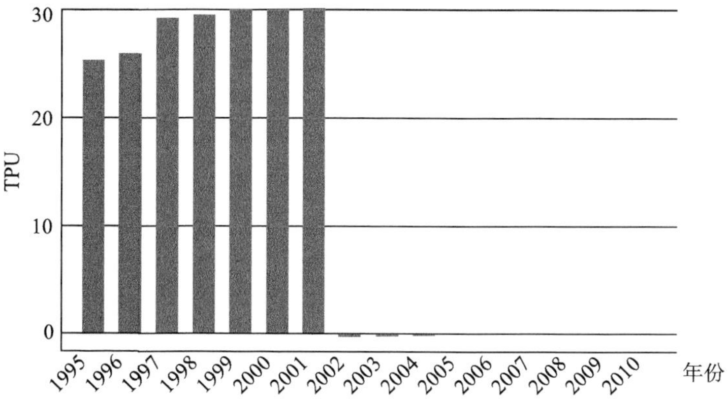

图 6-3　1995—2010 年中国面临来自美国的 TPU

数据来源：根据 Feenstra 等（2002）和 WTO 关税下载中心的数据整理得到。

在计量模型中，2001 年 TPU 更高的 HS6 位行业在加入 WTO 后降幅更大，图 6-3 在平均意义上表明了这一规律。对于具体每个 HS6 位行业而言，这一规律是否成立？图 6-4 描述了 2001 年 TPU 与中国加入 WTO 前后 TPU 变化之间的关系。图中大部分行业能够较好地拟合在预测线附近，说明 2001 年的 TPU 水平与加入 WTO 前后 TPU 的降幅成正比。

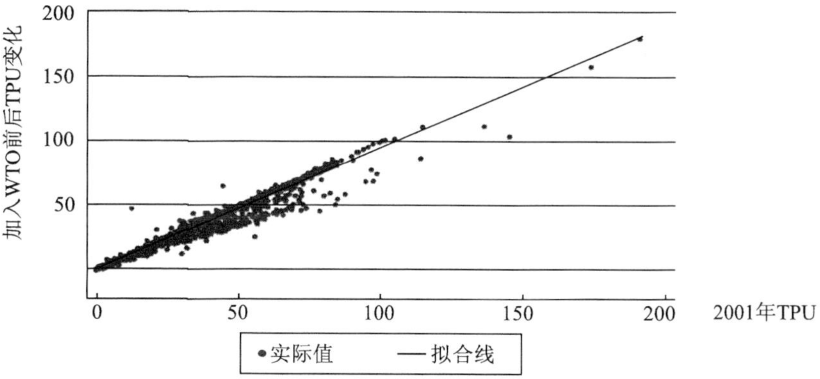

图 6-4　2001 年 TPU 及中国入世前后 TPU 的变化

数据来源：根据 Feenstra 等（2002）和 WTO 关税下载中心的数据整理得到。对于每个 HS6 位行业而言，入世前后 TPU 变化用 2001 年 TPU 减去 2002—2010 年 TPU 的均值。

由于不同 HS6 位行业的出口产品质量无法直接加总，本书采用行业出口产品质量的中位数描述 1995—2010 年中国对美国行业出口产品质量的变化，如图 6-5 所示。从总体上看，中国对美国行业出口产品质量经历了一个下降的过程，从 1995 年的 0.61 下降到 2010 年的-0.53，其中 1998—2000 年降幅最为显著。可能的原因是，美国最惠国关税的下降和中国加入 WTO 导致中国低质量产品进入美国市场，从而拉低了行业出口产品质量的中位数。

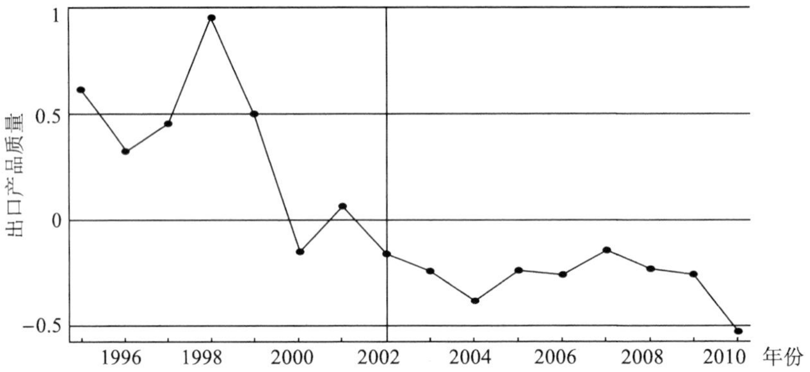

图 6-5　1995—2010 年中国对美国行业出口产品质量

数据来源：根据 CEPII-BACI 数据库整理得到，出口产品质量为对数形式。

为了进一步观察出口产品质量的全貌，本书绘制了样本首尾年份出口产品质量的核密度图，如图 6-6 所示。1995 年和 2010 年出口产品质量都近似服从正态分布。总体而言，2010 年出口产品质量相对 1995 年有所下降，这与图 6-5 的结论一致。

倍差法得以运用的前提是政策发生前被解释变量在处理组和对照组中具有平行的变化趋势。为确保倍差法的有效性，本书以 2001 年 TPU 均值为临界点将 HS6 位行业分为高 TPU 行业和低 TPU 行业，并按照图 6-5 的方法绘制两组行业的出口产品质量随时间的变化，如图 6-7 所示。由图可知，1995—2001 年，两组行业的出口产品质量变化态势较为相似，因此满足平行趋势假设。在中国加入 WTO 之后，以 2002 年为例，虽然两组行业的出口产品质量均有所下降，但高 TPU 行业的降幅更大，即其受 TPU 下降的影响可能更大。类似的情况也分别发生在 2004 年、2008 年和 2010 年。

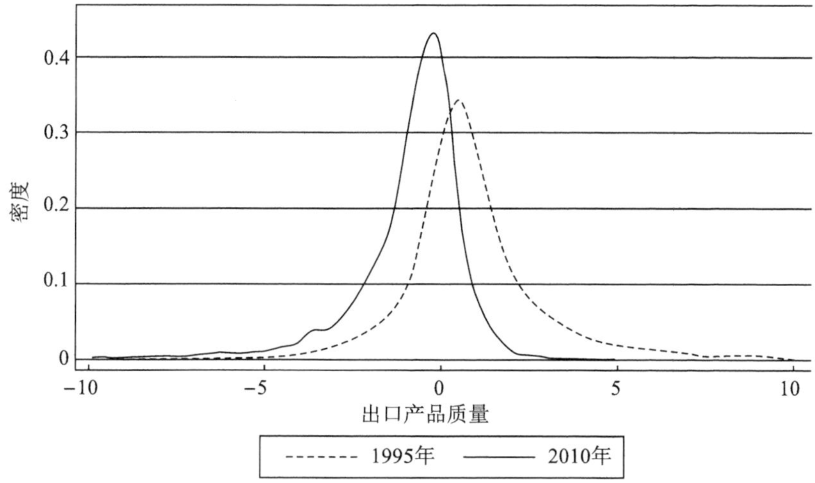

图 6-6　1995 年和 2010 年中国对美国的出口产品质量核密度

数据来源：根据 CEPII-BACI 数据库整理得到。

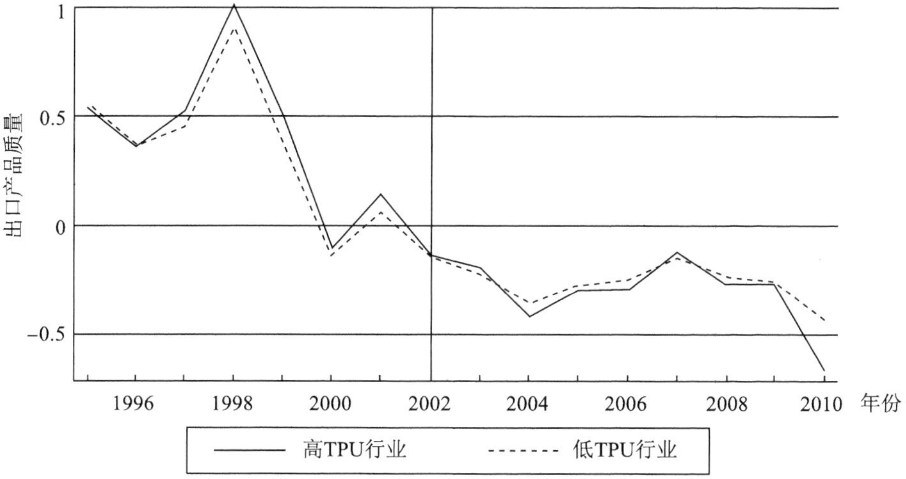

图 6-7　1995—2010 年高 TPU 和低 TPU 行业的出口产品质量

数据来源：根据 Feenstra 等（2002）和 CEPII-BACI 数据库整理得到。

6.1.3 实证结果分析

6.1.3.1 基准回归结果

本书首先汇报了产品层面的估计结果，基准回归结果如表 6-1 所示。尽管产品价格包含产品质量外的其他干扰信息，但二者具有较高的相关性。因此，表 6-1 同时汇报了 TPU 对出口产品价格和质量的影响，所有回归均控制了年份和 HS6 位行业固定效应。第（1）、（2）列为全样本估计结果，$tpu01 \times post02$ 的回归系数显著为负，表明 2001 年 TPU 较高的行业的出口产品价格和质量下降程度更大。由于 2001 年行业的 TPU 越高，中国加入 WTO 后其降幅也越大，因此意味着，TPU 的下降抑制了 HS6 位行业出口产品质量的升级。

由于本书在行业层面和企业层面都进行了实证分析，而企业层面样本时间跨度为 2000—2006 年，为了与企业层面的结果相对应，第（3）、（4）列提取 2000—2006 年的子样本进行回归，结果在方向和显著性上与第（1）、（2）列保持一致。在系数大小方面，第（3）列比第（1）列下降了 35%，原因可能在于与全样本相比，加入 WTO 后到 2006 年是出口企业进入美国市场较为集中的时期，激烈的竞争压力使出口价格下降更多。

值得注意的是，正如图 6-1 所示，在 2005 年之前，美国 MFN 关税仍在不断下降。进口关税的削减降低了贸易成本，会使企业进口更高质量的产品（Bas 和 Strauss-Kahn，2015；施炳展和张雅睿，2016；余淼杰和李乐融，2016）。为保证本书结果不受美国进口关税变动的影响，第（5）、（6）列控制了美国的 MFN 关税水平（τ^{USA}）。结果发现，尽管价格没有增加，但进口关税削减的确促进了美国从中国进口产品质量的提高。重要的是，控制关税后，本书的结果保持稳健。

表 6-1 TPU 对 HS6 位行业出口产品质量的影响

	全样本		2000—2006 年		美国 MFN 关税	
	（1）ln*p*	（2）ln*z*	（3）ln*p*	（4）ln*z*	（5）ln*p*	（6）ln*z*
*tpu*01×*post*02	-0.0017*** (0.0004)	-0.0021*** (0.0008)	-0.0023*** (0.0006)	-0.0020** (0.0010)	-0.0021*** (0.0004)	-0.0022*** (0.0009)
τ^{USA}					0.0052** (0.0022)	-0.0112** (0.0044)
常数项	1.4615*** (0.0177)	0.8941*** (0.0344)	1.8699*** (0.0150)	-0.0820*** (0.0247)	1.4307*** (0.0215)	0.9436*** (0.0419)
年份固定效应	是	是	是	是	是	是
HS6 位行业固定效应	是	是	是	是	是	是
N	53129	53129	24253	24253	50584	50584
R^2	0.724	0.114	0.816	0.288	0.723	0.124

注：括号中数值为标准误，***、** 分别表示 1%、5%、10%的显著性水平。

6.1.3.2 DID 有效性检验

本书在图 6-7 中已经验证了平行趋势假设，表 6-2 从其他角度进一步检验了倍差法的有效性。不同 HS2 位行业层面随时间变化的因素或政策可能对该行业内的产品产生不同程度的影响，从而干扰估计结果。由此，第（1）、（2）列控制了 HS2 位行业—年份固定效应，结果保持稳健，且影响程度有所增加。注意到中国加入 WTO 之前 TPU 没有显著变化，预测该阶段 TPU 对出口产品质量应该不会有显著效应，第（3）、（4）选择 1995—2001 年的样本，并用每年的 TPU（*tpu*）代替 2001 年的 TPU（*tpu*01），以验证这一猜测。结果与预期一致，即中国加入 WTO 前，行业出口产品质量不受 TPU 的影响，第（3）列系数显著，说明出口产品价格不是出口产品质量的理想代理指标。为了排除中国国内潜在遗漏因素，借鉴 Feng 等（2017）的做法，本书选择与美国进口结构最相似的三个欧盟国家（英国、法国和德国）为进口国。欧盟国家早在 1985 年就授予中国最惠国待遇，只要 TPU 没有国际溢出效应，就不会对中国出口到相似国家的产品质量（$\ln z^{EU}$）产生影响。第（5）列报告了回归结果，发现 TPU 的下降对欧盟没有溢出效应。进一步，在第（6）列中，被解释变量为中国出口到美国相对欧盟的质量（$rz = \frac{z}{z^{EU}}$），正如本书所料，估计系数显著为负，说明中国对美国的行业出口产品质量相对下降更显著。

表 6-2　HS6 位行业层面 DID 有效性检验

	HS2 位行业趋势		1995—2001 年		相似美国的欧盟国家	
	（1）ln*p*	（2）ln*z*	（3）ln*p*	（4）ln*z*	（5）$\ln z^{EU}$	（6）*rz*
*tpu*01×*post*02	-0.0026*** (0.0006)	-0.0028** (0.0011)			-0.0004 (0.0007)	-0.0058*** (0.0017)
tpu			-0.0031** (0.0013)	-0.0001 (0.0022)		
常数项	1.6104** (0.7117)	0.5117 (1.4154)	1.5489*** (0.0409)	0.8444*** (0.0670)	-0.4528*** (0.0304)	5.5194*** (0.0742)
年份固定效应			是	是	是	是
HS6 位行业固定效应	是	是	是	是	是	是
HS2 位行业—年份固定效应	是	是				
N	53129	53129	21684	21684	48717	48717
R^2	0.7583	0.1882	0.7407	0.4922	0.1293	0.2608

注：括号中数值为标准误，***、** 分别表示 1%、5%的显著性水平。

6.1.3.3　稳健性检验

表 6-3 对基准回归结果进行稳健性检验。第（1）、（2）列使用其他形式度量 TPU，根据 Liu 和 Ma（2016），第（1）列将 TPU 定义为 $\ln(\tau_h^{col2}/\tau_h^{mfn})$；第（2）列则借鉴 Handley 和 Limão（2017a）从理论导出的公式，将 TPU 定义为 $1-(\tau_h^{col2}/\tau_h^{mfn})^{-\sigma}$，与出口产品质量的测度一样，替代弹性来源于 Broda 和 Weinstein（2006）。回归结果保持稳健。第（3）列保留平衡面板子样本，聚焦始终存在的 HS6 位行业，从而能够对比在位行业和出口进入（退出）行业的效应差异。对比表 6-3 第（3）列与表 6-1 第（2）列可知，在位行业的出口产品质量受 TPU 影响更大，这可能是因为在位行业面临持续性的激烈竞争，从而不利于产品质量升级。2005 年，美国取消了对中国纺织品的配额措

施，Khandelwal 等（2013）发现，中国纺织品出口质量会因目的地消除配额而下降，第（4）列通过剔除纺织品隔离配额政策的影响，结果保持稳健，且影响程度增强。第（5）列沿用 Bertrand 等（2004）的两阶段估计方法，将整个样本分解为中国加入 WTO 之前（1995—2001 年）和之后两个阶段（2002—2010 年），每个阶段的变量取所有年份的均值，从而能够反映 TPU 对行业出口产品质量的长期平均效应。两阶段估计结果为负且仍在 10%的统计水平上保持显著，表明结果稳健。显著性水平有所下降的原因可能是，时间维度的平均掩盖了出口产品质量逐年较大的波动性，从而导致影响程度减弱。已有文献发现，中国加入 WTO 引起的进口关税削减有助于出口产品质量升级（Bas 和 Strauss-Kahn，2015；Fan 等，2015），表 6-2 中已通过选择欧盟国家作为对照组来控制中国内部因素的影响，作为稳健性检验，第（6）列进一步引入 2001 年中国进口关税（$\tau^{CHN,01}$）和是否加入 WTO（*post*02）的交互项来控制国内关税的影响。由于 2001 年关税越高的 HS6 位行业在加入 WTO 后降幅越大，因此 $\tau^{CHN,01}\times post02$ 显著为正的结果表明，进口关税下降越多的行业，其出口产品质量升级幅度越大（或下降幅度越小）。换言之，贸易自由化有助于促进出口产品质量升级（或抑制出口产品质量降级）。控制中国进口关税后，*tpu*01×*post*02 的系数仍显著为负，说明结果稳健。

表 6-3　HS6 位行业层面的稳健性检验

lnz	替换 TPU 指标		平衡面板	剔除纺织品	两阶段	中国进口关税
	(1)	(2)	(3)	(4)	(5)	(6)
*tpu*01×*post*02			-0.0049*** (0.0009)	-0.0044*** (0.0011)	-0.0014* (0.0008)	-0.0031*** (0.0008)
*post*02					-1.0564*** (0.0488)	
*tpu*01′×*post*02	-0.0612** (0.0244)					
*tpu*01″×*post*02		-0.3038*** (0.0338)				

续表

lnz	替换 TPU 指标		平衡面板	剔除纺织品	两阶段	中国进口关税
	(1)	(2)	(3)	(4)	(5)	(6)
$\tau^{CHN,01} \times post02$						0.0129 *** (0.0016)
常数项	0.8862 *** (0.0354)	0.8328 *** (0.0154)	0.7616 *** (0.0372)	0.8710 *** (0.0407)	0.6490 *** (0.0248)	0.8941 *** (0.0344)
年份固定效应	是	是	是	是	-	是
HS6 位行业固定效应	是	是	是	是	是	是
N	39147	39147	35200	43193	7635	53129
R^2	0.135	0.109	0.137	0.106	0.151	0.115

注：括号中数值为标准误，***、**、* 分别表示 1%、5%、10%的显著性水平。

6.1.3.4 异质性影响

到目前为止，本书在全样本层面上估计了 TPU 对行业出口产品质量的影响。然而，对于不同的行业类型而言，TPU 的影响程度可能有差异，因此有必要区分行业组别。表 6-4 从三个角度对样本进行分类，并估计 TPU 对不同类型行业的异质性影响。产品差异化程度被认为是产品质量研究中一个至关重要的异质性维度，本书根据 Rauch（1999）的方法将样本分为同质行业和产品差异化程度较大的行业，对应于表 6-4 的第（1）、（2）列。观察回归系数发现，TPU 下降对出口产品质量的负面作用只在产品差异化程度较大的行业中显著，而同质行业不受影响。可能的解释是，同质行业中的产品质量差异较小，新进入企业出口的产品对 HS6 位行业平均出口产品质量的拉低作用较小；相反，在产品差异化程度较大的行业中，TPU 下降后，低效率进入企业供给的产品对行业内平均出口产品质量的影响较大。

第（3）~（5）列按照 SITC 代码与 HS6 位行业代码的对应关系，将样本划分为资源密集型、劳动密集型、资本和技术密集型三大类行业。第（3）列系数显著为正，即 TPU 下降推动了资源密集型行业出口产品质量的升级。由于资源密集型行业同质化程度较高，结合第（1）列的分析，与基准回归相悖结果的出现也就不足为奇。尽管资源密集型行业的回归系数较大，但由于占总样本的比重低于20%，因而这种正效应未能在样本中占优势。与基准结果一致，TPU的下降会使劳动密集型行业［第（4）列］、资本和技术密集型行业［第（5）列］受负面冲击。同时，资本和技术密集型行业的差异化程度相对劳动密集型行业更大，因此受TPU下降的影响相对更大。

借鉴Feng等（2016），第（6）、（7）列按照BEC代码与HS6位行业代码的对应关系，将样本划分为中间品行业和最终品行业。从结果来看，TPU只影响最终品行业的出口产品质量，而对中间品行业的影响不显著。本书认为，资源密集型产品较多被用于中间品投入，而TPU的下降会促进资源密集型行业的出口产品质量升级，可能抵消了其他中间品所受的负面影响，这导致中间品行业出口产品质量没有对TPU的下降作出反应。

表6-4　TPU对不同类型行业的异质性影响

lnz	产品差异化程度		SITC分类			BEC分类	
	(1)	(2)	(3)	(4)	(5)	(6)	(7)
*tpu*01×*post*02	-0.0005 (0.0013)	-0.0024** (0.0010)	0.0147*** (0.0033)	-0.0037*** (0.0010)	-0.0052*** (0.0019)	0.0010 (0.0010)	-0.0070*** (0.0012)
常数项	1.0209*** (0.0541)	0.8511*** (0.0424)	1.2291*** (0.0889)	0.9738*** (0.0458)	0.6378*** (0.0621)	0.8860*** (0.0413)	0.9104*** (0.0613)
年份固定效应	是	是	是	是	是	是	是
HS6位行业固定效应	是	是	是	是	是	是	是
N	14245	38884	8108	25787	19195	39291	13838
R^2	0.161	0.107	0.142	0.150	0.073	0.107	0.141

注：括号中数值为标准误，***、**分别表示1%、5%的显著性水平。

6.2 贸易政策不确定性对企业出口产品质量的影响

本书已经基于HS6位行业层面数据分析了贸易政策不确定性对行业出口产品质量的影响。3.4.2小节纳入不确定性的内生质量选择模型表明，贸易政策不确定性会引发新企业的进入，进而加剧市场竞争，竞争效应会对行业中其他企业产生影响。因此，企业出口产品质量也受贸易政策不确定性的影响，本节基于企业层面数据详细分析了贸易政策不确定性与企业出口产品质量之间的联系。

6.2.1 计量模型、变量测度与数据描述

6.2.1.1 计量模型

在企业层面上，本书构建了如下计量方程：

$$z_{fit} = \beta_0 + \beta_1 tpu01_i \times post02_t + \beta' X_{fit} + \alpha_t + \alpha_i + \varepsilon_{fit} \tag{6-3}$$

其中，下标f、i、t分别表示企业、企业所在国民经济4位行业和年份。变量符号与HS6位行业层面相同，但此时，企业出口产品质量为标准化后的水平值，介于0~100。$tpu01_i$为2001年4位行业面临的贸易政策不确定性，X_{fit}为随时间变化的企业层面控制变量。α_i为行业固定效应，用以控制不随时间变化的行业层面因素。系数β_1为本书关注的重点，反映了加入WTO前后高TPU行业内企业出口产品质量的变化和加入WTO前后低TPU行业内企业出口产品质量的变化之间的差异。

在实证分析中，本书尽可能排除了潜在遗漏变量的干扰。式（6-3）中的行业和年份固定效应控制了行业层面不随时间变化的因素、中国和美国及中美双边随时间变化的国家层面因素；遗漏可能受TPU影响且与出口产品质

量相关的某些企业层面因素（如出口、就业、工资）也可能带来估计结果的偏误。为此，式（6-3）控制了一些典型的企业特征，包括劳动生产率、规模、出口额、资本密集度、平均工资和外资份额。除此以外，本书还排除了美国关税、中国的贸易自由化、国有企业改制、外资宽松化等政策的影响。

6.2.1.2 变量测度

企业出口产品质量的度量与 HS6 位行业层面类似，但现在加入了企业维度，将式（6-2）改写为

$$\ln q_{fht} + \sigma_h \ln p_{fht} = \alpha_t + \alpha_h + \varepsilon_{fht} \tag{6-4}$$

对式（6-4）回归后，企业出口产品质量 $\ln\hat{z}_{fht} = \hat{\mu}_{fht}/(\sigma_h - 1)$。为保证企业之间的出口产品质量具有可比性，对 $\hat{z}_{fht}$ 在 h 产品内进行标准化处理：$rz_{fht} = 100 \times \frac{\ln\hat{z}_{fht} - \min(\ln\hat{z}_{fht})}{\max(\ln\hat{z}_{fht}) - \min(\ln\hat{z}_{fht})}$，$\max(\ln\hat{z}_{fht})$ 和 $\min(\ln\hat{z}_{fht})$ 分别代表在 h 产品内的所有企业、所有年份中的最大和最小出口产品质量，然后以出口额为权重加总到企业层面，得到本书的被解释变量 $z_{ft} = \sum_h \frac{x_{fht}}{\sum_h x_{fht}} rz_{fht}$，其中，$x_{fht}$ 为 t 年 f 企业对美国出口 h 产品的金额。

借鉴 Liu 和 Ma（2016）的做法，行业层面的 TPU 由 HS6 位产品层面的 TPU 简单平均得到。假设一个 4 位行业对应 N 种 HS6 位产品，则 2001 年该行业的 TPU 为 $tpu01_i = \frac{1}{N}\sum_{h \in i} tpu01_h$。需要说明的是，由此得到的 2001 年行业层面 TPU 仍具有与 HS6 位产品层面 TPU 相似的性质：行业 TPU 越高，中国加入 WTO 后该行业 TPU 降幅越大。

在式（6-3）中，本书还控制了一些随时间变化的企业层面控制变量。一是企业劳动生产率（$\ln pro_{ft}$），由工业增加值与职工人数之比并取对数衡量，理论和实证研究发现，总体上劳动生产率越高的企业，其出口产品质量也越高（Gervais，2015；樊海潮和郭光远，2015）。二是企业规模（$\ln labor_{ft}$），由职工人数取对数衡量，李胜旗和毛其淋（2018）发现 TPU 的下降促进了就业

和工资增长，而规模较大的企业则更倾向于使用高质量投入品并生产高质量最终品（Kugler 和 Verhoogen，2012），忽略企业规模可能导致结果产生偏误。三是企业出口（$\ln exp_{ft}$），用企业的出口额并取对数衡量。已有文献表明，TPU 的下降显著促进了出口（Pierce 和 Schott，2016；Handley 和 Limão，2017a），而企业出口越多，出口产品质量也越高（Manova 和 Zhang，2012），因而需要控制该因素的影响。四是资本密集度（$\ln kl_{ft}$），资本密集度由固定资产净值年平均余额与职工人数之比并取对数衡量。由于 TPU 的下降对劳动密集型产品和资本密集型产品的影响有差异（李胜旗和毛其淋，2018），本书控制了企业的资本密集度。较高资本密集度的企业一般能够生产并出口高质量的产品。五是企业工资水平（$\ln wage_{ft}$），由应付工资总额与职工人数之比并取对数衡量，工资较高的企业生产更有效率，其出口产品质量也较高（Verhoogen，2008）。六是外资份额（$fshare_{ft}$），用外商资本金占实收资本的份额衡量。现有研究表明，中国本土企业和外资企业的出口产品质量表现出不同的变化趋势（施炳展，2013），忽略该因素可能使结果产生偏差。

6.2.1.3 数据来源与描述

TPU 仍由 Feenstra 等（2002）整理的 HS6 位产品关税数据得到，企业层面的数据来源于中国工业企业数据库和中国海关数据库。中国工业企业数据库包含 1998—2007 年规模以上工业企业的生产和财务信息，使用该数据库之前需处理一些潜在的问题，如样本缺失、指标异常、测量误差等（聂辉华等，2012）。为获得可靠样本，当出现如下情形时，本书对其做删除处理：一是非制造业行业，即国民经济行业 2 位代码不在 13~42；二是重要变量缺失或取值非正[①]；三是出口交货值缺失或取值为负；四是职工人数少于 8 人；五是不遵循一般会计准则[②]；六是开业月份不在 1—12 月。中国海关数据库记录了

① 重要变量包括企业法人代码、工业总产值、工业销售产值、工业增加值、总资产、固定资产合计、职工人数、应付工资总额、中间投入合计。

② 不遵循一般会计准则的情形有：工业增加值大于工业总产值、流动资产或固定资产大于总资产、出口交货值大于工业销售产值。

2000—2006 年每月每个企业在 HS8 位产品层面与每个国家的贸易情况，本书将月度数据加总为年度数据，将 HS8 产品层面加总为 HS6 位产品层面，并剔除贸易状态为进口的样本。由于贸易政策不确定性来源于美国，本书仅保留出口目的地为美国的样本。

接下来，首先将工业企业数据库和海关数据库进行匹配，这里做了两次匹配：其一是以企业名称信息为中介，其二是用未匹配成功的企业按照邮编与电话后 7 位的组合匹配。此后，利用 HS6 位产品代码将 TPU 数据匹配到合并的企业数据库中。经过匹配并归总到企业层面后，得到 2000—2006 年包含 33101 家企业的 80162 个样本。

本书主要变量的描述性统计如表 6-5 所示。图 6-8 检验了平行趋势假设。从中可以看出，高 TPU 行业内的企业出口产品质量相对较高，两组企业的出口产品质量总体上呈现下降的态势，但不同年份质量波动较大。加入 WTO 之前两组企业的出口产品质量拥有一致的变化趋势。TPU 下降后，高 TPU 行业内企业出口产品质量的降幅更大，说明 TPU 的下降对企业出口产品质量可能具有负面效应。

表 6-5　企业层面描述性统计

变量	均值	标准差	最小值	最大值
z	64. 25	18. 32	0	100. 00
*tpu*01	37. 06	15. 13	0	97. 49
*post*02	0. 86	0. 35	0	1. 00
ln*pro*	3. 81	1. 07	−5. 70	11. 58
ln*labor*	5. 59	1. 15	2. 30	11. 79
ln*exp*	9. 02	3. 59	0	18. 84
ln*kl*	3. 55	1. 25	0	10. 22
ln*wage*	2. 59	0. 59	−7. 37	6. 92
fshare	24. 56	39. 44	0	100. 00

数据来源：根据本书匹配数据整理得到。

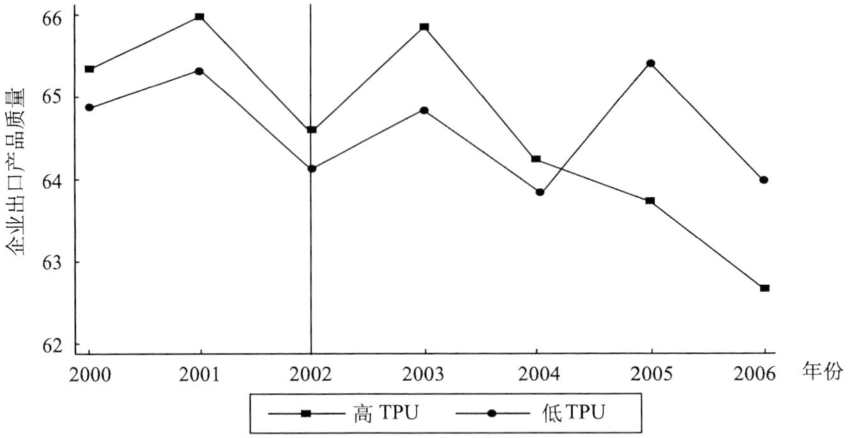

图 6-8　2000—2006 年高 TPU 行业和低 TPU 行业中企业的出口产品质量

数据来源：根据 Feenstra 等（2002）和中国海关数据库整理得到。

6.2.2　实证结果分析

6.2.2.1　基准回归结果

表 6-6 报告了企业层面的基准回归结果。第（1）列没有控制年份和行业固定效应，第（2）列控制了年份固定效应，第（3）列进一步控制了行业固定效应，第（4）列加入了企业层面的控制变量。在第（1）~（4）列中，*tpu*01×*post*02 的系数始终显著为负，这说明企业所在的行业 TPU 降幅越大，其出口产品质量在加入 WTO 后下降越多，即 TPU 的下降导致了企业出口产品质量的降低。就经济意义而言，由于 TPU 约下降 30 个百分点，意味着平均意义上，受影响企业的出口产品质量比 TPU 不变时多下降 1.27 个百分点。*tpu*01 的系数显著为正，表明加入 WTO 前 TPU 较高的企业出口较高质量的产品，这与图 6-8 的描述一致。*post*02 的系数为正但显著性较弱，可能是由企业出口产品质量随时间波动较大造成的。企业控制变量均显著为正，表明当企业劳动生产率越高、规模越大、出口越多、资本密集度越高、工资水平越高、外资份额占比越大时，企业的出口产品质量越高。如果竞争效应存在，TPU 下降

导致的竞争加剧就会影响在位企业的出口产品质量，因此第（5）列仅保留在位企业样本，交互项的系数依然显著为负，说明在位企业受 TPU 带来的竞争效应的影响。

表 6-6　TPU 对企业出口产品质量的影响

z	(1)	(2)	(3)	(4)	(5) 在位企业
*tpu*01	0.0625*** (0.0129)	0.0626*** (0.0129)			
*post*02	0.4768 (0.5459)				
*tpu*01×*post*02	−0.0554*** (0.0137)	−0.0544*** (0.0137)	−0.0395*** (0.0133)	−0.0408*** (0.0131)	−0.0341** (0.0147)
ln*pro*				1.0956*** (0.0766)	1.1685*** (0.1191)
ln*labor*				0.3016** (0.1487)	0.3501 (0.2139)
ln*exp*				0.4084*** (0.0199)	0.4147*** (0.0357)
ln*kl*				0.3430*** (0.0629)	0.1591 (0.1072)
ln*wage*				1.9701*** (0.1363)	2.0510*** (0.1957)
fshare				0.0383*** (0.0016)	0.0409*** (0.0025)
常数项	63.2940*** (0.5119)	62.9651*** (0.5511)	65.2441*** (0.2653)	37.7501*** (0.5727)	38.3086*** (0.8352)
年份固定效应	否	是	是	是	是
行业固定效应	否	否	是	是	是
N	80162	80162	80162	80162	15657
R^2	0.001	0.003	0.079	0.128	0.213

注：括号中数值为标准误，***、** 分别表示 1%、5%的显著性水平。

6.2.2.2 DID 有效性检验

表 6-7 进一步检验了倍差法的有效性。如果在中国加入 WTO 前出口企业就有所预期并作出反应，则这一预期效应的出现就可能使加入 WTO 前处理组和对照组的平行趋势假设难以被满足。为了检验预期效应是否存在，本书构造了 TPU 与加入 WTO 前 2001 年度虚拟变量（*year*2001）的交互项，第（1）列控制该交互项。*tpu*01×*year*2001 的系数不显著，即没有证据表明存在预期效应，因而 *tpu*01×*post*02 的系数保持显著为负。第（2）列取加入 WTO 前（2000—2001 年）的样本回归，由于该阶段 TPU 变化较小且处理组和对照组的出口产品质量具有相似的变化趋势，TPU 的系数虽然为正但不显著。类似于 HS6 位行业层面的做法，第（3）列选择与美国相似的欧盟国家为目的地进行回归，交互项系数不显著，说明影响企业出口产品质量的是源自美国的 TPU 变化，而非其他供给侧方面的因素。

表 6-7 企业层面 DID 有效性检验

	预期效应 （1）*z*	2000—2001 年 （2）*z*	类似美国的欧盟国家 （3）z^{EU}
tpu		0.4509 (0.6396)	
*tpu*01×*post*02	-0.0528 *** (0.0187)		-0.0442 (0.0270)
*tpu*01×*year*2001	-0.0220 (0.0243)		
ln*pro*	1.0955 *** (0.0766)	1.3688 *** (0.2241)	1.5785 *** (0.1343)
ln*labor*	0.3020 ** (0.1486)	0.3387 (0.3736)	-0.3643 (0.2621)
ln*exp*	0.4085 *** (0.0199)	0.4194 *** (0.0608)	0.3776 *** (0.0320)
ln*kl*	0.3431 *** (0.0629)	-0.1285 (0.1882)	0.1062 (0.1083)

续表

	预期效应 （1） z	2000—2001 年 （2） z	类似美国的欧盟国家 （3） z^{EU}
ln*wage*	1. 9697 *** （0. 1363）	1. 5733 *** （0. 3323）	1. 8376 *** （0. 2415）
fshare	0. 0383 *** （0. 0016）	0. 0517 *** （0. 0047）	0. 0253 *** （0. 0031）
常数项	37. 7686 *** （0. 5725）	24. 9752 （23. 1680）	32. 8463 *** （5. 6951）
年份固定效应	是	是	是
行业固定效应	是	是	是
N	80162	10356	67126
R^2	0. 128	0. 159	0. 114

注：z^{EU}为中国企业出口到与美国相似国家（英国、法国和德国）的产品质量。括号中数值为标准误，*** 、** 分别表示 1%、5%的显著性水平。

6. 2. 2. 3　稳健性检验

本书对基准回归结果进行稳健性检验。首先考虑 TPU 指标的稳健性。在基准回归结果中，本书采用所有产品 TPU 的均值度量行业 TPU，表 6-8 第（1）列用行业内产品 TPU 的中位数度量，结果保持稳健，但负效应有所下降。第（2）列按照 Handley 和 Limão（2017a）的做法度量产品层面 TPU 并简单平均到行业层面，即 $tpu01_i' = \frac{1}{N}\sum_{h \in i}[1 - (\tau_h^{col2}/\tau_h^{mfn})^{-\sigma}]$ 。回归结果仍显著为负，表明本书结论在替换 TPU 指标的情形下保持稳健。第（3）列检验不同函数形式的设定是否影响结论，因此以标准化质量的对数为被解释变量，结果保持稳健。

本书的结论在企业—HS6 位产品（行业）层面同样稳健。6. 1 节分析了 HS6 位产品（行业）层面的 TPU 对行业出口产品质量的影响，实际上 HS6 位产品层面 TPU 也会影响企业出口产品质量。构建如下回归模型：

$$\ln z_{fht} = \beta_0 + \beta_1 tpu01_h \times post02\alpha_t + \alpha_t + \alpha_h + \varepsilon_{fht} \tag{6-5}$$

其中，z_{fht} 为标准化之前的企业—产品层面出口质量。回归结果如表 6-8 第（4）~（6）列所示。第（4）列没有控制任何其他变量，第（5）列控制了年份和产品固定效应，第（6）列进一步控制了企业层面的变量。结果再次验证了 TPU 的下降不利于企业出口产品质量提升这一结论。

表 6-8 企业层面稳健性检验 I：替换指标与函数设定

	TPU 中位数	其他 TPU	对数形式	企业—产品层面		
	（1）z	（2）z	（3）ln$z$	（4）lnz_{fht}	（5）lnz_{fht}	（6）lnz_{fht}
$tpu01 \times post02$	-0.0334*** (0.0122)		-0.0005** (0.0003)			
$tpu01' \times post02$		-15.3660** (7.2355)				
$tpu01_h$				0.0042*** (0.0009)		
$post02$				0.0058 (0.0408)		
$tpu01_h \times post02$				-0.0046*** (0.0010)	-0.0045*** (0.0010)	-0.0043*** (0.0010)
lnpro	1.0958*** (0.0766)	1.1301*** (0.0903)	0.0156*** (0.0015)			0.0947*** (0.0085)
ln$labor$	0.3018** (0.1487)	2.6837*** (0.2072)	0.0025 (0.0030)			0.0090 (0.0153)
lnexp	0.4085*** (0.0199)	0.1699*** (0.0233)	0.0074*** (0.0004)			0.0134*** (0.0022)
lnkl	0.3430*** (0.0629)	0.5659*** (0.1166)	0.0053*** (0.0013)			0.0726*** (0.0070)
ln$wage$	1.9698*** (0.1363)	0.7780*** (0.1431)	0.0312*** (0.0027)			0.1529*** (0.0138)
$fshare$	0.0383*** (0.0016)	0.0001 (0.0024)	0.0006*** (0.0000)			0.0028*** (0.0002)
常数项	37.7328*** (0.5727)	20.2448*** (7.0454)	3.7007*** (0.0115)	-0.0120 (0.0380)	0.1076*** (0.0296)	-1.9733*** (0.0625)

续表

	TPU 中位数 （1） z	其他 TPU （2） z	对数形式 （3） $\ln z$	企业—产品层面 （4） $\ln z_{fht}$	 （5） $\ln z_{fht}$	 （6） $\ln z_{fht}$
年份固定效应	是	是	是	否	是	是
行业固定效应	是	是	是			
产品固定效应				否	是	是
N	80162	71660	79754	253819	253819	253819
R^2	0.128	0.130	0.103	0.000	0.002	0.011

注：括号中数值为标准误，*** 、** 分别表示 1%、5%的显著性水平。

表 6-9 报告了其他稳健性检验结果。借鉴 Bertrand 等（2004），第（1）列采用两阶段估计，将样本分为加入 WTO 前后两个阶段，各变量取阶段内所有年份的均值，结果保持稳健。第（2）列考虑行业转换行为，即使行业内的 HS6 位产品的 TPU 不变，只要与该行业的 HS6 位产品相似但位于不同行业的另一产品的 TPU 下降，企业就可能转而生产和出口该 TPU 下降的产品。此时，企业出现了行业转换行为，但这种行业转换行为不是由该企业原来行业的 TPU 引起的，而是其他行业的外溢效应。为了控制该效应，第（2）列剔除了存在行业转换行为的企业，结果没有显著变化。根据 Khandelwal 等（2013）的研究，纺织品出口质量受目的地配额政策的影响，第（3）列剔除纺织品制造行业，回归结果仍然稳健。当出口企业受到目的地政策和因素的冲击时，企业可能调整出口产品组合以优化出口结构和提升竞争力（Mayer 等，2014）。换言之，TPU 的下降可能使企业通过改变产品组合来影响出口产品质量。为保证出口产品重组不影响本书结论，第（4）列控制了企业出口种类（*expvar*），结果没有显著差异。

第（5）、（6）列控制了国内政策的影响。由于 2001 年中国加入 WTO 后进口关税显著下降，且样本期间美国进口关税仍有一定降幅，第（5）列控制了供给侧和需求侧贸易自由化政策的影响，在回归方程中引入了 4 位行业层面的中国进口中间品关税（$\tau^{CHN,01}$）与加入 WTO 后虚拟变量（*post*02）的交互项，同时加入美国进口关税（τ^{USA}）。结果表明，国内中间品关税和美国进口关税的下降均显著促进了企业出口产品质量升级，这一结论与 Bas 和 Strauss-Kahn（2015）、Fan 等（2015）的发现一致。除了贸易自由化，2000—2006 年国内实施的其他政策还有国企改制和外资宽松化，借鉴 Lu 和 Yu（2015）、Liu 和 Qiu（2016），本书用国民经济 4 位行业内外资企业数目（ln*foe*）反映外资宽松化政策，用行业内国有企业数目占比（*soesh*）反映国企改制政策，结果如第（6）列所示。外资宽松化对企业出口产品质量具有积极但不显著的效应；企业所在行业的国有企业占比越低，企业出口产品质量越高，说明国企改制能够促进产品质量升级。从最后两列的结果来看，控制国内外其他政策后，$tpu01 \times post02$ 的系数始终显著为负，即结果保持稳健。

表 6-9　企业层面稳健性检验 II

z	两阶段 (1)	剔除转换行业企业 (2)	剔除纺织品 (3)	出口种类 (4)	其他政策	
					(5)	(6)
$tpu01 \times post02$	-0.0331** (0.0151)	-0.0457*** (0.0138)	-0.0313** (0.0137)	-0.0432*** (0.0122)	-0.0319*** (0.0123)	-0.0303** (0.0126)
*post*02	-1.9254*** (0.5922)					
ln*pro*	0.8866*** (0.1115)	1.0681*** (0.0835)	0.9866*** (0.0778)	1.0351*** (0.0720)	1.1025*** (0.0726)	1.0809*** (0.0728)
ln*labor*	0.0000 (0.2098)	0.2337 (0.1601)	0.4227*** (0.1482)	0.2289* (0.1375)	0.3249** (0.1386)	0.3784*** (0.1390)
ln*exp*	0.3910*** (0.0272)	0.3715*** (0.0209)	0.4415*** (0.0201)	0.3898*** (0.0184)	0.4080*** (0.0186)	0.4030*** (0.0186)
ln*kl*	0.2576*** (0.0917)	0.4060*** (0.0710)	0.2627*** (0.0672)	0.3639*** (0.0616)	0.3369*** (0.0622)	0.3498*** (0.0623)
ln*wage*	1.8809*** (0.1927)	1.9834*** (0.1454)	1.8481*** (0.1346)	1.8712*** (0.1252)	1.9609*** (0.1262)	1.9575*** (0.1266)
fshare	0.0401*** (0.0025)	0.0345*** (0.0019)	0.0378*** (0.0017)	0.0375*** (0.0016)	0.0376*** (0.0016)	0.0373*** (0.0016)
expvar				0.2624*** (0.0091)		
$\tau^{CHN,01} \times post02$					0.0354** (0.0140)	0.0341** (0.0142)

续表

z	两阶段（1）	剔除转换行业企业（2）	剔除纺织品（3）	出口种类（4）	其他政策	
					（5）	（6）
τ^{USA}					-0.1098*** (0.0202)	-0.1124*** (0.0202)
ln*foe*						-0.0056 (0.1898)
soesh						-0.0674*** (0.0145)
常数项	40.8954*** (0.7515)	37.8358*** (0.6283)	38.7588*** (0.5746)	38.4206*** (0.5357)	37.1426*** (0.6965)	38.1992*** (0.9011)
年份固定效应	—	是	是	是	是	是
行业固定效应	是	是	是	是	是	是
N	38948	60931	68746	80162	79397	78409
R^2	0.176	0.134	0.128	0.137	0.129	0.128

注：$\tau^{CHN,01}$、τ^{USA}分别为国民经济4位行业层面的中国2001年进口中间品关税和美国进口关税，这两种行业层面关税由行业内所有HS6位产品关税简单平均得到。ln*foe* 为4位行业中外资企业数目的对数形式。括号中数值为标准误，***、** 分别表示1%、5%的显著性水平。

倍差法要求政策发生前的时段应尽可能长，以判断处理组和对照组具有一致的变化趋势。受海关数据限制，中国加入WTO前只有2000年和2001年的样本，但在数据描述和有效性检验中，平行趋势假设已经得到验证。为了进一步确保结果的稳健性，本书采用OLS方法回归：

$$z_{fit} = \beta_0 + \beta_1 tpu_{it} + \beta' X_{fit} + \alpha_t + \alpha_i + \varepsilon_{fit} \tag{6-6}$$

该种方法的问题是，TPU只在2001—2002年有较大幅度下降，而在2000—2001年和2002—2006年的变异幅度均很小，TPU数据在时间维度上的这种演变特征可能使回归结果产生偏误。因此，本书通过一阶差分，即以各变量2006年的值与2000年的值之差消除时间维度：

$$\Delta z_{fi} = \alpha_0 + \beta_1 \Delta tpu_{fi} + \beta' \Delta X_{fi} + u_{fi} \tag{6-7}$$

$$\alpha_0 = \beta_{2006} \times year2006 \times N_{2006} - \beta_{2000} \times year2000 \times N_{2000}$$

其中，*year*2006和*year*2000分别为2006年和2000年的年份虚拟变量，

N_{2006}和N_{2000}分别为2006年和2000年的企业数目，β_{2006}和β_{2000}分别为对应年份虚拟变量的估计系数。

一阶差分估计结果如表6-10所示。第（1）列除TPU外没有控制其他变量，第（2）列加入了企业层面特征。Δtpu的系数显著为正，即行业面临的贸易政策不确定性的下降引起该行业内企业的出口产品质量降级，这与采用倍差法估计得到的结论相吻合。其他控制变量的系数符号也与之前相同，但显著性有所下降，原因可能是这些变量的变异程度较小。以外资份额为例，样本中70%的企业外资份额没有任何变化。第（3）列控制了中国和美国的贸易自由化政策，第（4）列控制了国企改制和外资宽松化政策，Δtpu的系数保持稳健。

表6-10 企业层面稳健性检验Ⅲ：一阶差分

Δz	（1）	（2）	（3）	（4）
Δtpu	0.0892*** （0.0296）	0.0830*** （0.0290）	0.0851*** （0.0292）	0.0794*** （0.0301）
$\Delta \ln pro$		1.9475*** （0.4357）	1.9581*** （0.4368）	1.8577*** （0.4374）
$\Delta \ln labor$		3.7760*** （0.9129）	3.8048*** （0.9142）	3.8142*** （0.9181）
$\Delta \ln exp$		0.2198* （0.1294）	0.2203* （0.1294）	0.2163* （0.1301）
$\Delta \ln kl$		-0.1941 （0.4967）	-0.1907 （0.4972）	-0.4462 （0.5019）
$\Delta \ln wage$		0.3093 （0.7017）	0.2894 （0.7024）	0.2715 （0.7076）
$\Delta fshare$		0.0121 （0.0122）	0.0119 （0.0123）	0.0106 （0.0123）
$\Delta \tau^{USA}$			-0.1010 （0.1532）	-0.0449 （0.1580）
$\Delta \tau^{CHN}$			-0.0408 （0.0666）	-0.0693 （0.0674）
$\Delta \ln foe$				0.1808 （0.4344）

续表

Δz	(1)	(2)	(3)	(4)
Δsoesh				−0.0816** (0.0369)
常数项	3.8853*** (1.1153)	1.5132 (1.1741)	1.1917 (1.2815)	−0.4779 (1.3895)
N	1718	1718	1718	1677
R^2	0.005	0.047	0.048	0.050

注：括号中数值为标准误，***、**、* 分别表示 1%、5%、10%的显著性水平。

6.2.2.4 异质性影响

本书已经基于全样本分析了贸易政策不确定性的效应，进一步，本书按照行业、地区和企业特征将总样本划分为不同组别的企业，并分析贸易政策不确定性对不同组别的异质性影响。表 6-11 报告了分行业和地区的回归结果。借鉴 Kugler 和 Verhoogen（2012）的做法，以行业 R&D 支出占行业产出的份额为标准，低于中位数的行业为产品同质性行业，高于中位数的行业为产品差异化程度较高的行业，结果分别如第（1）、（2）列所示。可以看出，企业所在行业的产品差异化程度较高时，出口产品质量受 TPU 的影响较大。按行业资本密集度划分，第（3）、（4）列分别为中低资本密集度行业和高资本密集度行业的回归结果。显而易见，高资本密集度行业内的企业所受到的冲击更大，说明高资本密集度行业中可能有更多低效率企业进入。事实上，据 Amiti 和 Freund（2010）的结论，2000—2006 年中国出口产品结构发生了显著变化——由低技术产品出口转向高技术产品出口，即更多低绩效企业可能进入高技术产品行业，从而加剧了竞争，不利于这类行业中企业出口产品质量的提升。第（5）、（6）列分别为东部和中西部地区①的回归结果，TPU 对企业出口产品质量的抑制效应只存在于东部企业中，而在中西部企业中则

① 东部地区包含北京、上海、天津、河北、辽宁、江苏、山东、浙江、福建、广东、海南，其余省（市、自治区）为中西部。

不显著。由于东部企业开放程度较高，受国外政策的影响更大；相反，中西部地区对国外环境变化的敏感性相对较差，因而受 TPU 的影响较小。

表 6-11 TPU 对不同行业和地区中企业的异质性影响

z	行业差异化程度		行业密集度异质性		地区异质性	
	(1)	(2)	(3)	(4)	(5)	(6)
$tpu01 \times post02$	-0.0383** (0.0164)	-0.0433** (0.0216)	-0.0289** (0.0127)	-0.0888** (0.0436)	-0.0423*** (0.0134)	-0.0185 (0.0578)
ln*pro*	0.8996*** (0.1000)	1.3277*** (0.1181)	1.2514*** (0.0799)	0.2407 (0.2635)	1.0697*** (0.0785)	1.0768*** (0.3265)
ln*labor*	0.5291*** (0.1994)	0.1382 (0.2222)	0.1452 (0.1522)	0.5117 (0.4921)	0.5195*** (0.1557)	0.2751 (0.6049)
ln*exp*	0.4233*** (0.0262)	0.3919*** (0.0303)	0.3762*** (0.0204)	0.6104*** (0.0634)	0.3875*** (0.0207)	0.5123*** (0.0762)
ln*kl*	0.1632** (0.0803)	0.6237*** (0.1006)	0.4532*** (0.0685)	-0.2251 (0.2290)	0.3778*** (0.0646)	-0.0418 (0.2814)
ln*wage*	2.0159*** (0.1811)	1.7774*** (0.2064)	2.3445*** (0.1390)	0.4430 (0.4423)	1.9228*** (0.1422)	1.1544** (0.5331)
fshare	0.0377*** (0.0020)	0.0374*** (0.0025)	0.0408*** (0.0017)	0.0314*** (0.0065)	0.0377*** (0.0016)	0.0473*** (0.0102)
常数项	39.0181*** (0.7558)	36.3637*** (0.8719)	35.5867*** (0.5891)	47.2207*** (1.8728)	37.3566*** (0.5882)	40.4933*** (2.6585)
年份固定效应	是	是	是	是	是	是
行业固定效应	是	是	是	是	是	是
N	44333	35706	63721	7938	74286	5852
R^2	0.131	0.113	0.133	0.099	0.130	0.210

注：中低资本密集型行业为资本密集度在 75 分位以下的行业，高资本密集型行业为资本密集度在 75 分位以上的行业。资本密集度用固定资产净值年平均余额与劳动人数之比计算。括号中数值为标准误，***、** 分别表示 1%、5%的显著性水平。

除行业和地区特征外，不同企业特征的组别受 TPU 的影响也可能不尽相同。表 6-12 报告了按不同企业特征分组的回归结果。大量文献表明，所有权的差异对企业生产和出口行为起着重要作用。依据所有权性质的不同，第

(1)~(3) 列分别展示了国有企业、民营企业和外资企业的回归结果。比较交互项的系数可知，受 TPU 负面冲击最大的首先为国有企业，其次是外资企业和民营企业，但外资企业的统计显著性最高。对这一结果的解释是，TPU 下降引起的竞争加剧使企业盈利能力降低，由于国有企业生产效率较低，在激烈的市场竞争环境中没有优势，因而受到较强的冲击。对于其他企业尤其是民营企业而言，受融资约束的影响，即使不确定性下降时，新企业的进入也可能较为谨慎，因此所受的负面效应较小。

第 (4)、(5) 列考虑了企业内出口产品数目的差异，其中第 (4) 列为出口单一产品到美国的企业，第 (5) 列为出口多种产品到美国的企业。结果发现，TPU 对单产品企业出口质量的影响比对多产品企业稍大。生产和出口多种产品的企业涉及的范围更为广泛，能够通过调整产品组合较为灵活地应对 TPU 下降导致的竞争加剧。第 (6)、(7) 列基于出口目的地数目的角度，显示了单目的地企业和多目的地①企业的估计结果。TPU 更多地影响了单目的地企业的出口产品质量，影响程度约为多目的地企业的 2 倍。注意到多目的地企业能够通过市场重组——出口资源可从美国转移到盈利更高的目的国——来抵消部分竞争效应的影响，TPU 对多目的地企业的影响也就相应更小。

表 6-12　TPU 对不同特征企业的异质性影响

z	所有权异质性			出口产品数目		出口目的地数目	
	(1)	(2)	(3)	(4)	(5)	(6)	(7)
*tpu*01×*post*02	-0.0995* (0.0526)	-0.0692* (0.0402)	-0.0732*** (0.0278)	-0.0480** (0.0220)	-0.0466*** (0.0150)	-0.1013** (0.0477)	-0.0429*** (0.0129)
ln*pro*	1.4535*** (0.3498)	1.0523*** (0.1535)	0.9911*** (0.1185)	0.5742*** (0.1347)	1.3923*** (0.0873)	-0.1698 (0.2984)	1.1896*** (0.0755)

① 多目的地是指同一种 HS6 位产品出口到美国，同时出口到其他国家（地区）。

续表

z	所有权异质性			出口产品数目		出口目的地数目	
	(1)	(2)	(3)	(4)	(5)	(6)	(7)
ln*labor*	−0.7113 (0.6370)	0.0011 (0.2961)	1.5197*** (0.2314)	−0.2121 (0.2606)	0.5552*** (0.1714)	−1.0144* (0.5615)	0.4556*** (0.1444)
ln*exp*	0.2566*** (0.0820)	0.3192*** (0.0322)	0.5015*** (0.0335)	0.3520*** (0.0329)	0.3215*** (0.0237)	0.2946*** (0.0653)	0.3826*** (0.0199)
ln*kl*	0.0153 (0.3313)	0.2595** (0.1270)	0.1475 (0.1046)	0.3901*** (0.1103)	0.4664*** (0.0729)	−0.8099*** (0.2494)	0.4833*** (0.0646)
ln*wage*	1.6796*** (0.5682)	1.6809*** (0.2713)	0.9236*** (0.2073)	1.3451*** (0.2366)	1.9602*** (0.1583)	0.8134 (0.5174)	2.0380*** (0.1314)
fshare	−0.0251 (0.0312)	0.0353** (0.0179)	0.0269*** (0.0030)	0.0389*** (0.0030)	0.0351*** (0.0018)	0.0341*** (0.0075)	0.0373*** (0.0017)
常数项	43.8670*** (2.3979)	40.8477*** (1.2572)	41.6166*** (0.9394)	43.3914*** (1.0461)	38.6722*** (0.6561)	71.0294*** (24.7885)	36.3211*** (0.5639)
年份固定效应	是	是	是	是	是	是	是
行业固定效应	是	是	是	是	是	是	是
N	4779	23444	26639	30856	49306	7676	72486
R^2	0.213	0.125	0.152	0.121	0.147	0.152	0.134

注：括号中数值为标准误，***、**、* 分别表示 1%、5%、10%的显著性水平。

6.3 小结

本章在第 5 章的基础上，结合中美贸易摩擦的现实背景将贸易政策不确定性从经济政策不确定性中分离出来。以中国加入 WTO 这一事件为准自然实验，基于 1995—2010 年 HS6 位行业层面中国对美国出口数据、2000—2006 年中国企业对美国出口数据和美国进口关税数据，利用倍差法实证分析了贸易政策不确定性对 HS6 位行业和企业出口产品质量的影响。本章的主要结论如下。

第一，HS6位行业层面的证据表明，贸易政策不确定性的下降显著降低了行业出口产品质量。该结论在控制中美两国贸易自由化、替换指标和样本等情形下保持稳健。异质性影响表明，贸易政策不确定性的负面影响在产品差异化程度较高的行业、资本和技术密集型行业、最终品行业中更为显著。

第二，企业层面的证据印证了理论命题3-4。实证结果发现，贸易政策不确定性的下降对企业出口产品质量产生了显著的负面影响，大量的稳健性检验均支持该结论。贸易政策不确定性对企业出口产品质量的影响程度在不同行业、地区和企业组别中存在差异。具体而言，产品差异化程度较高的行业、资本密集度较高的行业和东部地区所受的影响更大；国有企业、单产品企业、单目的地企业所受的影响更大。

7 政策不确定性、扩展边际路径与出口产品质量：影响机制检验

第 5 章和第 6 章已经实证研究了经济政策不确定性及其中的贸易政策不确定性对出口产品质量的影响。结果表明，政策不确定性的上升能够促进行业和企业出口产品质量的提高。随之而来的疑问是，政策不确定性通过哪种路径作用于出口产品质量？到目前为止，本书尚未实证检验政策不确定性影响出口产品质量的机制。本章实证分析了扩展边际路径的存在性。由第 3 章的理论分析可知，政策不确定性引起的扩展边际调整会带来两种效应：自选择效应和竞争效应。自选择效应作用于行业层面的出口产品质量，而竞争效应作用于企业层面的出口产品质量。由此，本章的结构安排如下：7.1 节检验经济政策不确定性如何通过扩展边际影响出口产品质量，包括自选择效应和竞争效应；类似地，7.2 节检验贸易政策不确定性如何通过扩展边际影响出口产品质量，同样涉及自选择效应和竞争效应；7.3 节为本章小结。

7.1 经济政策不确定性、扩展边际与出口产品质量

7.1.1 经济政策不确定性、自选择效应与 HS6 位行业出口产品质量

5.2 节的实证分析结果显示，目的地经济政策不确定性的上升导致 HS6

位行业出口产品质量的提高。经验研究显示，出口到发达国家（地区）的产品质量高于发展中国家（地区），而发展中国家（地区）的 EPU 水平高于发达国家（地区），如图 7-1 所示。一种自然的猜想便是，出口产品质量的提升是否由 HS6 位行业退出发展中国家而进入发达国家造成？这种机制在本书中难以成立，注意到回归中控制了 HS6 位行业—目的地固定效应，即本书结果反映的是 HS6 位行业—目的地内部出口产品质量的提升，而 HS6 位行业在发达国家（地区）与发展中国家（地区）之间的调整会改变 HS6 位行业—目的地组合，因此无法解释特定 HS6 位行业—目的地内部出口产品质量的变化。

根据 3. 2. 2 小节的理论模型，经济政策不确定性上升会通过抑制 HS6 位行业内企业进入；迫使低质量出口企业退出来影响 HS6 位行业整体出口产品质量。为了确认该种自选择效应机制是否存在，本书首先分析了经济政策不确定性对出口、二元边际、出口进入和退出企业数目的影响，回归方程如下：

$$\ln expv_{hct} = \beta_0 + \beta_1 epu_{h,\ t-1} + \alpha_t + \alpha_{hc} + \varepsilon_{hct} \tag{7-1}$$

其中，$\ln expv_{hct}$为中国 HS6 位行业 h 对目的地 c 的出口变量，其余变量的含义与第 5 章相同。

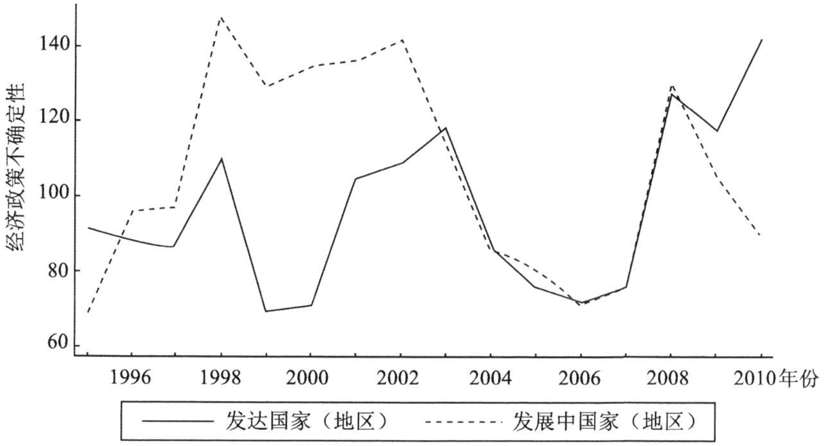

图 7-1　1996—2010 年发达国家（地区）和发展中国家（地区）的 EPU 指数

数据来源：根据 Baker 等（2016）编制的 EPU 指数整理得到。

本书利用2000—2006年中国海关数据库进行检验。具体而言，在HS6位行业—目的地组合内，将出口增长分解为出口企业数目（扩展边际）和平均每个企业的出口额（集约边际），并检验EPU对出口增长二元边际的影响，以验证企业数目的变化。EPU的上升作为一种淘汰机制，预期会导致HS6位行业—目的地内企业数目减少。表7-1的回归结果表明，HS6位行业面临的目的地EPU的上升虽然会降低其出口额（ln*exp*），但主要是企业数目（ln*fn*）的下降，而不会显著影响单个企业的平均出口额（ln*avexp*）。该结论初步支持了理论预测。

表7-1 EPU对出口的影响：所有目的地

	（1）ln*exp*	（2）ln*avexp*	（3）ln*fn*
epu_{-1}	-0.0008* （0.0004）	-0.0005 （0.0004）	-0.0002** （0.0001）
常数项	12.3275*** （0.0429）	10.1927*** （0.0362）	2.1347*** （0.0170）
年份固定效应	是	是	是
HS6位行业—目的地固定效应	是	是	是
N	281294	281294	281294
R^2	0.870	0.783	0.931

注：ln*exp*、ln*avexp*、ln*fn*分别为出口额、平均每个企业的出口额、企业数目的对数形式。括号中数值为标准误，***、**、*分别表示1%、5%、10%的显著性水平。

EPU的异质性影响结果（表5-4）显示，只有出口到发达国家（地区）的产品质量受EPU的影响，为了进一步揭示这种差异性，本书分别用出口到发达国家（地区）和发展中国家（地区）的样本重复表7-1的回归，结果如表7-2。正如笔者所料，出口到发达国家（地区）的企业数目显著减少，说明EPU上升可能导致低质量企业被排除在发达国家（地区）之外，HS6位行业的平均出口产品质量得以上升；而对于发展中国家（地区），出口额、单个企业平均出口额和出口企业数目均没有显著变化，因此出口产品质量也就不受EPU的影响。

表 7-2 EPU 对出口的影响：发达和发展中国家（地区）

	发达国家（地区）			发展中国家（地区）		
	（1）ln*exp*	（2）ln*avexp*	（3）ln*fn*	（4）ln*exp*	（5）ln*avexp*	（6）ln*fn*
*epu*_1	−0.0011** （0.0005）	−0.0007 （0.0005）	−0.0003** （0.0001）	0.0003 （0.0008）	0.0002 （0.0007）	0.0001 （0.0003）
常数项	13.6100*** （0.0426）	10.6874*** （0.0369）	2.9226*** （0.0105）	12.7630*** （0.0622）	10.3277*** （0.0514）	2.4352*** （0.0259）
年份固定效应	是	是	是	是	是	是
HS6 位行业—目的地固定效应	是	是	是	是	是	是
N	227990	227990	227990	53304	53304	53304
R^2	0.873	0.786	0.935	0.821	0.755	0.879

注：括号中数值为标准误，***、** 分别表示 1%、5%的显著性水平。

虽然出口企业数目受 EPU 的负面影响，但企业数目的变化有两种来源：企业进入和企业退出。哪种因素起主导作用？为回答该问题，需要分析的是，在 HS6 位行业—目的地组合内，进入企业数目和退出企业数目如何受 EPU 的影响。企业进入和退出的定义方法借鉴 Dunne 等（1988）、Askenazy 等（2015）。在既定的 HS6 位行业—目的地组合内，若企业在 $t-1$ 年不出口而在 t 年开始出口，则 t 年该企业为进入企业；若企业在 t 年出口而在 $t+1$ 年不再出口，则 t 年该企业为退出企业。[①] EPU 影响进入企业数目（ln*enfn*）和退出企业数目（ln*exfn*）的结果见表 7-3。其中，第（1）、（2）列包含所有目的地，从系数的显著性来看，EPU 的变化会同时影响进入和退出企业的数目；从系数符号来看，EPU 的上升减少了进入企业数目，增加了退出企业数目，说明较高的 EPU 既抑制企业的出口进入，又促使企业从目的地市场退出，从而证实了理论命题 3-1；从影响大小来看，$t-1$ 期 EPU 上升 10 个百分点时，t 期进入企业数目减少 0.8%，退出企业数目增加 0.9%（这 0.9%的企业数目在 $t+1$

① 2000 年不识别进入企业，2006 年不识别退出企业；有些企业在 t 年出口而在 $t-1$ 年和 $t+1$ 年均不出口，则按照本书定义它既是进入企业又是退出企业，本书的进入和退出数目不计入该类企业。

期不存在)。由于 EPU 的上升阻碍企业进入且迫使部分企业退出，HS6 位行业—目的地组合中的企业数目必然减少。表 7-3 后 4 列照例按发展水平将目的地分为发达国家（地区）和发展中国家（地区），第（3）、(4）列为发达国家（地区)，第（5）、(6）列为发展中国家（地区)。结果显示，EPU 对进入和退出的影响仅在发达国家（地区）显著，在发展中国家（地区）则不显著。

表 7-3 EPU 对进入和退出企业数目的影响

	所有国家（地区）		发达国家（地区）		发展中国家（地区）	
	(1) ln*enfn*	(2) ln*exfn*	(3) ln*enfn*	(4) ln*exfn*	(5) ln*enfn*	(6) ln*exfn*
*epu*_1	-0.0008*** (0.0001)	0.0009*** (0.0001)	-0.0009*** (0.0001)	0.0011*** (0.0001)	0.0002 (0.0002)	-0.0002 (0.0002)
常数项	0.8389*** (0.0083)	-0.0731*** (0.0084)	0.9103*** (0.0093)	-0.0858*** (0.0096)	0.5018*** (0.0173)	0.0129 (0.0162)
年份固定效应	是	是	是	是	是	是
HS6 位行业—目的地固定效应	是	是	是	是	是	是
N	281294	281294	227990	227990	53304	53304
R^2	0.725	0.636	0.734	0.645	0.603	0.549

注：ln*enfn* 和 *lnexfn* 分别由进入企业数目（*enfn*）和退出企业数目（*exfn*）加 1 再取对数得到。下表同。括号中数值为标准误，*** 表示 1%的显著性水平。

影响机制回归的结果说明，EPU 的上升使效率较低的潜在进入企业推迟了进入目的地市场的时间。与此同时，它还会导致低质量生产企业难以在目的地市场上获利而被迫退出市场。EPU 的这种筛选机制保证了出口市场上相对较高的产品质量供给，因此行业的整体出口产品质量得以提升。

7.1.2 经济政策不确定性、竞争效应与企业出口产品质量

除了自选择效应，经济政策不确定性上升引起的出口企业数目调整还

会带来竞争效应。为了检验命题 3-2，本书首先就不同状态（进入、退出、在位）企业的生产效率进行比较。由于无法获得企业生产信息，本书采用依质量调整的价格（$\ln adp_{fhcq}$）作为生产效率的代理指标。因为去除质量后的价格主要反映了成本信息（樊海潮和郭光远，2015），依质量调整的价格越高，生产成本就越高，效率则越低。令 $\ln adp_{fhcq} = \ln p_{fhcq} - \ln z_{fhcq}$，为了使该调整的价格在不同层面具备可比性，将其标准化：$radp_{fhcq} = \frac{\ln adp_{fhcq} - \min(\ln adp_{fhcq})}{\max(\ln adp_{fhcq}) - \min(\ln adp_{fhcq})}$，其中，max（$\ln adp_{fhcq}$）和 min（$\ln adp_{fhcq}$）分别为依质量调整的价格在特定 HS6 位行业内所有企业、所有目的地、所有季度间的最大值和最小值。然后把标准化后的调整价格（$radp_{fhcq}$）以出口额为权重加总到企业层面。不同状态的企业效率如图 7-2 所示，退出企业的依质量调整价格最高，其次是进入企业，在位企业最低。这表明，在位企业的生产效率比进入和退出企业的高。

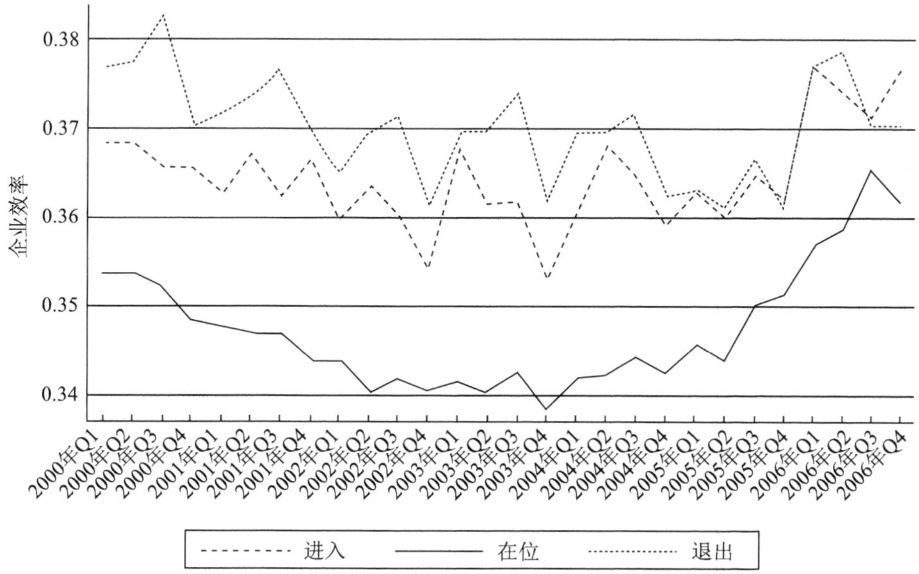

图 7-2　企业状态与生产效率

数据来源：根据中国海关数据库和 Baker 等（2016）编制的 EPU 指数整理得到。

既然竞争效应也来自扩展边际的调整，本书就以 2000—2006 年海关季度数据再次检验 EPU 对出口增长的二元边际、出口进入和退出企业数目的影响，表 7-4 中第（1）~（3）列在 HS6 位行业—目的地层面估计了 EPU 对出口及二元边际的影响。从表中可以看到，HS6 位行业—目的地层面内，EPU 的上升显著降低了出口额，且出口的降低主要来源于出口企业数目的减少，即扩展边际的下降，而平均每个企业出口额（集约边际）没有显著变化。因此，EPU 的上升必然会增加企业的退出或减少企业的进入。

以退出为例，HS6 位行业—目的地内企业出口退出的方式有两种：一是在特定 HS6 位行业内，出口企业从目的地市场退出，即企业—目的地组合的减少；二是在特定目的地内，企业放弃某些 HS6 位行业中产品的出口，或者说，企业从某些 HS6 位行业中退出，即企业—HS6 位行业组合的减少。为了进一步检验哪种方式起作用，本书分别在 HS6 位行业层面和目的地层面实证分析 EPU 对出口及二元边际的影响，结果被列示在第（4）~（9）列。显而易见，EPU 对出口的显著负效应仅出现于 HS6 位行业层面，而在目的地层面不显著。这说明，EPU 上升导致的后果是，特定 HS6 位行业内的企业从目的地市场退出或减少进入，进而降低该行业内的竞争程度，市场中企业的利润增加，企业出口产品质量得以提升。

进一步地，表 7-5 估计了 EPU 对不同层面企业进入和退出的影响。第（1）、（2）列以企业是否进入和退出为被解释变量，采用 Probit 模型回归，结果发现 EPU 的上升抑制了企业进入的概率，且增加了企业退出的概率。第（3）~（8）列则以不同层面内进入和退出企业数目为被解释变量，实证结果与表 7-4 相对应，即在 HS6 位行业—目的地层面和 HS6 位行业层面内，EPU 的上升会减少进入企业数目，且增加退出企业数目；在国家（地区）层面上，EPU 对进入和退出企业数目均没有显著影响。因此，EPU 的上升不仅迫使 HS6 位行业内企业退出目的地市场，也会抑制 HS6 位行业内企业进入目的地市场，从而最终减少企业数目。

表 7-4　EPU 对不同层面出口的影响

	HS6 位行业—目的地层面			HS6 位行业层面			目的地层面		
	(1) ln*exp*	(2) ln*avexp*	(3) ln*fn*	(4) ln*exp*	(5) ln*avexp*	(6) ln*fn*	(7) ln*exp*	(8) ln*avexp*	(9) ln*fn*
*epu*_4	-0.0005*** (0.0001)	-0.0001 (0.0001)	-0.0004*** (0.0000)	-0.0003 (0.0002)	-0.0001 (0.0002)	-0.0003*** (0.0001)			
$epuc_{-4}$							0.0003 (0.0003)	0.0002 (0.0002)	0.0000 (0.0002)
常数项	12.0955*** (0.0113)	10.2314*** (0.0097)	1.8641*** (0.0045)	14.9047*** (0.0251)	11.1781*** (0.0209)	3.7266*** (0.0106)	22.2491*** (0.0438)	11.7876*** (0.0318)	10.4615*** (0.0294)
季度固定效应	是	是	是	是	是	是	是	是	是
HS6 位行业—目的地固定效应	是	是	是						
HS6 位行业固定效应				是	是	是			
目的地固定效应							是	是	是
N	616857	616857	616857	97096	97096	97096	344	344	344
R^2	0.797	0.697	0.891	0.869	0.736	0.950	0.992	0.977	0.993

注：括号中数值为标准误，*** 表示 1%的显著性水平。

表 7-5　EPU 对不同层面企业进入退出的影响

	是否进入退出		HS6 位行业—目的地层面		HS6 位行业层面		目的地层面	
	(1) *entry*	(2) *exit*	(3) ln*enfn*	(4) ln*exfn*	(5) ln*enfn*	(6) ln*exfn*	(7) ln*enfn*	(8) ln*exfn*
epu_{-4}	−0.0005 *** (0.0000)	0.0037 *** (0.0000)	−0.0001 ** (0.0000)	0.0002 *** (0.0000)	−0.0002 ** (0.0001)	0.0004 *** (0.0001)		
$epuc_{-4}$							0.0000 (0.0002)	0.0001 (0.0006)
常数项	−0.8866 *** (0.0030)	−1.5776 *** (0.0033)	0.0717 *** (0.0047)	0.7968 *** (0.0042)	2.1800 *** (0.0103)	0.0041 (0.0132)	8.7875 *** (0.0319)	0.0036 (0.0858)
季度固定效应			是	是	是	是	是	是
HS6 位行业—目的地固定效应			是	是				
HS6 位行业固定效应					是	是		
目的地固定效应							是	是
N	4270868	4270868	616857	616857	97096	97096	344	344
R^2			0.707	0.744	0.903	0.846	0.991	0.989
伪 R^2	0.000	0.004						

注：*entry* 表示企业是否进入，*exit* 表示企业是否退出。括号中数值为标准误，***、** 分别表示 1%、5%的显著性水平。

EPU 的变化影响了进入和退出这种出口增长的扩展边际。当不考虑进入和退出对企业的影响时，扩展边际只会影响行业层面的平均出口产品质量。然而，行业内企业进入和退出往往会改变竞争程度，影响其他在位企业的绩效和行为，从而影响企业出口产品质量，即竞争效应。表 7-4 和表 7-5 虽然运用海关季度数据证实了 EPU 对进入和退出的影响，但没有检验 EPU 是否影响企业在出口市场上面临的竞争程度，进而影响企业出口产品质量。表 7-6 运用中介效应检验 EPU 是否通过竞争效应影响企业出口产品质量。本书选择两个指标度量竞争程度：企业的出口市场份额（*expshare*）和企业层面的赫芬达尔指数（*hi*）。$expshare_{fhcq}=\frac{x_{fhcq}}{\sum_f x_{fhcq}}$，其中，$x_{fhcq}$代表 q 季度企业 f 对国家（地区）c 出口 h 产品的金额。企业出口市场份额之所以能够反映竞争效应，是因为企业数目越多、竞争越激烈时，每个企业所能获得的市场份额越少；相反，企业数目的减少意味着竞争的下降，此时企业出口市场份额增加。本书借鉴 Chevassus-Lozza 等（2013）的做法构建企业层面的赫芬达尔指数。具体而言，在 q 季度 HS6 位行业 h 中，向目的地市场 c 出口的企业 f 的赫芬达尔指数为 $hi_{fhcq}=hi_{hcq}\times\left(\frac{x_{fhcq}}{\sum_f x_{fhcq}}\right)^2$，其中，$x_{fhcq}$为出口额，$hi_{hcq}$为 HS6 位行业—目的地层面的赫芬达尔指数。$hi_{hcq}=\sum_f\left(\frac{x_{fhcq}}{\sum_f x_{fhcq}}\right)^2$。$hi_{fhcq}$较低，表明企业市场份额较低或 HS6 位行业内竞争程度较高，即企业面临的出口竞争环境较为激烈。

用 M_{fhcq}代表中介变量，则中介效应模型的回归方程为

$$\ln z_{fhcq}=\beta_0+\beta_1 epu_{h,\ q-4}+\alpha_q+\alpha_{hc}+\varepsilon_{fhcq} \tag{7-2}$$

$$M_{fhcq}=\theta_0+\theta_1 epu_{h,\ q-4}+\alpha_q+\alpha_{hc}+\varepsilon_{fhcq} \tag{7-3}$$

$$\ln z_{fhcq}=\varphi_0+\varphi_1 epu_{h,\ q-4}+\varphi_2 M_{fhcq}+\alpha_q+\alpha_{hc}+\varepsilon_{fhcq} \tag{7-4}$$

表 7-6 第（1）列用企业出口产品质量对 EPU 回归，是对表 5-5 第（5）

列的复制；第（2）列用企业出口市场份额对 EPU 回归；第（3）列用企业出口产品质量对 EPU 和企业出口市场份额回归；第（4）列用企业层面赫芬达尔指数对 EPU 回归；第（5）列用企业出口产品质量对 EPU 和企业层面赫芬达尔指数回归。

第（2）列 EPU 的系数显著为正，表明企业所在 HS6 位行业 EPU 的上升促进了该企业出口市场份额的提高，即竞争程度下降。其原因是，EPU 越高，淘汰机制发挥的效应越强，企业退出数目越多，HS6 位行业—目的地层面总出口下降越多。而根据表 7-4 的结果，单个企业平均出口没有显著变化，结果企业的市场份额提高。在第（3）列中，中介变量 *expshare* 显著为正的系数说明增加市场份额有助于企业出口产品质量的提升。这不难理解，市场份额的增加使企业可以将所获利润中的更多资源用于研发投入，从而改进产品质量。第（3）列加入中介变量后，EPU 的系数比第（1）列下降了一半以上，显著性也有所减弱，说明竞争效应是经济政策不确定性影响企业出口产品质量的重要渠道。

第（4）列的结果显示，HS6 位行业 EPU 的上升增加了企业层面的赫芬达尔指数，意味着该行业中企业面临的市场竞争下降。在第（5）列中，中介变量 *hi* 的系数显著为正，即竞争程度的下降能够促进企业产品质量的提升。控制中介变量 *hi* 后，EPU 的系数下降了 12.4%，再次表明经济政策不确定性会通过竞争效应影响企业出口产品质量。此外，基于 Sobel（1987）的中介效应检验显示，不论是以出口市场份额还是以赫芬达尔指数为中介变量，中介效应均显著异于 0。①

① 第（2）列 *epu* 变量的系数与第（3）列 *expshare* 变量的系数之积的标准差为 0.00007663，*z* 统计量为 5.00；第（4）列 *epu* 变量的系数与第（5）列 *hi* 变量的系数之积的标准差为 0.000006904，*z* 统计量为 12.59。因此，不论是以市场份额还是赫芬达尔指数为中介变量，均在 1%的统计水平上拒绝中介效应等于 0 的原假设。

表 7-6 EPU、竞争效应与企业出口产品质量：中介效应分析

	(1) lnz	(2) *expshare*	(3) lnz	(4) *hi*	(5) lnz
epu_{-4}	0.0007*** (0.0002)	0.0002*** (0.0000)	0.0003** (0.0002)	0.0001*** (0.0000)	0.0006*** (0.0002)
expshare			1.9146*** (0.0130)		
hi					0.8690*** (0.0183)
常数项	-0.2428*** (0.0115)	0.0362*** (0.0009)	-0.3121*** (0.0112)	0.0197*** (0.0007)	-0.2599*** (0.0115)
季度固定效应	是	是	是	是	是
HS6 位行业—目的地固定效应	是	是	是	是	是
N	4266864	4266864	4266864	4266864	4266864
R^2	0.810	0.549	0.822	0.569	0.815

注：括号中数值为标准误，***、** 分别表示 1%、5%的显著性水平。

本小节的机制检验结果印证了理论命题 3-2，即竞争效应的存在性。经济政策不确定性的上升使特定行业内的低效率出口企业退出目的地市场，同时阻碍了低效率企业的进入。目的地市场上的竞争程度下降，在位企业的出口市场份额和利润增加，从而能够提供更高质量的产品。

7.2 贸易政策不确定性、扩展边际与出口产品质量

7.2.1 贸易政策不确定性、自选择效应与 HS6 位行业出口产品质量

理论模型表明，当产品质量为外生时，TPU 的下降会导致更多出口国企

业进入目的地市场，而由于进入企业生产的产品质量较低，行业平均出口产品质量也会下降。为验证这种自选择效应机制，本书运用2000—2006年中国海关数据库中出口到美国的样本，将HS8位产品出口额加总到HS6位行业。由于可以观测到HS6位行业出口企业数目，本书将HS6位行业出口额分解为出口企业数目（扩展边际）和平均每个企业的出口额（集约边际），并计算其增长率，如图7-3所示。从图来看，中国总出口增长迅速，除2004年和2006年扩展边际的增长略慢于集约边际外，其他年份扩展边际的增长率均显著高于集约边际。因此，中国加入WTO后出口企业数目确实得以快速增长。值得注意的是，2002年集约边际出现负增长。这说明由于企业的大量进入，每个企业的平均出口额有所下降。

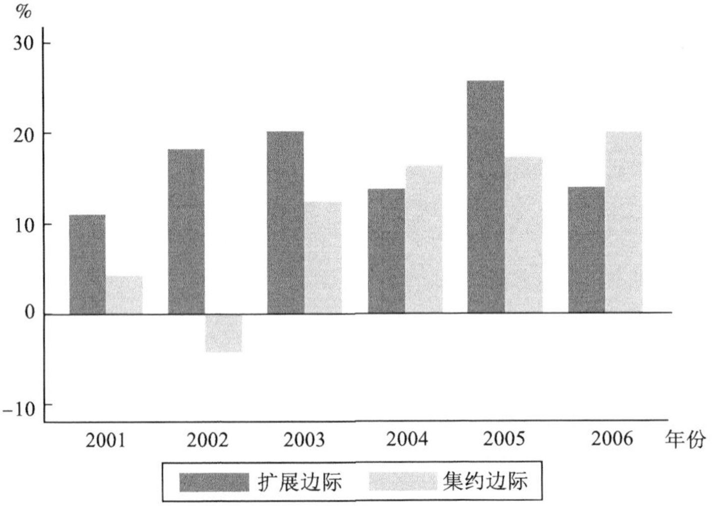

图7-3　2001—2006年中国对美国出口增长的二元边际分解

数据来源：根据中国海关数据库整理得到。

本书进一步分析中国对美国的出口及其二元边际如何受TPU的影响，回归方程如下：

$$\ln expv_{ht} = \beta_0 + \beta_1 tpu01_h \times post02_t + \alpha_t + \alpha_h + \varepsilon_{ht} \tag{7-5}$$

其中，$\ln expv_{ht}$代表出口及其二元边际，其他变量的含义与第6章一致。

表7-7分析了TPU对出口的影响。[①] 首先，运用BACI数据库估计TPU对中国对美国出口额（ln*exp*）及其占全球份额（*expshare*）的影响。其中，第（1）、（2）列为1995—2010年全样本，（3）、（4）列为2000—2006年子样本。结果与预期一致，TPU的下降不仅促进了中国对美国的出口，还使中国出口资源从其他国家向美国转移，从而增强了美国在中国出口伙伴国中的地位。第（5）~（7）列运用海关数据库检验TPU是否引致了企业进入。第（5）列总出口回归结果与使用BACI同期得到的估计结果［第（3）列］一致；第（6）列被解释变量为每个企业的平均出口额（ln*avexp*），TPU的下降加剧了竞争，从而导致平均出口额减少；第（7）列以出口企业数目（ln*fn*）为被解释变量，结果支持理论预测，即贸易政策不确定性下降后，企业自选择进入出口市场，出口企业数目增加。

表7-7 TPU对出口及其二元边际的影响

	BACI（1995—2010年）		BACI（2000—2006年）		海关数据库（2000—2006年）		
	（1） ln*exp*	（2） *expshare*	（3） ln*exp*	（4） *expshare*	（5） ln*exp*	（6） ln*avexp*	（7） ln*fn*
*tpu*01×*post*02	0.0042*** （0.0005）	0.0228*** （0.0042）	0.0034*** （0.0007）	0.0238*** （0.0058）	0.0028*** （0.0009）	-0.0035*** （0.0008）	0.0063*** （0.0004）
常数项	5.7130*** （0.0222）	12.2298*** （0.1811）	6.4123*** （0.0176）	14.4505*** （0.1480）	13.0479*** （0.0232）	10.8033*** （0.0197）	2.2445*** （0.0090）
年份固定效应	是	是	是	是	是	是	是
HS6位行业固定效应	是	是	是	是	是	是	是
N	53129	53129	24253	24253	21531	21531	21532
R^2	0.841	0.649	0.898	0.776	0.869	0.755	0.938

注：ln*exp*、ln*avexp*、ln*fn*分别为出口额、平均每个企业的出口额和出口企业数目的对数形式。括号中数值为标准误，***表示1%的显著性水平。

出口企业数目增加的原因可能以进入的增加为主导，也可能以退出的减

① 表7-7中倍差法对各变量的有效性的检验见附录4。

少为主导。为了进一步明确 TPU 如何影响企业进入退出状态，本书借鉴 Feng 等（2017）的方法定义进入和退出状态。具体而言，以 2000 年为参照，令 t 为 2001 年和 2006 年之间的任意年份，如果一个 HS6 位行业—企业组合不存在于 2000 年而存在于 t 年，则 t 年该行业—企业组合被标为进入状态；如果一个 HS6 位行业—企业组合存在于 2000 年而不存在于 t 年，则 t 年该组合被标为退出状态；如果一个 HS6 位行业—企业组合同时存在于 2000 年和 t 年，则该组合被标为在位状态。基于上述定义，可以识别 2001—2006 年 HS6 位行业内进入和退出企业数目。

由于中国加入 WTO 前只有 2001 年的进入和退出企业数目，因此不宜采用倍差法估计 TPU 对进入和退出的影响。此外，TPU 的大幅削减仅发生在 2001—2002 年，此后变化很小，因而使用 2001—2006 年面板数据回归也可能产生偏误。类似于 Feng 等（2017），本书就特定年份逐个分析，建立如下回归方程：

$$\ln enfn_h = \beta_0 + \beta_1 dtpu_h + \alpha_{H2} + \varepsilon_h \tag{7-6}$$

$$\ln exfn_h = \beta_0 + \beta_1 dtpu_h + \alpha_{H2} + \varepsilon_h \tag{7-7}$$

其中，$\ln enfn_h$ 和 $\ln exfn_h$ 分别代表 h 行业内进入和退出的企业数目，$dtpu_h$ 代表 2001 年 TPU 和当年 TPU 之差①：$dtpu_h = tpu01_h - tpu_h$。其中，tpu_h 为中国加入 WTO 后某一年的贸易政策不确定性，α_{H2} 为 HS2 位行业固定效应。

表 7-8 第（1）~（6）列报告了 2002 年、2004 年和 2006 年的回归结果。由系数可知，TPU 的下降同时导致了进入企业数目和退出企业数目的增加，但 TPU 的进入效应大于退出效应，因而 HS6 位行业内出口企业总数目增加。这一结果与 Feng 等（2017）相同。②

① 使用 2000 年 TPU 和当年 TPU 之差，或者使用 2000—2001 年 TPU 均值和当年 TPU 之差代表 $dtpu_h$ 时，结果十分相似。

② Handley 和 Limão（2015）的理论主要强调 TPU 下降的进入效应，本书的模型以该理论为基础，因而也未能体现退出效应。Feng 等（2017）在 Melitz（2003）的框架中引入贸易政策不确定性，提供了一个解释 TPU 同时引起进入和退出的模型，认为 TPU 引起的企业进入加剧了竞争，因而使部分企业退出目的地市场。

TPU 得以通过企业进入和退出影响行业层面出口产品质量的原因在于，不同状态企业提供的产品质量有所差异。本书进一步通过如下回归方程比较 HS6 位行业内进入率（*enshare*）和退出率（*exshare*）对行业出口产品质量的影响：

$$\ln z_{ht} = \beta_0 + \beta_1 enshare_{ht} + \beta_2 exshare_{ht} + \alpha_t + \alpha_h + \varepsilon_{ht} \tag{7-8}$$

回归结果如表 7-8 第（7）列所示，较高的进入率对应着较低的出口产品质量，说明 HS6 位行业内更多企业的进入导致该行业的出口产品质量下降，即进入企业拉低了行业的整体出口产品质量，这就印证了命题 3-3。退出率的增加也降低了行业出口产品质量，这意味着退出企业绩效更佳。比较二者的系数可知，进入率对出口产品质量的影响更大。总之，表 7-8 显示，TPU 通过进入和退出机制影响行业出口产品质量，但进入机制发挥着更重要的作用。

表 7-8　TPU 对 HS6 位行业内进入和退出企业数目的影响

	2002 年		2004 年		2006 年		2001—2006 年
	（1）ln*enfn*	（2）ln*exfn*	（3）ln*enfn*	（4）ln*exfn*	（5）ln*enfn*	（6）ln*exfn*	（7）lnz
dtpu	0.0134*** （0.0016）	0.0127*** （0.0016）	0.0155*** （0.0018）	0.0128*** （0.0017）	0.0154*** （0.0018）	0.0127*** （0.0016）	
enshare							-0.0031*** （0.0010）
exshare							-0.0012*** （0.0002）
常数项	2.0613*** （0.0599）	1.7273*** （0.0583）	2.3408*** （0.0633）	1.7645*** （0.0598）	2.6537*** （0.0634）	1.7165*** （0.0589）	0.5917*** （0.0722）
年份固定效应							是
HS6 位行业固定效应							是
HS2 位行业固定效应	是	是	是	是	是	是	

续表

	2002 年		2004 年		2006 年		2001—2006 年
	(1) ln*enfn*	(2) ln*exfn*	(3) ln*enfn*	(4) ln*exfn*	(5) ln*enfn*	(6) ln*exfn*	(7) lnz
N	2760	2760	2868	2868	3015	3015	18545
R^2	0.363	0.338	0.370	0.335	0.396	0.343	0.387

注：ln*enfn* 和 ln*exfn* 分别由 HS6 位行业内进入企业数目（*enfn*）和退出企业数目（*exfn*）加 1 再取对数得到，*enshare* 和 *exshare* 分别用进入企业数目和退出企业数目除以 HS6 位行业内企业总数目再乘以 100 得到。括号中数值为标准误，*** 表示 1%的显著性水平。

总而言之，贸易政策不确定性的下降增加了 HS6 位行业内的出口企业数目，由于新进入企业的出口产品质量相对较低，行业平均出口产品质量也被拉低。因此，贸易政策不确定性通过扩展边际中的自选择效应影响了行业出口产品质量。

7.2.2 贸易政策不确定性、竞争效应与企业出口产品质量

实证结果表明，贸易政策不确定性的下降抑制了企业出口产品质量的升级。随之而来的问题是，贸易政策不确定性通过哪种机制影响了企业的出口产品质量？在 3.4.2 小节的理论模型部分，消除关税不确定性导致了更多企业进入出口市场，竞争的加剧使成本加成和利润下降，企业对研发创新、产品改进活动的投入降低，导致出口产品质量下降。为了展现这种影响机制，本书首先列示了进入企业和在位企业①的出口产品质量、出口份额和研发强度的差异，如表 7-9 所示。从表中可以看出，中国加入 WTO 后大量企业进入了出口市场，这初步印证了 TPU 引致企业进入的理论预测。表 7-9 还表明，在位企业存在的时间长于进入企业，即在位企业在竞争中的存活率更高。类似

① 进入、退出和在位三种状态的定义与 7.2.1 小节表 7-8 的定义方法一致，但要将 HS6 位行业替换为国民经济 4 位行业。根据定义，退出企业在退出年份的指标缺失，且由于 TPU 对退出没有显著影响（见表 7-10），因此本书只比较进入企业和在位企业的差异。

地，从企业出口产品质量来看，在位企业比进入企业高出 6.6 个百分点，这也印证了 HS6 位行业层面的证据：生产低质量产品的企业的进入拉低了行业内平均出口产品质量水平。此外，不论是出口份额还是研发强度，在位企业均高于进入企业，这说明在位企业的绩效更佳，能够通过研发创新生产和出口更优质的产品，从而获得更高的市场占有率。

表 7-9 企业状态、出口产品质量与研发创新

企业状态	样本量	企业数目	出口产品质量	出口份额	研发强度
进入	59388	27984	62. 8077	2. 5428	0. 0024
在位	15657	4034	69. 3898	4. 7218	0. 0033
t 检验	—	—	6. 5821*** (0. 1621)	2. 1790*** (0. 0865)	0. 0009*** (0. 0002)

注：出口份额以企业出口额占所在行业出口总额的百分比度量，研发强度以研究与开发费用占销售收入之比度量。*** 表示 1%的显著性水平。

本书将基于国民经济 4 位行业层面探讨 TPU 如何影响进入和退出状态。[①] 类似于式（7-9）和式（7-10），特定年份的回归方程为

$$\ln enfn_i = \beta_0 + \beta_1 dtpu_i + \alpha_{I2} + \varepsilon_i \tag{7-9}$$

$$\ln exfn_i = \beta_0 + \beta_1 dtpu_i + \alpha_{I2} + \varepsilon_i \tag{7-10}$$

其中，$\ln enfn_{it}$、$\ln exfn_{it}$分别表示国民经济 4 位行业内进入和退出的企业数目，$dtpu_i$ 为 TPU 的下降幅度：$dtpu_i = tpu01_i - tpu_i$。其中，tpu_i 为中国加入 WTO 后某一年的贸易政策不确定性，α_{I2}为国民经济 2 位行业固定效应。

表 7-10 中第（1）~（6）列报告了 2002 年、2004 年和 2006 年的回归结果。本书发现，TPU 下降幅度越大的行业，进入企业数目增加得越多，说明 TPU 的下降对出口企业数目的增长产生了促进效应，该效应在中国加入 WTO 后的各年中均显著；然而，TPU 对退出的影响只在 2002 年显著。换言之，TPU 的下降导致行业内进入企业数目的增加，而对行业内退出企业数目的影

① 本书也估计了 TPU 对国民经济 4 位行业总出口额、行业内出口企业数目（扩展边际）和平均每个企业出口额（集约边际）的影响，发现 TPU 的下降不影响行业总出口，而增加了行业内出口企业数目，降低了平均每个企业的出口额。

响非常有限。总而言之，表7-10证明了理论模型中的结论：贸易政策不确定性下降后，更多企业决定进入出口目的地市场，行业内参与市场竞争的企业数目增加。

行业内的进入和退出如何影响企业出口产品质量？本书运用如下方程进行检验：

$$z_{fit} = \beta_0 + \beta_1 enshare_{it} + \beta_2 exshare_{it} + \alpha_t + \alpha_i + \alpha_{fit} \quad (7-11)$$

其中，$enshare_{it}$和$exshare_{it}$分别为行业进入率和退出率。回归结果如表7-10中第（7）列所示，退出率的变化不影响企业出口产品质量，而较高的进入率不利于该行业内企业出口产品质量的提高，这初步验证了竞争效应：更多企业的进入加剧了竞争，降低了企业绩效。

表7-10　TPU对行业内进入和退出企业数目的影响

	2002年		2004年		2006年		2001—2006年
	（1）ln*enfn*	（2）ln*exfn*	（3）ln*enfn*	（4）ln*exfn*	（5）ln*enfn*	（6）ln*exfn*	（7）*z*
dtpu	0.0148*** （0.0048）	0.0109** （0.0047）	0.0168*** （0.0050）	0.0048 （0.0049）	0.0168*** （0.0050）	0.0042 （0.0048）	
enshare							-0.0562*** （0.0119）
exshare							0.0005 （0.0052）
常数项	2.0362*** （0.3037）	1.4063*** （0.2964）	2.4878*** （0.3125）	1.5841*** （0.3024）	2.5199*** （0.3226）	1.5668*** （0.3124）	68.3545*** （0.6160）
年份固定效应							是
行业固定效应							是
2位行业固定效应	是	是	是	是	是	是	
N	281	281	337	337	344	344	75045
R^2	0.307	0.243	0.303	0.216	0.321	0.203	0.079

注：ln*enfn*和ln*exfn*分别由行业内进入企业数目（*enfn*）和退出企业数目（*exfn*）加1再取对数得到，*enshare*和*exshare*分别用进入企业数目和退出企业数目除以行业内企业总数目再乘以100得到。括号中数值为标准误，***、**分别表示1%、5%的显著性水平。

既然 TPU 的下降引入了更多出口企业，那么企业数目的增加是否通过加剧竞争作用于企业盈利能力，进而影响企业出口产品质量？本书将采用中介效应模型验证这种可能性。为了更为充分地体现竞争效应的作用，本书分别在行业层面和企业层面寻找一个能够反映市场竞争的指标，其中在行业层面使用行业内的出口企业数目（fn），在企业层面使用企业成本加成（$markup$）。行业内出口企业数目越多，或企业成本加成越低，则竞争越激烈。成本加成借鉴 De Loecker 和 Warzynski（2012）的估计方法。

De Loecker 和 Warzynski（2012）获得企业层面成本加成的方法是，只要生产函数至少包含一种可变投入要素，就可依据标准的成本最小化条件导出成本加成表达式：

$$markup_{ft} = \frac{\theta_{ft}^{X}}{\alpha_{ft}^{X}} \tag{7-12}$$

其中，下标 f、t 分别代表企业、年份。X 代表投入要素。$markup_{ft}$ 为企业成本加成，θ_{ft}^{X} 为 X 投入要素的产出弹性，α_{ft}^{X} 为 X 投入要素占产出的份额。由于投入要素份额可直接得到，计算企业成本加成的关键在于准确估计投入要素的产出弹性 θ_{ft}^{X}，因此本书基于柯布-道格拉斯生产函数，使用 Levinsohn 和 Petrin（2003）的方法估计劳动、资本和中间投入要素的产出弹性，并利用劳动的产出弹性计算成本加成。生产函数的估计过程见附录 5。

采用行业内出口企业数目为中介变量的回归模型为

$$z_{fit} = \beta_0 + \beta_1 tpu01_i \times post02_t + \beta' X_{fit} + \alpha_t + \alpha_i + \varepsilon_{fit} \tag{7-13}$$

$$fn_{it} = \theta_0 + \theta_1 tpu01_i \times post02_t + \alpha_t + \alpha_i + \varepsilon_{fit} \tag{7-14}$$

$$z_{fit} = \varphi_0 + \varphi_1 tpu01_i \times post02_t + \varphi_2 fn_{it} + \varphi' X_{fit} + \alpha_t + \alpha_i + \varepsilon_{fit} \tag{7-15}$$

需要指出的是，式（7-14）在行业层面回归。实际上，在垄断竞争行业中单个企业的作用较微弱，企业特征不会影响行业内出口企业数目。因此，式（7-14）未控制企业层面的变量。

除式（7-13）外，采用企业层面的成本加成为中介变量的另外两个回归

方程为

$$markup_{fit} = \theta_0 + \theta_1 tpu01_i \times post02_t + \theta' X_{fit} + \alpha_t + \alpha_i + \varepsilon_{fit} \quad (7-16)$$

$$z_{fit} = \varphi_0 + \varphi_1 tpu01_i \times spost02_t + \varphi_2 markup_{fit} + \varphi' X_{fit} + \alpha_t + \alpha_i + \varepsilon_{fit} \quad (7-17)$$

表 7-11 报告了中介效应模型的结果。① 第（1）列用因变量 *z* 对自变量回归，实际上是对表 6-6 第（4）列的复制；第（2）列用行业层面中介变量 *fn* 对自变量回归，第（3）列用因变量 *z* 对自变量和行业层面中介变量 *fn* 回归；第（4）列用企业层面中介变量 *markup* 对自变量回归，第（5）列用因变量 *z* 对自变量和企业层面中介变量 *markup* 回归。

第（2）列中 *tpu*01×*post*02 的系数显著为正，表明 TPU 的下降有助于增加出口企业的数目，这一结论与表 7-10 一致，即行业 TPU 的下降使更多企业得以进入美国市场。第（3）列中，行业出口企业数目的增加不利于企业出口产品质量的提升。这是因为行业内出口企业数目越多，每个企业面临的竞争就越激烈，从而获得较低的利润，利润的下降不利于出口产品质量的提高。第（3）列控制行业层面中介变量 *fn* 后，*tpu*01×*post*02 的系数在绝对值大小和显著性上均有显著降低，从而表明竞争效应是 TPU 影响企业出口产品质量的一种可能渠道。

第（4）列的结果表明，由于 TPU 的下降引起了出口企业数目的增加，市场竞争加剧，企业成本加成降低。第（5）列中，成本加成的提高能够促进出口产品质量的升级。其原因是成本加成较高的企业拥有更高的利润，能够通过创新研发出高质量产品。控制企业层面中介变量 *markup* 后，*tpu*01×*post*02 的系数有所下降，也证明 TPU 下降会通过竞争效应影响企业出口产品质量。依照 Sobel（1987）的方法检验本书的两个中介效应模型后发现，中介效应均显著异于 0。②

---

① 对表 7-11 中行业内企业数目和企业成本加成的 DID 有效性检验见附录 4。

② 第（2）列 *tpu*01×*post*02 的系数和第（3）列 *fn* 的系数之积的标准差为 0.00047974，*z* 统计量为-4.40；第（4）列 *tpu*01×*post*02 的系数和第（5）列 *markup* 的系数之积的标准差为 0.00050287，*z* 统计量为-3.13。因此，二者均在 1%的统计水平上拒绝中介效应等于 0 的原假设。

表 7-11 TPU、竞争效应与企业出口产品质量升级：中介效应分析

		行业层面中介变量		企业层面中介变量	
	(1) *z*	(2) *fn*	(3) *z*	(4) *markup*	(5) *z*
*tpu*01×*post*02	−0.0408*** (0.0131)	0.5700*** (0.1043)	−0.0269** (0.0132)	−0.0013*** (0.0004)	−0.0391*** (0.0130)
ln*pro*	1.0956*** (0.0766)		1.0903*** (0.0766)	0.4628*** (0.0025)	0.5347*** (0.0906)
ln*labor*	0.3016** (0.1487)		0.3057** (0.1486)	0.6697*** (0.0047)	−0.5098*** (0.1655)
ln*exp*	0.4084*** (0.0199)		0.4067*** (0.0199)	0.0173*** (0.0006)	0.3875*** (0.0201)
ln*kl*	0.3430*** (0.0629)		0.3429*** (0.0629)	0.1085*** (0.0021)	0.2115*** (0.0640)
ln*wage*	1.9701*** (0.1363)		1.9701*** (0.1363)	−0.7801*** (0.0043)	2.9154*** (0.1605)
fshare	0.0383*** (0.0016)		0.0384*** (0.0016)	0.0002*** (0.0001)	0.0381*** (0.0016)
fn			−0.0037*** (0.0005)		
markup					1.2117*** (0.1031)
常数项	37.7501*** (0.5727)	13.3617*** (1.9398)	38.0129*** (0.5740)	1.2994*** (0.0185)	36.1756*** (0.5888)
年份固定效应	是	是	是	是	是
行业固定效应	是	是	是	是	是
N	80162	2619	80162	80162	80162
R^2	0.128	0.763	0.128	0.520	0.129

注：括号中数值为标准误，***、** 分别表示 1%、5%的显著性水平。

本小节的结果表明，贸易政策不确定性的下降通过扩展边际的路径加剧了出口目的地市场的竞争程度，企业盈利能力下降则进一步影响了企业在产

品改进方面的资源投入，从而抑制了企业出口产品质量的升级。总之，本小节的实证结果较好地支持了理论命题 3-4。

7.3 小结

本章在第 5 章和第 6 章的基础上进一步检验了政策不确定性影响出口产品质量的第一种机制——扩展边际。本章的主要结论有：

第一，经济政策不确定性通过扩展边际路径影响了行业和企业的出口产品质量。经济政策不确定性的上升减少了 HS6 位行业内的进入企业数目，增加了退出企业数目，结果导致 HS6 位行业内的出口企业数目下降。由于被排除在目的地市场之外的企业出口较低质量的产品，HS6 位行业的平均出口产品质量得到提升。这种进入和退出的自选择效应仅在发达国家（地区）显著。此外，扩展边际的调整还会带来竞争效应。经济政策不确定性的上升会使特定 HS6 位行业内的企业退出目的地市场，同时抑制企业进入，行业内的出口企业数目减少，竞争程度下降，企业出口市场份额增加，从而推动企业出口产品质量的提升。

第二，贸易政策不确定性通过扩展边际路径影响了行业和企业的出口产品质量。一方面，中国加入 WTO 后，来自美国贸易政策不确定性的下降导致 HS6 位行业内中国对美国出口企业数目的增加。由于进入企业的出口产品质量低于在位企业，HS6 位行业的平均出口产品质量因而下降，这形成贸易政策不确定性影响行业出口产品质量的自选择效应。另一方面，贸易政策不确定性的下降通过增加企业进入而加剧了市场竞争，降低了企业成本加成，从而抑制了企业出口产品质量的提升。这形成贸易政策不确定性影响企业出口产品质量的竞争效应。

8 政策不确定性、需求冲击路径与企业出口产品质量：影响机制检验

第 7 章的影响机制检验结果表明，目的地政策不确定性的变化通过影响扩展边际而影响出口产品质量。与此同时，在第 3 章的理论框架中，本书还从需求侧提出了政策不确定性对企业出口产品质量的另一种影响路径——需求冲击。而据世界银行估计，2016 年贸易波动中的 75%左右可以由政策不确定性上升来解释，即政策不确定性是引发进口需求变动的主要因素。正如第 3 章所指出的，由于需求冲击引发的规模效应和竞争效应只作用于企业出口产品质量，因此本章实证检验政策不确定性是否通过需求冲击路径影响企业出口产品质量，而不再研究行业出口产品质量。

在扩展边际路径中，出口企业数目的变化直接反映了市场竞争程度的变化，进而影响企业出口产品质量，即竞争效应。不同的是，需求冲击对企业出口产品质量的影响并不如扩展边际那么直接，且存在多种作用渠道。据此，对应第 3 章的理论分析，本章首先基于创新能力异质性视角，聚焦分析需求冲击的企业出口产品质量效应。为此，借鉴 Aghion 等（2018）的做法，本章构造了企业层面的外生需求冲击指标。在此基础上，本章纳入政策不确定性，使用中介效应模型实证研究需求冲击路径的存在性。

本章内容结构安排如下：8. 1 节基于企业创新能力异质性视角，实证分析目的地需求冲击对企业出口产品质量的影响；8. 2 节进一步检验经济和贸易政策不确定性是否通过需求冲击路径作用于企业出口产品质量；8. 3 节为本章内容小结。

8.1 需求冲击对企业出口产品质量的影响：基于创新能力异质性视角

8.1.1 引言

需要说明的是，尽管不确定性是引发需求变动的主要因素，但据世界银行估计，2016 年贸易萎缩中的 25%左右难以用政策不确定性上升来解释，其他一些外部冲击也可能影响目的地对出口国的进口需求。因此，研究出口规模对出口产品质量的影响不仅是为了与政策不确定性相联系，也能够反映其他外部因素如何通过集约边际影响出口产品质量。如果直接从出口国的角度分析集约边际对出口产品质量的影响，则无法克服企业出口额存在的内生性问题。本节借鉴 Aghion 等（2018）的研究，以中国出口企业面临的目的地需求冲击为视角，探讨其对出口产品质量的影响。

从海关统计数据来看，中国出口在经历了 2009 年 16%的降幅后，2010 年和 2011 年迅速反弹，同比增长均超过 20%；但 2012 年之后，增长率不断下滑，且在 2015 年和 2016 年连续出现负增长；2017 年局面再次扭转，出口增长 10.8%。从 2018 年 3 月开始，美国计划对从中国进口的商品大规模征税，这势必会影响 2018 年的中国出口绩效。以上事实充分表明，中国面对的世界需求复杂多变。与此同时，党的十九大报告指出，中国经济已由高速增长阶段转向高质量发展阶段。《2018 年国务院政府工作报告》则强调，要“大力推动高质量发展”。因此，如何在世界需求冲击日益加剧的背景下提升产品质量，实现经济高质量发展，是中国迫切需要探索和解决的问题。显然，研究目的地需求波动对企业出口产品质量的影响具有重要的现实意义。

Aghion 等（2018）基于二次方程的消费者效用函数和规模报酬递增的企

业成本函数，建立了目的地市场规模影响法国出口企业创新绩效的模型，发现目的地市场规模的扩张导致法国技术先进企业的创新增加得更多。本节在 Aghion 等（2018）的基础上引入产品质量，重构目的地需求冲击影响出口国企业出口产品质量的理论模型。本节运用 2000—2006 年中国工业企业数据库、中国海关数据库和 CEPII-BACI 的匹配数据，检验了理论模型的预测。本节的创新之处在于：一是构建了目的地市场规模对企业出口产品质量产生异质性影响的理论模型，有助于理解出口同种产品到相同目的地的企业，其质量和价格存在差异的原因；二是测度了企业层面的出口需求冲击，估计了其对企业出口产品质量的影响，并检验了创新能力是否强化了需求冲击的质量升级效应；三是检验了需求冲击对出口产品质量的影响机制，证实了竞争效应是企业出口产品质量升级的驱动力，规模效应带来的利润增加是出口产品质量得以升级的重要保障。

与本节相关的第一类文献是探讨出口产品质量与目的地特征（如人均收入水平、距离、汇率、贸易政策不确定性等）的关系。Hallak（2006）、Johnson（2012）、Brambilla 和 Porto（2016）发现高收入国家更偏好高质量产品；Baldwin 和 Harrigan（2011）、Martin（2012）、Bastos 和 Silva（2010）发现企业会向更远的目的地出口产品质量更高的产品；Chen 和 Juvenal（2016）的理论和实证结论表明，汇率波动传导到出口价格的程度随着产品质量的增加而减弱。更一般地，Manova 和 Zhang（2012）运用 2005 年中国海关数据，检验了多种目的地因素与出口价格之间的关系，结果与已有文献一致。他们发现中国企业向规模更大、更富裕和距离更远的国家出口更高质量的产品，并索取更高的价格。本节与该类文献的差别表现为三点：第一，该类文献大多基于宏观层面的目的地因素进行分析；本节则测度了微观企业层面的需求冲击。第二，该类文献大多分析出口产品质量与目的地特征之间的相关关系；本节构建的企业层面需求冲击指标能够避免内生性问题，从而识别需求冲击对出口产品质量的因果效应。第三，该类文献较少强调目的地特征对不同企业出口产品质量的异质性影响；本节基于企业创新能力的异质性视角，揭示了需求冲击的出口产品质量效应如何随着创新能力的差异而改变。

与本节相关的第二类文献是对企业生产率与出口产品质量之间关系的研究。这类文献认为，生产率与出口产品质量之间的关系取决于产品性质。当行业内产品同质时，生产率和质量负相关；当行业内产品差异化程度较大时，生产率和质量正相关（Mandel，2010；Johnson，2012；Kugler 和 Verhoogen，2012；Gervais，2015；樊海潮和郭光远，2015）。此外，Bastos 和 Silva（2010）发现企业生产率会放大距离对出口产品质量的积极效应。Ludema 和 Yu（2016）则发现外国关税的质量升级效应在生产率较高的企业中更显著。然而，还没有学者分析企业创新异质性如何影响需求冲击的出口产品质量效应。

与本节相关的第三类文献是需求冲击对企业绩效的影响。Mayer 等（2014）指出，目的地需求冲击引起的市场竞争程度变化会影响出口国产品范围。目的地更激烈的竞争导致出口国企业专注于出口最具优势的产品，这种企业内的产品调整使生产率得以提升。Aghion 等（2018）发现需求冲击促进了出口企业的创新，且促进作用在初始生产率较高的企业中更强。然而，目前尚无文献探讨需求冲击如何影响企业出口产品质量，本节试图弥补该领域的空白。

8.1.2 计量模型、变量测度与数据描述

8.1.2.1 计量模型

为了验证理论命题 3-5，本书采用如下计量方程估计需求冲击对企业出口产品质量的异质性影响：

$$z_{ft} = \beta_0 + \beta_1 d_{ft} + \beta_2 d_{ft} \times \ln tfp_f + \beta_3 \ln tfp_f + \beta' X_{ft} + \alpha_t + \alpha_i + \varepsilon_{ft} \quad (8-1)$$

其中，下标 f、i、t 分别代表企业、国民经济 4 位行业和年份。被解释变量 z_{ft} 为 t 年 f 企业的出口产品质量指数。d_{ft} 为企业面临的外生需求冲击。$\ln tfp_f$ 为企业初始年份的全要素生产率，用于反映企业创新能力。X_{ft} 代表企业层面

控制变量，包含企业规模、企业资本密集度、企业平均工资、企业资本构成中的外资份额。α_t 为年份层面的固定效应，以控制宏观经济趋势的影响；α_i 为不随时间变化的行业层面固定效应，用于控制企业所在行业固有特征的影响。ε_{ft}为随机误差项。

8.1.2.2 变量测度

（1）企业出口产品质量。与第 5 章和第 6 章估计企业出口产品质量的方法一致，基于嵌入产品质量的 CES 消费者效用函数，t 年中国 f 企业出口 HS6 位产品 h 产品到 c 地区的质量可由下式估计：

$$\ln q_{fhct} + \sigma \ln p_{fhct} = \alpha_h + \alpha_c t + \mu_{fhct} \tag{8-2}$$

用式（8-2）回归后，企业出口产品质量 $\ln\hat{z}_{fhct} = \hat{\mu}_{fhct}/(\sigma - 1)$。如同 6.2.1 小节，为了将出口产品质量加总到企业层面，对 $\hat{z}_{fhct}$ 在 h 产品内进行标准化处理：$rz_{fhct} = 100 \times \dfrac{\ln\hat{z}_{fhct} - \min(\ln\hat{z}_{fhct})}{\max(\ln\hat{z}_{fhct}) - \min(\ln\hat{z}_{fhct})}$，$\max(\ln\hat{z}_{fhct})$ 和 $\min(\ln\hat{z}_{fhct})$ 分别代表在 h 产品内的所有企业、所有国家、所有年份中的最大和最小出口产品质量。然后以出口额为权重加总到企业层面，得到本书的被解释变量 $z_{ft} = \sum_{h,\,c} \dfrac{x_{fhct}}{\sum_{h,\,c} x_{fhct}} rz_{fhct}$，其中 x_{fhct} 为 t 年 f 企业出口 h 产品到 c 目的地的金额。

（2）需求冲击。以往研究大多用宏观层面的 GDP 变动来代表目的地需求冲击，难以识别需求冲击与出口产品质量之间的因果关系，也无法区分不同企业所面临的需求冲击的差异。在其他条件不变的情况下，目的地从世界进口得越多，其对外需求就越强；对目的地出口的企业数目越多，每个企业面临的需求就越少。同时，不同企业出口到同样的目的地市场组合所面临的需求冲击可能完全不同，因为受企业对各个目的地出口份额的影响。本书在 Aghion 等（2018）的基础上构造了企业层面的需求冲击指标：

$$d_{ft} = \frac{X_{f,\,t0}}{Y_{f,\,t0}} \sum_{h,\,c} \frac{x_{fhc,\,t0}}{\sum_{h,\,c} x_{fhc,\,t0}} ln\overline{im}_{hct} \tag{8-3}$$

其中，$t0$ 代表企业在样本中首次出现的年份，h 代表 HS6 位产品，c 代表出口目的地。$X_{f,t0}$、$Y_{f,t0}$分别为 $t0$ 年 f 企业的出口额[①]和销售额，$x_{fhc,t0}$为 $t0$ 年 f 企业出口 h 产品到 c 目的地的金额，$\overline{im}_{hct}=\frac{im_{hct}}{N_{hct}}$ 为 t 年 c 目的地从除中国以外的世界其他各国进口 h 产品的总额（im_{hct}）与产品—目的地组合内出口企业数目（N_{hct}）之比，反映了特定产品—目的地组合内平均每个中国出口企业面临的来自目的地的进口需求。式（8-3）表明，需求冲击是在产品和国家（地区）层面以企业初始年份产品—国家（地区）组合的出口额为权重，对进口国从世界（除中国）进口某种产品的总额与中国出口企业数目之比进行加权平均得到的。在中国海关数据库中，企业可能生产多种产品或出口到多个目的地市场，因而有多个产品—国家（地区）组合。通过加权平均实质上就是创建了一个"综合的"产品—国家（地区）对。那么需求冲击指标反映的则是在这种"综合的"产品—国家（地区）对内，出口企业所面临的目的地进口需求。

本书构建的需求冲击指标是外生的：其一，权重出口份额固定在初始年份 $t0$，因而不受 $t>t0$ 年份出口产品质量的影响；其二，进口国对某种产品的进口总额不包含来自中国的出口，因此排除了中国企业出口产品质量影响 $\ln im_{hct}$的可能性；其三，在垄断竞争市场中，某个企业的出口产品质量不会影响产品—目的地组合内出口企业的数目 N_{hct}，因此由反向因果引起的内生性问题不太可能出现。另外，由于本书控制了企业层面的主要控制变量、行业固定效应和年份固定效应，且在稳健性检验中考虑了国内需求、国内其他政策的影响，因而在较大程度上避免了由遗漏变量可能引起的内生性问题。

（3）企业创新能力。衡量创新能力的指标主要有反映投入的 R&D 费用、反映产出的新产品价值和专利数量，以及反映企业综合效率的全要素生产率

---

① 工业企业数据库和海关数据库对企业出口的统计口径不同。本书对 $X_{f,t0}$的处理方法是，当工业企业数据库中的出口交货值大于 0 时，$X_{f,t0}$采用该出口交货值，否则 $X_{f,t0}$通过加总 $x_{fhc,t0}$得到。

等。然而，R&D 费用和新产品价值在某些年份[①]的数据缺失，破坏了时间上的连贯性，使用这些指标会损失较多样本。更为关键的是，对于没有创新行为的企业，R&D 费用、新产品价值和专利数量取值均为 0，从而无法反映出非创新企业潜在的创新能力差异。在 3.5.2 小节的理论模型中，企业生产单一产品，创新可以被视为在既定产品上的工艺和功能改进，而全要素生产率能较好地度量这种创新能力。相比其他指标，全要素生产率也能够充分体现企业之间创新能力的异质性。

假设生产函数为

$$y_{ft} = \theta_l l_{ft} + \theta_k k_{ft} + \theta_m m_{ft} + \omega_{ft} + u_{ft} \tag{8-4}$$

其中，y_{ft}、l_{ft}、k_{ft}、m_{ft}分别为对数形式的产出、劳动、资本、中间投入，分别用销售额、职工人数、固定资产净值年平均余额、中间投入合计衡量。[②] θ_l、θ_k、θ_m 分别为对应要素的产出弹性，ω_{ft}为全要素生产率。用 OLS 估计式(8-4)会产生同时性偏差和选择性偏差。为了获得无偏估计量，Olley 和 Pakes（1996）、Levinsohn 和 Petrin（2003）分别用投资和中间投入作为生产率的代理变量。考虑到生产率冲击后企业投资无法及时调整，且投资缺失的样本较多，本书选择 LP 估计参数集 θ，具体估计方法见附录 5。则全要素生产率为 $\ln tfp_{ft} = \hat{\omega}_{ft} = y_{ft} - \hat{\theta}_l l_{ft} - \hat{\theta}_k k_{ft} - \hat{\theta}_m m_{ft}$。[③]

（4）其他控制变量。为了控制其他企业特征的影响，本书加入了如下企业层面的控制变量：一是企业规模 $\ln labor_{ft}$（用企业职工人数取对数度量），企业规模既与需求冲击相关，也是出口产品质量的决定因素，因而需要加以控制；二是资本密集度 $\ln kl_{ft}$（用固定资产净值年平均余额与职工人数之比并取对数度量），劳动密集型产品和资本密集型产品对出口扩张的反应有所差异（李胜旗和毛其淋，2018），因而引入资本密集度；三是企业工资 $\ln wage_{ft}$（用应付工资总额与职工人数之比并取对数度量），控制该变量的原因是，需求冲

① R&D 费用在 2005 年之前缺失，新产品价值 2004 年缺失。

② 销售额用 2 位行业产出价格平减指数平减，资本和中间投入合计用 2 位行业投入价格平减指数平减。投入和产出价格指数来源于 Brandt 等（2012）。

③ 虽然回归中只使用初始年份的生产率，但本书仍估计了企业在所有年份的生产率。

击影响企业生产率（Mayer 等，2014），生产率又是工资的关键决定因素，且企业工资与出口产品质量相关（Verhoogen，2008）；四是外资份额 $fshare_{ft}$（用外商资本金占实收资本的份额度量），李坤望和王有鑫（2013）发现，外商直接投资显著促进了中国出口企业的产品质量升级。

8.1.2.3 数据来源与描述

本书使用的数据库主要有三个：中国工业企业数据库、中国海关数据库和 CEPII-BACI 数据库。对三个原始数据库的说明分别见 5.2.1、5.3.1、6.1.1 和 6.2.1 小节。

在匹配之前，中国工业企业数据库的处理过程与 6.2.1 小节相同。对于中国海关数据库，先将月度数据加总为年度数据，再将 HS8 位产品层面加总为 HS6 位产品层面，并剔除贸易状态为进口的样本。但由于现在涉及不止美国一个出口目的地，因而保留了出口到所有目的地的样本。目的地需求冲击的计算则依赖于 CEPII-BACI 数据库。在该数据库中，根据式（8-3），本书删除了出口国为中国的样本，然后将贸易额加总为年份—HS6 位产品—进口国（地区）层面，即每年每种 HS6 位产品上进口国从中国以外的所有其他国家（地区）的进口。

然后匹配合并三个数据库。本书首先按照企业名称和邮编—电话号码后 7 位，两种方法实现中国工业企业数据库和海关数据库之间的匹配；其次以年份—HS6 位代码—进口国（地区）为媒介，将 CEPII-BACI 数据库整合到工业—海关匹配数据库中；最后获得 2000—2006 年包含 56950 家企业的 150084 个样本。在这一匹配的微观数据库中，利用产品出口金额、数量和单位价值信息，可以度量企业层面的出口产品质量指数。通过识别企业最初年份 $t0$ 每种产品出口到每个目的地的权重，可以计算企业面临的外国需求冲击。

本书涉及的主要变量的描述性统计见表 8-1。图 8-1 描绘了企业层面的需求冲击与企业出口产品质量之间的拟合线及置信区间。从中可以看出，需求冲击与企业出口产品质量具有显著的正相关性，符合需求冲击对企业出口产品质量产生正效应的理论命题。

表 8-1　主要变量的描述性统计

变量	均值	标准差	最小值	最大值
z	70. 69	23. 08	0. 00026	99. 99
d	3. 51	2. 95	-0. 51	15. 46
ln*tfp*	1. 69	1. 47	-5. 07	10. 09
ln*labor*	5. 42	1. 14	2. 30	11. 79
ln*kl*	3. 58	1. 28	0	9. 89
ln*wage*	2. 57	0. 61	-7. 37	6. 92
fshare	27	41	0	100

数据来源：根据本书匹配数据整理得到。

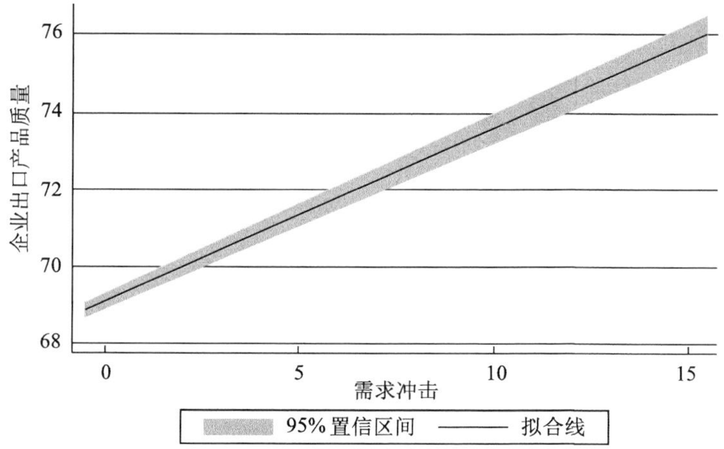

图 8-1　需求冲击与企业出口产品质量的关系

数据来源：根据本书匹配数据整理得到。

8. 1. 3　实证结果分析

8. 1. 3. 1　基准回归结果

表 8-2 报告了基准回归结果。第（1）列只引入了目的地需求冲击，显著为正的回归系数印证了理论命题 3-5，即需求冲击对企业出口产品质量产生了正向影响。第（2）列进一步纳入了全要素生产率及其与需求冲击的交互作

用。交互项的系数显著为正，说明随着企业创新能力的增强，需求冲击对企业出口产品质量的积极效应逐渐变大。第（3）列加入了可能影响出口产品质量的企业层面控制变量。在此基础上，第（4）、（5）列逐步控制了年份固定效应和行业固定效应。第（5）列再次表明，需求冲击对企业出口产品质量的正效应随创新能力的提高而上升。从系数大小来看，需求冲击增加一个单位（增幅 19%），企业出口产品质量上升 0.356 个百分点（增幅 0.5%）。[①] 从 ln*tfp* 的系数来看，只有在加入行业固定效应后，其大小和显著性才明显降低，说明遗漏行业特征可能使 ln*tfp* 的系数产生偏误。

从其他控制变量来看，企业规模越大，支付的工资水平越高，则企业的出口产品质量越高。这些结论与 Kugler 和 Verhoogen（2012）、Verhoogen（2008）的发现一致。其中，Kugler 和 Verhoogen（2012）发现，规模较大的企业使用较高质量的投入品生产较高质量的最终品；Verhoogen（2008）发现，效率更高的企业为了生产高质量的产品，会支付更高的工资以提升劳动效率。资本密集度对企业出口产品质量的影响不显著。最后，外资份额占比越高，企业出口产品质量水平越高，原因可能是外资企业拥有较高的生产效率和先进的技术，因而能够生产并出口高质量的产品。

表 8-2 基准回归结果

z	(1)	(2)	(3)	(4)	(5)
d	0.4466*** (0.0210)	0.3019*** (0.0321)	0.2188*** (0.0322)	0.2379*** (0.0324)	0.2955*** (0.0327)
d×ln*tfp*		0.0948*** (0.0139)	0.0882*** (0.0139)	0.0868*** (0.0139)	0.0360*** (0.0140)
ln*tfp*		-1.1915*** (0.0647)	-1.2269*** (0.0646)	-1.2401*** (0.0646)	-0.1339 (0.0866)

① 这表明，出口质量增幅远小于市场规模增幅。因此，理论模型中假设 λ 随市场规模上升与中国数据一致。

续表

z	(1)	(2)	(3)	(4)	(5)
ln*labor*			0.9993 *** (0.0528)	1.0264 *** (0.0529)	1.0841 *** (0.0555)
ln*kl*			-0.8455 *** (0.0499)	-0.8066 *** (0.0502)	-0.0337 (0.0554)
ln*wage*			0.8046 *** (0.1093)	0.6183 *** (0.1137)	0.9766 *** (0.1116)
fshare			0.0252 *** (0.0015)	0.0256 *** (0.0015)	0.0226 *** (0.0015)
常数项	69.1192 *** (0.0955)	71.0575 *** (0.1386)	66.3102 *** (0.4418)	65.3986 *** (0.4930)	60.3362 *** (0.5139)
年份固定效应	否	否	否	是	是
行业固定效应	否	否	否	否	是
N	150084	150084	150084	150084	150084
R^2	0.003	0.007	0.013	0.013	0.058

注：括号中数值为标准误，*** 表示 1%的显著性水平。

8.1.3.2 稳健性检验

（1）指标与统计问题。本书将通过一系列稳健性检验来验证基准回归结果的可靠性。表 8-3 考虑了指标和统计口径问题是否会影响结论。首先，建立一个标示创新能力组别的虚拟变量 *high*，以全要素生产率均值水平为临界，识别高创新能力组和低创新能力组。高创新能力组取值为 1，否则为 0。结果如第（1）列所示。用该虚拟变量代替 ln*tfp* 后，回归结果在符号和显著性上均与基准结果保持一致，即需求冲击对企业出口产品质量的影响在创新能力较高的企业中更强。第（2）列通过索洛残差法计算全要素生产率，回归结果保持稳健。除进口外，GDP 波动也是反映一国需求变化的重要指标。鉴于此，第（3）列把出口目的地 GDP 作为需求冲击的来源，将需求冲击指标替换为 $d_{ft} = \frac{X_{f,\ t0}}{Y_{f,\ t0}} \sum_c \frac{x_{fc,\ t0}}{\sum_c x_{fc,\ t0}} \ln gdp_{ct}$，其中，$x_{fc,\ t0} = \sum_h x_{fhc,\ t0}$，$\ln gdp_{ct}$是 t 年 c 地区的 GDP。回归结果保持稳健。工业企业数据库和海关数据库报告的企业出口有所出入，为了缓和这种统计误差的影响，第（4）列删除了工业企业数据库中出口交货值为 0 的企业。回归结果保持稳健。为了消除行业间效应的干扰，第（5）列剔除转换行业的企业，结果保持稳健。

表 8-3　稳健性检验 I：指标与统计问题

z	(1) TFP 分组	(2) 索洛残差	(3) GDP 需求	(4) 零出口	(5) 行业转换
d	0.4610*** (0.0378)	0.4202*** (0.0491)		0.2509*** (0.0360)	0.2849*** (0.0394)
$d\times\ln tfp$		0.0480** (0.0206)		0.0306** (0.0154)	0.0596*** (0.0164)
$\ln tfp$		-0.0084 (0.1320)	-0.1286 (0.0891)	-0.1304 (0.0958)	0.0834 (0.1112)
$d\times high$	0.1514** (0.0703)				
$high$	0.1372 (0.3295)				
$d_g dp$			0, 2507*** (0.0166)		
$d_g dp\times\ln tfp$			0.0178** (0.0072)		
$\ln labor$	1.0377*** (0.0868)	1.0637*** (0.0854)	1.0538*** (0.0555)	1.0774*** (0.0589)	1.2446*** (0.0655)
$\ln kl$	0.0722 (0.0844)	0.0727 (0.0843)	0.0403 (0.0555)	0.0121 (0.0595)	0.0423 (0.0650)
$\ln wage$	1.1983*** (0.1894)	1.2522*** (0.1884)	0.9532*** (0.1115)	0.8676*** (0.1214)	1.0482*** (0.1319)
$fshare$	0.0245*** (0.0025)	0.0244*** (0.0025)	0.0200*** (0.0015)	0.0226*** (0.0016)	0.0207*** (0.0018)
常数项	49.8695*** (4.0010)	50.5748*** (3.1842)	59.6043*** (0.5135)	60.8881*** (0.5615)	57.9384*** (0.6032)

续表

z	（1）TFP 分组	（2）索洛残差	（3）GDP 需求	（4）零出口	（5）行业转换
年份固定效应	是	是	是	是	是
行业固定效应	是	是	是	是	是
N	150084	150084	149836	130063	110762
R^2	0.069	0.063	0.061	0.061	0.065

注：括号中数值为标准误，***、** 分别表示 1%、5%的显著性水平。

（2）国内需求。一个潜在的问题是，国内需求和出口需求具有替代性，国内需求扩张会产生与需求冲击相同的影响，即通过规模经济降低企业成本，提高企业利润，实现产品质量升级。因此，忽略国内需求冲击的影响可能导致结果有偏。表 8-4 第（1）、（2）列控制了该因素。国内需求越大，则企业的国内销售份额也越高。因此，第（1）列加入了企业内销份额（*domshare*）。结果显示，内销份额的增加不利于出口产品质量升级，说明与国内需求相比，出口需求的扩张更有助于提高产品质量。控制内销份额后，需求冲击的系数不再显著。这表明国内需求的确对出口产品质量具有较大影响，但需求冲击与创新能力的交互项仍显著为正，即在平均创新能力水平上，需求增加会促进企业出口产品质量的提高。彻底消除国内需求干扰的方法是选择纯出口样本进行回归，如第（2）列所示，结果依然稳健。

（3）贸易政策不确定性。Feng 等（2017）发现，来自美国贸易政策不确定性的下降会同时引发企业进入和退出行为。由于进入企业的出口产品质量相对更高，行业出口产品质量将整体上升。本书引入 4 位行业内出口到美国的企业数目（fn^{USA}），以控制贸易政策不确定性的影响，结果如第（3）列所示。从中可以看出，出口到美国的企业数目越多，该行业内的企业出口产品质量反而越低。究其原因，可能是样本期间尤其是中国加入 WTO 后，大量企业进入美国市场，导致竞争加剧和利润下降，从而不利于企业出口产品质量的提高。重要的是，控制由贸易政策不确定性带来的企业数目变化后，结果依然稳健。

（4）国内政策。2000—2006 年，中国实施的主要政策有大幅削减关税、国有企业改制和外资准入宽松化，国内政策对企业出口产品质量会产生实质性影响。Fan 等（2015）、Bas 和 Strauss-Kahn（2015）发现贸易自由化有助于企业出口产品质量升级；李坤望和王有鑫（2013）发现 FDI 能够稳健提升出口产品质量。为了有针对性地控制具体实施的政策，本书引入 2 位行业中间品关税（ln*it*）和最终品关税（ln*ot*）① 控制贸易自由化，用 4 位行业内国有企业数量占企业总数量的份额（*soeshare*）控制国有企业改制，用 4 位行业内外资企业数量（ln*foe*）控制外资准入宽松化，结果如表 8-4 第（4）、（5）列所示。与预期一致，关税的系数为负，企业所在行业的国有企业份额越高，出口产品质量越低，外资企业数量的系数为正。控制上述政策因素后，需求冲击及其与创新能力的交互项的系数变化不大，表明估计结果稳健。最后，在第（6）列中，本书通过控制 4 位行业与年份的交互项来控制所有行业层面国内外政策②的影响，结果仍然稳健。

表 8-4　稳健性检验 Ⅱ：国内需求与国内外政策

z	国内需求		贸易政策不确定性	其他政策		
	（1）	（2）	（3）	（4）	（5）	（6）
d	−0. 0075 （0. 0381）	−0. 0594 （0. 0755）	0. 2879 *** （0. 0327）	0. 4102 *** （0. 0493）	0. 4106 *** （0. 0493）	0. 2925 *** （0. 0330）
d×ln*tfp*	0. 0390 *** （0. 0140）	0. 0596 * （0. 0324）	0. 0400 *** （0. 0140）	0. 0510 ** （0. 0207）	0. 0483 ** （0. 0207）	0. 0370 *** （0. 0142）
ln*tfp*	−0. 1062 （0. 0865）	−0. 3285 （0. 2325）	−0. 1549 * （0. 0866）	−0. 0941 （0. 1545）	−0. 0729 （0. 1542）	−0. 1393 （0. 0884）
ln*labor*	1. 0696 *** （0. 0554）	1. 5787 *** （0. 1142）	1. 0924 *** （0. 0555）	1. 0782 *** （0. 0860）	1. 1101 *** （0. 0865）	1. 1484 *** （0. 0562）

① 最终品关税取 2 位行业内所有 HS6 位产品关税的平均值得到，中间品关税以 2002 年投入产出表计算的权重对最终品关税加权得到。

② 在第 6 章企业层面的实证分析中，贸易政策不确定性也是 4 位行业—年份层面的变量。因此，控制 4 位行业和年份的交互项，实际上也控制了来自美国的贸易政策不确定性。

续表

z	国内需求		贸易政策不确定性	其他政策		
	(1)	(2)	(3)	(4)	(5)	(6)
ln*kl*	0.0369 (0.0555)	0.0872 (0.1078)	-0.0303 (0.0554)	0.0634 (0.0845)	0.0602 (0.0846)	-0.0227 (0.0559)
ln*wage*	0.9753*** (0.1115)	1.2157*** (0.2258)	0.9797*** (0.1116)	1.2480*** (0.1889)	1.2623*** (0.1895)	1.0050*** (0.1129)
fshare	0.0217*** (0.0015)	0.0214*** (0.0026)	0.0227*** (0.0015)	0.0246*** (0.0025)	0.0243*** (0.0025)	0.0223*** (0.0015)
domshare	-0.0339*** (0.0022)					
fn^{USA}			-0.0039*** (0.0005)			
ln*it*				0.7609 (2.8772)	-0.4137 (2.9181)	
ln*ot*				-0.7098 (1.3891)	-0.8081 (1.3959)	
soesh					-0.1213*** (0.0299)	
ln*foe*					0.5200 (0.3419)	
常数项	62.8407*** (0.5383)	62.4148*** (1.0866)	60.3241*** (0.5138)	51.1596*** (6.1686)	54.1356*** (6.2703)	60.3371*** (0.4717)
年份固定效应	是	是	是	是	是	
行业固定效应	是	是	是	是	是	
行业—年份固定效应						是
N	150084	37908	150084	150084	148911	150084
R^2	0.060	0.089	0.059	0.069	0.069	0.078

注：ln*it*、ln*ot*、ln*foe* 分别为中间品关税、最终品关税、外资企业数量的对数形式。括号中数值为标准误，***、**、* 分别表示 1%、5%、10%的显著性水平。

8.1.4 影响机制分析

8.1.4.1 规模效应与竞争效应

根据理论分析，来自出口目的地的需求冲击加剧了出口市场的竞争，在既定的出口产品质量水平下，企业价格成本加成有降低的趋势。为了改善绩效，企业会提升出口产品质量，即竞争效应倒逼企业出口产品质量升级。出口产品质量升级的作用机理是，需求冲击增加了企业产量，由于生产规模的扩张，企业的平均成本得以下降（尽管边际成本不变），利润提升，因此能够支付更高的固定成本进行研发、工艺创新、功能改进等活动，以实现产品质量升级。这就形成规模效应对出口产品质量升级的促进作用。

为了验证规模效应和竞争效应，表 6-7 使用中介效应模型加以分析。本书使用企业出口额（ln*exp*）作为反映规模效应的中介变量，使用企业成本加成（*markup*）作为反映竞争效应的中介变量。如同第 7 章，企业成本加成按照 De Loecker 和 Warzynski（2012）的方法估计：$markup=\frac{\hat{\theta}_l}{\alpha_l}$，其中，$\hat{\theta}_l$ 为 LP 方法估计的劳动的产出弹性，α_l 是劳动占销售额的份额。

表 8-5 中第（1）列用因变量 z 对自变量回归，即对表 8-2 中第（5）列的复制；第（2）列用反映规模效应的中介变量 ln*exp* 对自变量回归；第（3）列用因变量 z 对自变量和中介变量 ln*exp* 回归；第（4）列用反映竞争效应的中介变量 *markup* 对自变量回归；第（5）列用因变量 z 对自变量和中介变量 *markup* 回归。机制检验的重点是分析目的地需求影响企业出口产品质量的渠道，因此重点关注需求冲击 d 的系数变化。

第（2）列结果表明，目的地需求的扩大能够提高企业出口额，因为较高的需求使企业扩大生产和出口规模。第（3）列企业出口的系数显著为正，表明出口扩张促进了企业出口产品质量的提升，这与 Manova 和 Zhang（2012）的结论一致。其原因在于，出口规模的扩大带来更多利润，继而为企业出口产品质量升级提供了资金支持。控制中介变量 ln*exp* 后，第（3）列中需求冲击的系数显著下降，这表明规模效应是需求冲击影响企业出口产品质量的一种可能渠道。本书还证实了该中介效应的显著性。[①]

从第（4）列的结果来看，需求冲击对成本加成产生了负面作用，这是因为需求的上升使更多本国和外国企业进入目的地市场，竞争更为激烈，企业出口产品价格下降，从而导致成本加成的减少。第（5）列中，企业成本加成对出口产品质量的显著影响与表 7-11 中第（5）列一致，此处不再赘述。在控制中介变量 *markup* 后，需求冲击的系数有微弱上升。尽管如此，基于 Sobel（1987）的方法对中介效应的显著性进行检验后发现，第（4）列 d 的系数和第（5）列 *markup* 的系数之积的标准差为 0.00091494，z 统计量为-2.36，说明在 5%的统计水平上，中介效应显著异于 0，即验证了竞争效应的存在性。

本书需要进一步讨论为什么竞争渠道的中介效应较小。一个可能的原因是，目的地需求增加可能促进了企业创新（Aghion 等，2018），而企业创新又对成本加成产生正向影响（诸竹君等，2017），即需求扩张可能通过创新渠道增加了成本加成，从而部分地抵消了竞争效应的负面冲击，结果使需求冲击对成本加成的影响较小，进而导致竞争渠道的中介效应较微弱。Antoniades（2015）的理论模型也表明，目的地市场需求的扩张一方面导致市场竞争的加剧，从而降低成本加成，即竞争效应；另一方面，需求增加使出口企业更容易收回创新的固定成本投入，出口企业因而将更多资源投入创新活动，这会对企业成本加成产生促进作用，即创新效应。需求增加对成本加成的总效应取决于竞争效应与创新效应的对比。

① 第（2）列 d 的系数和第（3）列 ln*exp* 的系数之积的标准差为 0.01118236，z 统计量为 10.69，即在 1%的统计水平上拒绝中介效应等于 0 的原假设。

表 8-5　规模效应与竞争效应：中介效应分析

	(1) z	(2) ln*exp*	(3) z	(4) *markup*	(5) z
d	0.2955***	0.5805***	0.1760***	-0.0113***	0.2977***
	(0.0327)	(0.0044)	(0.0345)	(0.0011)	(0.0327)
d×ln*tfp*	0.0360***	-0.0025	0.0366***	0.0005	0.0359**
	(0.0140)	(0.0019)	(0.0140)	(0.0005)	(0.0140)
ln*tfp*	-0.1339	0.0007	-0.1341	0.1104***	-0.1550*
	(0.0866)	(0.0116)	(0.0865)	(0.0028)	(0.0870)
ln*labor*	1.0841***	0.9842***	0.8815***	-0.1635***	1.1154***
	(0.0555)	(0.0075)	(0.0586)	(0.0018)	(0.0570)
ln*kl*	-0.0337	0.1912***	-0.0730	0.2252***	-0.0767
	(0.0554)	(0.0074)	(0.0555)	(0.0018)	(0.0581)
ln*wage*	0.9766***	0.6518***	0.8424***	-0.5678***	1.0852***
	(0.1116)	(0.0150)	(0.1123)	(0.0037)	(0.1202)
fshare	0.0226***	0.0010***	0.0224***	0.0004***	0.0226***
	(0.0015)	(0.0002)	(0.0015)	(0.0000)	(0.0015)
ln*exp*			0.2059***		
			(0.0192)		
markup					0.1912**
					(0.0788)
常数项	60.3362***	-1.6955***	60.6853***	2.1319***	59.9285***
	(0.5139)	(0.0691)	(0.5148)	(0.0169)	(0.5407)
年份固定效应	是	是	是	是	是
行业固定效应	是	是	是	是	是
N	150084	150084	150084	150084	150084
R^2	0.058	0.322	0.059	0.297	0.058

注：括号中数值为标准误，***、**、*分别表示1%、5%、10%的显著性水平。

8.1.4.2　排除企业内出口市场重组机制

研究表明，企业出口到高收入发达国家的产品质量更高（Manova 和 Zhang，2012；Bastos 和 Silva，2010）。需求冲击影响出口产品质量的另一种可能渠道是出口目的地重组，即需求冲击是否导致企业出口更偏向发达国家（地区）。为了检验这种机制是否存在，本书在表 8-6 中估计了需求冲击如何影响企业对发达国家（地区）的出口绩效。由于检验的是企业内出口市场组合变动，因此本书需要控制企业固定效应。

第（1）列报告了需求冲击对企业向发达国家（地区）的出口额（ln*expd*）的影响。回归系数表明，需求冲击增加了企业向发达国家（地区）的出口，且该效应随着创新能力的提高而上升。第（2）列以企业向发达国家（地区）出口占企业总出口的份额（*expdshare*）为被解释变量，结果有所不同。在平均创新能力水平上，需求冲击对企业向发达国家（地区）出口份额的影响为-0.198，即需求冲击增加一个单位，企业向发达国家（地区）出口的份额会降低0.198个百分点，尽管该负面影响随着创新能力的提高而减弱。第（3）、（4）列分析企业内扩展边际的变化，分别用企业向发达国家（地区）出口的产品—国家（地区）对（*hcd*）及其占企业出口产品—国家（地区）对的份额（*hcdshare*）作为解释变量，回归结果与第（1）、（2）列相似。总而言之，发达国家（地区）相对较低的需求增长使企业对其出口的份额降低，需求冲击没有促使企业出口偏向发达国家（地区）。因此，需求冲击导致的企业内出口市场重组不是出口产品质量升级的驱动力。

表 8-6　出口市场重组

	（1）ln*expd*	（2）*expdshare*	（3）*hcd*	（4）*hcdshare*
d	0.0872*** （0.0095）	-0.4345*** （0.0884）	0.8312*** （0.1069）	-0.4181*** （0.0729）
*dx*ln*tfp*	0.0128*** （0.0040）	0.1399*** （0.0372）	0.0755* （0.0422）	0.0803*** （0.0302）
常数项	12.2948*** （0.0356）	83.2305*** （0.3333）	3.4321*** （0.3333）	80.2664*** （0.2879）
年份固定效应	是	是	是	是
企业固定效应	是	是	是	是
N	150084	150084	150084	150084
R^2	0.039	0.002	0.001	0.001

注：ln*expd* 用企业向发达国家的出口额（*expd*）加 1 再取对数得到。括号中数值为标准误，***、* 分别表示 1%、10%的显著性水平。

8.2 政策不确定性与需求冲击的关系

8.1 节已经实证检验了需求冲击与企业出口产品质量之间的关系，明晰了需求冲击会通过规模效应和竞争效应影响企业出口产品质量。接下来本书重返政策不确定性，需要证实的是经济政策不确定性和贸易政策不确定性是否影响了需求冲击，以明确是否通过需求冲击作用于企业出口产品质量。

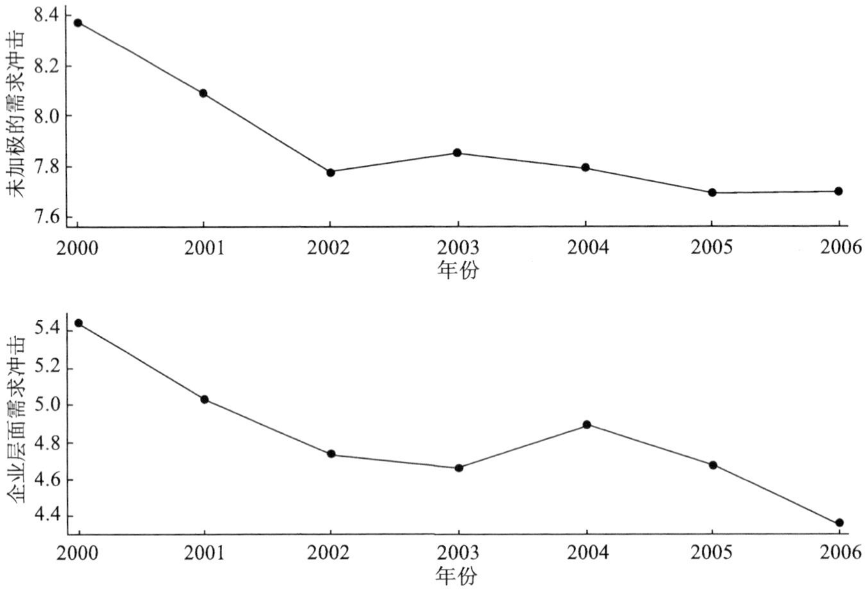

图 8-2　2000—2006 年不同层面需求冲击的变化趋势

资料来源：根据匹配数据整理得到。

图 8-2 描绘了未加权的需求冲击和企业层面需求冲击的变化趋势。显而易见，随着时间的推移，需求冲击出现了明显的下降，下降幅度在 2000—2002 年尤为突出。这初步表明，由于中国加入 WTO 后大量出口企业的进入，单个企业面临的需求被更多新进入的企业分摊，进而导致需求冲击的下降。

此外，由于 2000—2006 年 EPU 下降，这说明 EPU 与需求冲击之间呈现出同方向的变化趋势。

表 8-7 报告了 EPU 对需求冲击的影响。从表中可知，不论是使用国家（地区）层面的 EPU 还是产品层面的 EPU 指标，经济政策不确定性均对企业面临的需求冲击产生了显著的积极效应，而对 HS6 位行业进口额和行业内企业数目的影响显著为负。

表 8-7 EPU 对需求冲击的影响

	(1) $\ln im$	(2) $\ln\overline{im}$	(3) $\ln fn$	(4) $\ln im$	(5) $\ln\overline{im}$	(6) $\ln fn$
$epuc\_1$	-0.0002*** (0.0001)	0.0002** (0.0001)	-0.0004*** (0.0001)			
epu_1				-0.0002 (0.0002)	0.0016*** (0.0003)	-0.0017*** (0.0002)
常数项	9.5008*** (0.0055)	8.1021*** (0.0087)	1.3986*** (0.0071)	9.7156*** (0.0192)	7.4374*** (0.0304)	2.2782*** (0.0249)
年份固定效应	是	是	是	是	是	是
HS6 位行业固定效应	是	是	是	是	是	是
N	100259	100259	100259	103461	103461	103461
R^2	0.979	0.949	0.905	0.979	0.947	0.902

注：括号中数值为标准误，***、** 分别表示 1%、5%的显著性水平。

图 8-3 报告了高 TPU 组别和低 TPU 组别中的企业面临的需求冲击演变趋势。与图 8-2 类似，需求冲击随着时间的推移而下降。尤为重要的是，2002 年之前两个组别的变化趋势较为相似，即它们具有一致的平行趋势；2002 年及之后高 TPU 组的下降幅度更大，初步表明 TPU 下降对需求冲击的抑制效应。

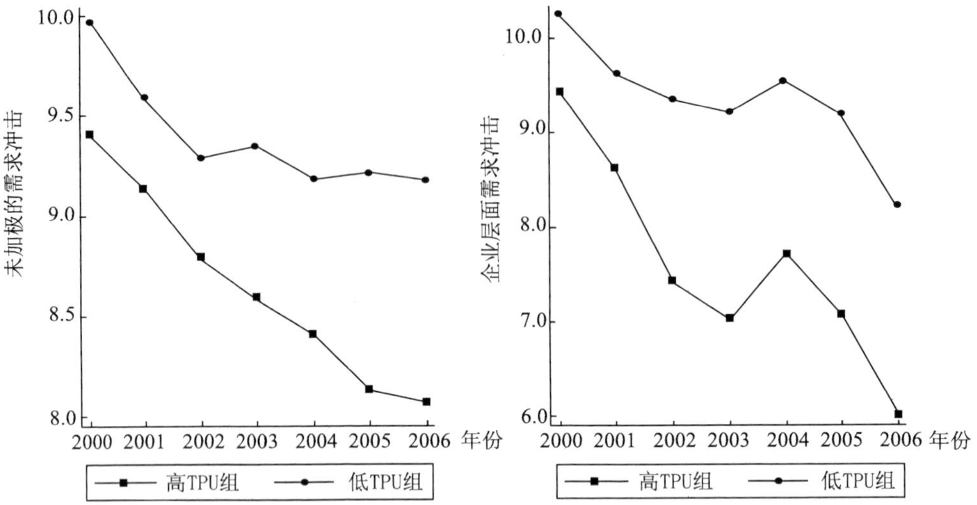

图 8-3　2000—2006 高 TPU 组别和低 TPU 组别中需求冲击的变化趋势

资料来源：根据匹配数据整理得到。

表 8-8 估计了 TPU 对需求冲击的影响。从第（2）列来看，显著为负的回归结果表明，贸易政策不确定性的下降导致需求冲击的下降。其原因可由第（1）、（3）列的结果来说明：TPU 的下降不仅使 HS6 位行业总进口额下降，还使进入美国市场的企业数目增加，结果必然引起每个企业面临的进口需求出现更大的降幅。

表 8-8　TPU 对需求冲击的影响

	（1）$\ln im$	（2）$\ln\overline{im}$	（3）$\ln fn$
$tpu01 \times post02$	-0.0017*** (0.0003)	-0.0083*** (0.0006)	0.0066*** (0.0005)
常数项	10.8403*** (0.0079)	9.7871*** (0.0139)	1.0532*** (0.0116)
年份固定效应	是	是	是
HS6 位行业固定效应	是	是	是
N	14640	14640	14640
R^2	0.973	0.909	0.896

注：括号中数值为标准误，*** 表示 1%的显著性水平。

表 8-7 和表 8-8 的结果表明，政策不确定性的上升会导致企业面临更高的来自国外的进口需求，而结合 8.1 节需求冲击对出口产品质量的正效应可以推测，政策不确定性的上升可能通过需求冲击渠道作用于出口产品质量。

8.3　小结

本章研究了经济政策不确定性和贸易政策不确定性如何通过需求冲击路径影响企业出口产品质量。首先，隔离政策不确定性，本章将中国工业企业数据库、中国海关数据库和 CEPII-BACI 数据库三个大型微观层面的样本进行匹配合并，测算了企业层面的需求冲击和出口产品质量等关键指标，估计了需求冲击对企业出口产品质量的影响及其机制。其次，考虑政策不确定性，运用中介效应模型分析需求冲击路径的存在性。

实证回归结果印证了 3.5 节的理论预测，目的地需求冲击对中国企业出口产品质量产生了正效应，该效应在创新能力较强的企业中更显著。以上结论在考虑指标和统计问题、控制国内外政策的影响后保持稳健。进一步分样本回归发现，只有在东部地区企业、高利润企业和一般贸易企业中，创新能力才会强化需求冲击的出口产品质量升级效应，需求冲击对出口产品质量的影响在单产品企业中更强。作用机制检验表明，需求冲击导致企业成本加成下降，为了改善定价能力，企业会利用规模效应的机会，提升产品的出口产品质量；同时，本书排除了企业内出口市场重组这种潜在的影响机制。

本章进一步检验了政策不确定性与需求冲击之间的关系。结果表明，经济政策不确定性的上升提高了企业面临的需求冲击，贸易政策不确定性的下降不利于需求冲击的提升。因此，政策不确定性对需求冲击产生了显著的积极效应，进而可能对出口产品质量产生促进效应。

9 结论与政策启示

与全球不确定性上升相伴随的，是中国对经济高质量发展的迫切要求，而宏观经济的质量又以微观主体的质量为基础，在出口市场上则表现为企业出口产品的质量。对处于出口产品质量升级过程的企业而言，不确定性的出现是一种挑战还是一种机遇？为了研究不确定性与出口产品质量的关系，本书基于所构建的理论模型，运用丰富的国家（地区）、产品和企业层面数据库检验了目的地政策不确定性冲击和需求冲击对中国不同层面出口产品质量的影响。本章在 9.1 节对前面章节中理论结合实证所得的结论进行了全面总结；9.2 节依据本书结论，就面临外部不确定性时如何帮助中国企业提高出口产品质量提供了可能的政策建议；9.3 节指出了本书有待改进的地方和未来的研究方向。

9.1 研究结论

在描述中国企业出口产品质量现状的基础上，出于掌握政策不确定性影响出口产品质量的一般性机理的考虑，本书首先立足于能够全面反映贸易、税收、货币等各方面的经济政策不确定性，分析了其对不同层面出口产品质量的影响。研究结论如下：

第一，基于 CES 需求函数和外生产品质量假设的理论表明，目的地经济政策不确定性的上升实质上发挥着优胜劣汰的作用。出口产品质量较低的企业难以克服较高的固定调整成本，因而被迫从目的地市场退出；出口固定成本的增加提高了进入门槛，生产低质量产品的企业难以进入目的地市场。由于低质量产品被排除在市场之外，该行业的平均出口产品质量得以提升。

第二，基于线性需求函数和内生产品质量假设的模型同样得到了经济政策不确定性上升影响进入和退出的结论，且由于退出企业的增加和进入企业的减少，使企业面临的竞争程度下降，出口利润上升，从而促进了出口产品质量的提升。

第三，将 HS6 位产品视为行业的实证结果稳健地表明，经济政策不确定性的上升对出口产品质量产生了显著的促进效应，该效应在不同类型的产品和目的地中具有差异性，中间品、资源和劳动密集型产品、出口到发达国家（地区）的产品受影响更大。进一步的结果表明，经济政策不确定性的上升增加了既定产品—目的地组合中退出企业的数目，降低了进入企业的数目，这种自选择效应导致出口产品质量上升。

第四，经济政策不确定性的上升还促进了企业层面出口产品质量的提高，但促进效应比行业层面低且持续性更短。在异质性影响方面，较脆弱的企业即民营企业、单产品和单目的地市场的企业受经济政策不确定性的影响更大。经济政策不确定性影响企业进入和退出的方式是，企业保持产品组合不变，而舍弃一些目的地市场，即在特定产品内企业从目的地市场退出或减少进入。退出的增加和进入的减少使行业内竞争程度下降，企业的出口利润和产品质量提高。

结合当前国际贸易领域对贸易政策不确定性的关注，以及 2018 年中美贸易摩擦背景，本书将贸易政策不确定性从经济政策不确定性中分离出来，详细分析了贸易政策不确定性对出口产品质量的影响及其机制。研究结论如下。

第一，在 Handley 和 Limão（2015）的理论中引入外生产品质量后发现，消除目的地的贸易政策不确定性后，企业出口进入的最低产品质量门槛降低，出口产品质量较低的企业开始进入目的地市场，低质量产品的进入意味着整个行业平均出口产品质量的下降。

第二，将贸易政策不确定性引入 Antoniades（2015）的内生产品质量选择模型后发现，在确定性环境下刚好能够进入出口市场的企业，切换到不确定性环境中却达不到最低进入门槛。换言之，如果使目的地的贸易政策变得更加确定，更多的企业会进入出口市场，从而加剧了市场竞争，出口企业的利润和成本加成减少，企业出口产品质量下降。

第三，将行业定义为HS6位产品的结果显示，中国加入WTO后，来自美国贸易政策不确定性的下降抑制了出口产品质量的提升，该负面效应在差异化程度较高的产品、资本和技术密集型产品、最终产品中更大。进一步分析发现，贸易政策不确定性的下降使企业数目增加，这可能是低质量企业进入的结果，进而导致产品质量下降。

第四，贸易政策不确定性的降低对企业出口产品质量的影响显著为负，影响程度在产品差异化程度和资本密集度较高的行业、东部地区、国有企业、单产品和单目的地市场企业中更强。企业层面的影响机制再次印证了理论预测：贸易政策不确定性的降低通过竞争效应减少了出口企业的利润和成本加成，从而不利于出口产品质量的升级。

由此可知，政策不确定性主要通过出口的扩展边际影响出口产品质量。虽然本书没有显示经济政策不确定性会影响出口的集约边际，但发现了贸易政策不确定性的消除对集约边际的显著负效应，这种集约边际是如何影响出口产品质量的？因此，本书进一步研究目的地需求冲击对企业出口产品质量的影响，主要结论如下。

第一，将产品质量引入Aghion等（2018）的框架，构建了目的地需求冲击影响企业出口产品质量的理论模型，发现需求冲击会通过直接的规模效应和间接的竞争效应影响出口产品质量。总体上，需求冲击有助于出口产品质量的升级，且这种积极效应随企业创新能力的提高而增强。

第二，基于企业层面微观数据的实证研究稳健地证实了理论命题：创新能力强化了需求冲击的出口产品质量升级效应。进一步的作用机制表明，需求冲击加剧了市场竞争，企业为了改善盈利能力，会抓住规模效应的机会进行产品质量升级。此外，本书还排除了目的地需求冲击通过出口市场重组影响出口产品质量的可能性。

第三，经济政策不确定性的上升有助于提高企业面临的进口需求，贸易政策不确定性的下降抑制了需求冲击的扩张。换言之，政策不确定性对需求冲击产生了积极效应。因此，需求冲击可能是政策不确定性影响出口产品质量的另一种渠道。

从本书的结果来看，目的地经济政策不确定性及其包含的贸易政策不确定性对出口产品质量的影响方向是一致的：政策不确定性的上升意味着出口产品质量的提高。在影响机制上，二者也有共同点，即他们都是通过先影响出口进入或退出这种出口的扩展边际而影响出口产品质量的。不同之处在于，首先，影响过程中作用的贸易成本不同，经济政策不确定性涉及对出口固定成本的调整，而贸易政策不确定性影响的是可变贸易成本——进口关税；其次，经济政策不确定性会同时影响企业进入和退出，而关税政策不确定性影响更多的可能是企业进入。[①] 需求冲击对出口产品质量的影响则进一步解释了贸易政策不确定性如何通过集约边际作用于出口产品质量。由于贸易政策不确定性下降，企业数目增加，单个企业的出口规模下降，规模的缩减导致质量升级所耗费的平均固定成本增加，企业为了降低成本，可能选择生产低质量产品。

本书与已有文献的结论相似。张兵兵和田曦（2018）认为目的地较高的经济政策不确定性对提升出口产品质量有利；苏理梅等（2016）基于产品层面数据，也认为减少贸易政策不确定性不利于出口产品质量的提高。但不同的是，本书构建了经济和贸易政策不确定性影响出口产品质量的理论模型，且本书同时分析了不确定性对 HS6 位行业和企业层面出口产品质量的影响及其机理，尤其强调了以往文献所忽略的政策不确定性影响出口产品质量的竞争效应渠道。另外，苏理梅等（2016）发现减少贸易政策不确定性会引起高质量产品退出市场，本书的实证则发现它会抑制低绩效企业的退出，但抑制效应较弱。

---

① 在度量贸易政策不确定性时，本书用的是关税差距。如果用反倾销指标，则企业退出也会受到较大影响（Crowley 等，2018），因此这里使用“关税政策不确定性”。

9.2 政策启示

本书研究的初衷是在理解不确定性如何影响出口产品质量的基础上，为中国出口产品质量的升级提供具有启发意义的政策建议。因此根据研究结论，本书提出如下政策建议。

第一，政府在积极开展自贸区合作时，也要谨防陷入出口低质量陷阱。已有文献和本书的结论表明，降低不确定性一方面能够促进贸易流量的扩大，另一方面也可能不利于出口产品质量的升级。双边和多边贸易谈判是减少不确定性的重要途径之一，截至 2018 年底，中国签署的自贸协定已达 14 个，并正在国际上积极推进“一带一路”建设。自贸协定的签署和“一带一路”建设对开拓出口市场、对外投资和引进外资，进而对中国经济发展具有重要意义。但也应看到，在这些自贸区伙伴国中，发展中国家（地区）较多，而出口到发展中国家（地区）的产品质量往往低于发达国家（地区）。换言之，自贸区和“一带一路”建设虽然能够增加贸易规模，但也可能助长低质量产品和低绩效企业的进入，形成恶性竞争，从而拉低中国出口竞争力。对此，政府应采取一定的措施加以防范。首先，在既有自贸区中可以深入调研各个成员国具有生产技术优势的行业和产品，进而在这些高技术行业和高质量产品领域加强与对方的合作。例如，通过达成协议派遣国内企业到成员国学习高新技术，或通过政策优惠吸引成员国优势企业在中国投资。通过技术溢出效应提升国内企业的生产效率，以促进高质量产品的产出。其次，对于正在谈判的自贸区，谈判双方可以在协议中对特定行业设置一定的质量准入标准，倒逼出口企业达到该质量标准；或者双方在协议中给予对方国家高质量出口企业一些政策优惠，以激励中国企业向自贸区国家出口更优质的产品。

第二，行业层面应建立和完善产品质量评价机制，引导企业在不确定性中作出最优决策。从质量升级的角度来看，当前全球较高的不确定性可能是一种契机：结论发现，不确定性的上升通过筛选机制淘汰出口产品质量较差的企业，行业的资源配置得到优化，而存活企业由于竞争压力下降，利润增加，从而能够提供更优质的出口产品。因此，行业协会首先要建立完善的产品质量评价体系，动态评估行业内企业出口产品质量的高低。这样，在外部不确定性上升时，行业协会可以根据以往经验和数据预测发布出口时不被淘汰的最低产品质量水准，并鼓励质量达到要求的企业积极参与出口，建议质量不达标的企业暂时规避外部不确定性。进一步，对于未能出口的企业，行业协会应识别产品质量较低但有发展潜力的企业。例如，对产品质量接近行业制定的最低质量要求的企业加以重点扶持，如可以通过组织举办高质量产品培训或交流会等形式，敦促有潜力的企业向高质量产品生产企业学习，帮助其提升在国际市场上抵抗不确定性的能力。

第三，企业应挖掘市场需求，提高创新能力，培育将市场与创新相结合的产销模式。结论表明，来自出口目的地的需求增加将有助于提升企业的出口产品质量，且这种提升效应在创新能力较强的企业中更显著。这给企业释放的信号是：要提高出口产品质量，不仅要迎合市场需求，拥有较高的自主创新能力，更应将市场和创新相结合。因此，企业可以采取以下措施实现出口产品质量的升级。第一，深入挖掘潜在的市场需求。其中又有两种可能的方案：一是生产自身最具成本优势的产品，并寻找对该种产品需求最为旺盛的出口市场；二是在特定的出口市场上发掘潜在需求较大的产品，通过研发创新生产该种产品并出口。第二，建立“市场+创新”的新型经营模式。当目的地市场需求扩张时，企业通过扩大生产获得更多利润，此时应当加大对研发费用的投入，提升创新能力。创新能力的提升有助于改善产品的质量，这就形成一种“市场促进创新”的出口产品质量升级模式。企业可以根据以往生产和出口经验，对已有产品加以优化，甚至通过研发创新设计并生产新产品，通过广告宣传得到出口目的地消费者的认可，进而带来更大的市场需求，而市场需求的扩大有助于出口产品质量的提高。这就形成一种“创新引致市场”的出口产品质量升级模式。因此，为提升出口产品质量，企业在经营模式上应将市场与创新相结合。

9.3 研究展望

本书构建了目的地经济政策不确定性、贸易政策不确定性和需求冲击三种需求侧因素对出口产品质量产生影响的理论模型，并运用中国产品和企业层面的出口数据实证检验了理论命题，从而为不确定性背景下中国出口竞争力的提升和经济高质量发展提供了理论借鉴。本书虽然具有一定的理论和现实意义及创新之处，但也有值得改进的地方，主要表现如下。

首先，研究内容有待扩充。限于篇幅，本书只分析了经济政策不确定性及其中的贸易政策不确定性的效应。就经济政策不确定性的范畴而言，货币、财政等政策引起的不确定性也不容忽视，这些形式的政策不确定性如何影响出口产品质量，作用机制如何，它们与经济政策不确定性对出口产品质量的影响有什么异同？这些问题仍有待后续的深入研究。

其次，理论模型有待完善。在第 4 章中，理论分析的结论依赖于经济政策不确定性与出口固定成本正相关的假设，本书充分论证并检验了该假设的合理性。事实上，在考察政策不确定性对贸易的影响时，已有文献也需要对需求参数作出假设，从而与出口相联系（Greenland 等，2016；Carballo 等，2018）。如果本书按照这些文献的假设，即经济政策不确定性导致需求不确定性，则出口产品质量又会受到怎样的影响？根据 Greenland 等（2016）的结论，较高的经济政策不确定性减少了出口的扩展边际，这与本书的模型一致。因此可以猜测，基于需求参数引入经济政策不确定性可能不会改变本书的结论。当然，具体的结果有待尝试。

最后，需要权衡政策不确定性度量方法的差异与统一。Baker 等（2016）编制的月度跨国经济政策不确定性指数通过在主流媒体报纸中搜索相关关键词后处理得到，而贸易政策不确定性通过 HS6 位关税数据得到，因此二者在经济意义上不具备可比性。这使本书难以回答，在经济政策不确定性对出口产品质量的效应中，贸易政策不确定性的贡献度为多大。要回答该问题，一个可能的方案是，如果能够按照与 Baker 等（2016）相似的方法编制出全球各国贸易政策不确定性指数，则可以进一步比较经济政策不确定性和贸易政策不确定性的影响差异。[①] 然而，按照 Baker 等（2016）类似的方法构建的贸易政策不确定性指数为国家（地区）层面，其变异程度远弱于 HS6 位产品层面。因此需要在可比性和变异程度之间加以权衡。

---

① Carballo 等（2018）按照 Baker 等（2016）的方法构建了美国的贸易政策不确定性指数。

参考文献

[1] ABBOTT L. Vertical Equilibrium under Pure Quality Competition [J]. American Economic Review, 1953, 43 (5): 826-845.

[2] ABEL A B, EBERLY J C. Investment and q with Fixed Costs: An Empirical Analysis [R]. Unpublished Paper. Wharton School, University of Pennsylvania, 2002.

[3] ADELMAN I, GRILICHES Z. On an Index of Quality Change [J]. Journal of the American Statistical Association, 1961, 56 (295): 535-548.

[4] AGHION P, BERGEAUD A, LEQUIEN M, MELITZ MJ. The Impact of Exports on Innovation: Theory and Evidence [R]. NBER Working Paper, 2018 (24600).

[5] AIZENMAN J, MARION N P. Policy Uncertainty, Persistence and Growth [J]. Review of International Economics, 1993, 1 (2): 145-163.

[6] ALCHIAN A A, ALLEN W R. University Economics: Elements of inquiry [M]. Belmont: Wadsworth, 1964.

[7] AHN J B, KHANDELWAL A K, WEI S J. The Role of Intermediaries in Facilitating Trade [J]. Journal of International Economics, 2011, 84 (1): 73-85.

[8] AMITI M, FREUND C. The Anatomy of China's Export Growth [M]. In Robert C Feenstra & Shang-Jin Wei (eds), China's Growing Role in World Trade, Chicago: University of Chicago Press, 2010.

[9] AMITI M, KHANDELWAL A K. Import Competition and Quality Upgrading [J]. Review of Economics and Statistics, 2013, 95 (2): 476-490.

[10] ANAND K N. Quality: An Evolving Concept [J]. Total Quality Management, 1997, 8 (4): 195-200.

[11] ANTONIADES A. Heterogeneous Firms, Quality, and Trade [J]. Journal of International Economics, 2015, 95 (2): 263-273.

[12] ANTONIADES A, ZANIBONI N. Exchange Rate Pass-through Into Retail Prices [J]. International Economic Review, 2016, 57 (4): 1425-1447.

[13] ARTUS J R. The Short-Run Effects of Domestic Demand Pressure on Export Delivery Delays for Machinery [J]. Journal of International Economics, 1973, 3 (1): 21-36.

[14] ARVAN L. Flexibility versus Commitment in Strategic Trade Policy under Uncertainty: A Model of Endogenous Policy Leadership [J]. Journal of International Economics, 1991, 31 (3-4): 341-355.

[15] ASKENAZY P, CALDERA A, GAULIER G, IRAC D. Financial Constraints and Foreign Market Entries or Exits: Firm-Level Evidence from France [J]. Review of World Economics, 2015, 151 (2): 231-253.

[16] AUER R, CHANEY T. Exchange Rate Pass-through in a Competitive Model of Pricing-to-Market [J]. Journal of Money, Credit and Banking, 2009, 41 (s1): 151-175.

[17] AUER R A, CHANEY T, SAURÉP. Quality Pricing-to-Market [J]. Journal of International Economics, 2018, 110: 87-102.

[18] AVSAR V. Antidumping, Retaliation Threats, and Export Prices [J]. The World Bank Economic Review, 2012, 27 (1): 133-148.

[19] AW B Y, HWANG A. Quality Adjustment under Quotas in a Multiproduct Model with Joint Production [J]. Scandinavian Journal of Economics, 1991, 93 (4): 555-569.

[20] AW B Y, ROBERTS M J. Measuring Quality Change in Quota-Constrained Import Markets: The Case of US Footwear [J]. Journal of International Economics, 1986, 21 (1-2): 45-60.

[21] BACHMANN R, ELSTNER S, SIMS E R. Uncertainty and Economic Activi-

ty: Evidence from Business Survey Data [J]. American Economic Journal: Macroeconomics, 2013, 5 (2): 217-249.

[22] BAGWELL K, STAIGER R. A Theory of Managed Trade [J]. American Economic Review, 1990, 80 (4): 779-795.

[23] BAILEY M J, TAVLAS G S, ULAN M. Exchange-Rate Variability and Trade Performance: Evidence for the Big Seven Industrial Countries [J]. Review of World Economics, 1986, 122 (3): 466-477.

[24] BAKER S R, BLOOM N, DAVIS S J. Measuring Economic Policy Uncertainty [J]. The Quarterly Journal of Economics, 2016, 131 (4): 1593-1636.

[25] BALDWIN R, HARRIGAN J. Zeros, Quality, and Space: Trade Theory and Trade Evidence [J]. American Economic Journal: Microeconomics, 2011, 3 (2): 60-88.

[26] BALL R J, EATON J R, STEUER M D. The Relationship between United Kingdom Export Performance in Manufactures and the Internal Pressure of Demand [J]. Economic Journal, 1966, 76 (303): 501-518.

[27] BALLI F, UDDIN G S, MUDASSAR H, YOON S. Cross-Country Determinants of Economic Policy Uncertainty Spillovers [J]. Economics Letters, 2017, 156: 179-183.

[28] BAS M, STRAUSS-KAHN V. Input-Trade Liberalization, Export Prices and Quality Upgrading [J]. Journal of International Economics, 2015, 95 (2): 250-262.

[29] BASTOS P, SILVA J. The Quality of a Firm's Exports: Where you Export to Matters [J]. Journal of International Economics, 2010, 82 (2): 99-111.

[30] BAUM C F, CAGLAYAN M. On the Sensitivity of the Volume and Volatility of Bilateral Trade Flows to Exchange Rate Uncertainty [J]. Journal of International Money and Finance, 2010, 29 (1): 79-93.

[31] BCHIR M H, JEAN S, LABORDE D. Binding Overhang and Tariff-Cutting Formulas [J]. Review of World Economics, 2006, 142 (2): 207-232.

[32] BEKAERT G, HOEROVA M, DUCA M L. Risk, Uncertainty and Monetary Policy [J]. Journal of Monetary Economics, 2013, 60 (7): 771-788.

[33] BÉKÉS G, FONTAGNÉL, MURAKÖZY B, VICARD V. Shipment Frequency of Exporters and Demand Uncertainty [J]. Review of World Economics, 2017, 153 (4): 779-807.

[34] BÉLANGER D, GUTIÉRREZ S, RACETTE D, RAYNAULD J. The Impact of Exchange Rate Variability on Trade Flows: Further Results on Sectoral US Imports from Canada [J]. North American Journal of Economics and Finance, 1992, 3 (1): 61-82.

[35] BELLONE F, MUSSO P, NESTA L, WARZYNSKI F. International Trade and Firm-Level Markups When Location and Quality Matter [J]. Journal of Economic Geography, 2016, 16 (1): 67-91.

[36] BEMS R, JOHNSON R C, YI K M. Demand Spillovers and the Collapse of Trade in the Global Recession [J]. IMF Economic Review, 2010, 58 (2): 295-326.

[37] BERMAN N, BERTHOU A, HÉRICOURT J. Export Dynamics and Sales at Home [J]. Journal of International Economics, 2015, 96 (2): 298-310.

[38] BERNAL O, GNABO J Y, GUILMIN G. Economic Policy Uncertainty and Risk Spillovers in the Eurozone [J]. Journal of International Money and Finance, 2016, 65: 24-45.

[39] BERNANKE B S. Irreversibility, Uncertainty, and Cyclical Investment [J]. Quarterly Journal of Economics, 1983, 98 (1): 85-106.

[40] BERNARD A B, GRAZZI M, TOMASI C. Intermediaries in International Trade: Direct versus Indirect Modes of Export [R]. NBER Working Paper, 2011 (17711).

[41] BERNINI M, TOMASI C. Exchange Rate Pass-through and Product Heterogeneity: Does Quality Matter on the Import Side [J]. European Economic Review, 2015, 77: 117-138.

[42] BERRY S T. Estimating Discrete-choice Models of Product Differentiation [J]. RAND Journal of Economics, 1994, 25 (2): 242-262.

[43] BERTRAND M, DUFLO E, MULLAINATHAN S. How Much Should We Trust Differences-in-Differences Estimates [J]. Quarterly Journal of Economics, 2004, 119 (1): 249-275.

[44] BESEDEŠT, PRUSA T J. The Role of Extensive and Intensive Margins and Export Growth [J]. Journal of Development Economics, 2011, 96 (2): 371-379.

[45] BHAGWATI J N, SRINIVASAN T N. Optimal Trade Policy and Compensation under Endogenous Uncertainty: The Phenomenon of Market Disruption [J]. Journal of International Economics, 1976, 6 (4): 317-336.

[46] BINI-SMAGHI L. Exchange Rate Variability and Trade: Why Is It So Difficult to Find Any Empirical Relationship [J]. Applied Economics, 1991, 23 (5): 927-936.

[47] BLAUM J, LELARGE C, PETERS M. Firm size, quality bias and import demand [J]. Journal of International Economics, 2019, 120 (5): 59-83.

[48] BLONIGEN B A, PRUSA T J. Dumping and Antidumping Duties [R]. NBER Working Paper, 2015 (21573).

[49] BLOOM N. The Impact of Uncertainty Shocks [J]. Econometrica, 2009, 77 (3): 623-685.

[50] BLOOM N. Fluctuations in Uncertainty [J]. Journal of Economic Perspectives, 2014, 28 (2): 153-176.

[51] BLOOM N, FLOETOTTO M, JAIMOVICH N, SAPORTA-EKSTEN I. Really Uncertain Business Cycles [J]. Econometrica, 2018, 86 (3): 1031-1065.

[52] BOBEICA E, ESTEVES P S, RUA A, STAEHR. Exports and Domestic Demand Pressure: A Dynamic Panel Data Model for the Euro Area Countries [J]. Review of World Economics, 2016, 152 (1): 107-125.

[53] BONTEMPI M E, GOLINELLI R, PARIGI G. Why Demand Uncertainty Curbs Investment: Evidence from a Panel of Italian Manufacturing Firms [J]. Journal of Macroeconomics, 2010, 32 (1): 218-238.

[54] BOORSTEIN R, FEENSTRA R C. Quality Upgrading and Its Welfare Cost in US Steel Imports, 1969-1974 [R]. NBER Working Paper, 1987 (2452).

[55] BORCHERDING T E, SILBERBERG E. Shipping the Good Apples out: the Alchian and Allen Theorem Reconsidered [J]. Journal of Political Economy, 1978, 86 (1): 131-138.

[56] BRAMBILLA I, PORTO G G. High-Income Export Destinations, Quality and Wages [J]. Journal of International Economics, 2016, 98: 21-35.

[57] BRANDT L, MORROW P M. Tariffs and the Organization of Trade in China [J]. Journal of International Economics, 2017, 104: 85-103.

[58] Brandt L, Van Biesebroeck J, Wang L, Zhang, Y. WTO Accession and Performance of Chinese Manufacturing Firms [R]. CEPR Discussion Papers, 2012 (9166).

[59] BREMS H. The Interdependence of Quality Variations, Selling Effort and Price [J]. Quarterly Journal of Economics, 1948, 62 (3): 418-440.

[60] BRICONGNE J C, FONTAGNÉL, GAULIER G, et al. Firms and the Global Crisis: French Exports in the Turmoil [J]. Journal of International Economics, 2012, 87 (1): 134-146.

[61] BRODA C, GREENFIELD J, WEINSTEIN D. From Groundnuts to Globalization: A Structural Estimate of Trade and Growth [R]. NBER Working Paper, 2006 (12512).

[62] BRODA C, WEINSTEIN D E. Globalization and the Gains from Variety [J].

Quarterly Journal of Economics, 2006, 121 (2): 541-585.

[63] BUGAMELLI M, INFANTE L. Sunk Costs of Exports [R]. Bank of Italy, Economic Research and International Relations Area, 2003.

[64] BUSSIÈRE M, CALLEGARI G, GHIRONI F, et al. Estimating Trade Elasticities: Demand Composition and the Trade Collapse of 2008—2009 [J]. American Economic Journal: Macroeconomics, 2013, 5 (3): 118-151.

[65] CABALLERO R J, CORBO V. The Effect of Real Exchange Rate Uncertainty on Exports: Empirical Evidence [J]. World Bank Economic Review, 1989, 3 (2): 263-278.

[66] CAMPA J M, GOLDBERG L S. Exchange Rate Pass-through into Import Prices [J]. Review of Economics and Statistics, 2005, 87 (4): 679-690.

[67] CARBALLO J, HANDLEY K, LIMÃO N. Economic and Policy Uncertainty: Export Dynamics and the Value of Agreements [R]. NBER Working Paper, 2018 (24368).

[68] CARRUTH A, DICKERSON A, HENLEY A. What Do We Know about Investment under Uncertainty [J]. Journal of Economic Surveys, 2000, 14 (2): 119-154.

[69] CASTRO L, LI B, MASKUS K E, XIE Y. Fixed Export Costs and Firm-Level Export Behavior [J]. University of Colorado, Mimeo, 2013.

[70] CHAMBERLIN E H. Theory of Monopolistic Competition: A Re-Orientation of the Theory of Value [M]. oxford: London Oxford University Press, 1949.

[71] CHEN Y F, FUNKE M. Option Value, Policy Uncertainty, and the Foreign Direct Investment Decision [R]. Hamburg Institute of International Economics Discussion Paper, 2003 (234).

[72] CHEN N, JUVENAL L. Quality, Trade, and Exchange Rate Pass-through [J]. Journal of International Economics, 2016, 100: 61-80.

[73] CHEVASSUS-LOZZA E, GAIGNÉC, LE MENER L. Does Input Trade Liber-

alization Boost Downstream Firms' Exports? Theory and Firm-Level Evidence [J]. Journal of International Economics, 2013, 90 (2): 391-402.

[74] CHIT M M, RIZOV M, WILLENBOCKEL D. Exchange Rate Volatility and Exports: New Empirical Evidence from the Emerging East Asian Economies [J]. World Economy, 2010, 33 (2): 239-263.

[75] CHOWDHURY A. Does Exchange Rate Volatility Depress Trade Flows? Evidence from Error - Correction Models [J]. Review of Economics and Statistics, 1993, 75 (4): 700-706.

[76] CHRISTIANO L J, MOTTO R, ROSTAGNO M. Risk Shocks [J]. American Economic Review, 2014, 104 (1): 27-65.

[77] CHRISTOU C, CUNADO J, GUPTA R, HASSAPIS C. Economic Policy Uncertainty and Stock Market Returns in PacificRim Countries: Evidence Based on a Bayesian Panel VAR Model [J]. Journal of Multinational Financial Management, 2017, 40: 92-102.

[78] COLOMBO V. Economic Policy Uncertainty in the US: Does It Matter for the Euro Area [J]. Economics Letters, 2013, 121 (1): 39-42.

[79] COOPER R, RIEZMAN R. Uncertainty and the Choice of Trade Policy in Oligopolistic Industries [J]. Review of Economic Studies, 1989, 56 (1): 129-140.

[80] CROWLEY M, MENG N, SONG H. Tariff Scares: Trade Policy Uncertainty and Foreign Market Entry by Chinese Firms [J]. Journal of International Economics, 2018, 114: 96-115.

[81] CROZET M, HEAD K, MAYER T. Quality Sorting and Trade: Firm-level Evidence for French Wine [J]. Review of Economic Studies, 2011, 79 (2): 609-644.

[82] CUSHMAN D O. The Effects of Real Exchange Rate Risk on International Trade [J]. Journal of International Economics, 1983, 15 (1-2): 45-63.

[83] CUSHMAN D O. Has Exchange Risk Depressed International Trade? The Impact of Third-Country Exchange Risk [J]. Journal of International Money and Finance, 1986, 5 (3): 361-379.

[84] DAS S P, DONNENFELD S. Trade Policy and Its Impact on Quality of Imports [J]. Journal of International Economics, 1987, 23 (1-2): 77-95.

[85] DE GRAUWE P. Exchange Rate Variability and the Slowdown in Growth of International Trade [J]. IMF Staff Papers, 1988, 35 (1): 63-84.

[86] DE LOECKER J, WARZYNSKI F. Markups and Firm-Level Export Status [J]. American Economic Review, 2012, 102 (6): 2437-2471.

[87] DE MELO J, MESSERLIN P A. Price, Quality and Welfare Effects of European VERs on Japanese Autos [J]. European Economic Review, 1988, 32 (7): 1527-1546.

[88] DE SOUSA J, DISDIER A C, GAIGNé C. Export Decision under Risk [R]. Working Paper, 2016.

[89] DE VANY A S, SAVING T R. Product quality, uncertainty, and regulation: The trucking industry [J]. American Economic Review, 1977, 67 (4): 583-594.

[90] DELIOS A, HENISZ W J. Policy Uncertainty and the Sequence of Entry by Japanese Firms, 1980—1998 [J]. Journal of International Business Studies, 2003, 34 (3): 227-241.

[91] DELLAS H, ZILBERFARB B Z. Real Exchange Rate Volatility and International Trade: A Reexamination of the Theory [J]. Southern Economic Journal, 1993, 59 (4): 641-648.

[92] DEMERS M. Investment under Uncertainty, Irreversibility and the Arrival of Information over Time [J]. Review of Economic Studies, 1991, 58 (2): 333-350.

[93] DHRYMES P J. On the Measurement of Price and Quality Changes in Some

Consumer Capital Goods [J]. American Economic Review, 1967, 57 (2): 501-518.

[94] DINOPOULOS E, KREININ M E. Effects of the US-Japan Auto VER on European Prices and on US Welfare [J]. Review of Economics and Statistics, 1988: 484-491.

[95] DIXIT A K, PINDYCK R S. Investment under Uncertainty [M]. New Jersey: Princeton University Press, 1994.

[96] DONNENFELD S. Commercial Policy and Imperfect Discrimination by a Foreign Monopolist [J]. International Economic Review, 1988, 29 (4): 607-620.

[97] DORFMAN R, STEINER P O. Optimal Advertising and Optimal Quality [J]. American Economic Review, 1954, 44 (5): 826-836.

[98] DUNNE T, ROBERTS M J, SAMUELSON L. Patterns of Firm Entry and Exit in US Manufacturing Industries [J]. RAND Journal of Economics, 1988: 495-515.

[99] DUTT P, MIHOV I, VAN ZANDT T. The Effect of WTO on the Extensive and the Intensive Margins of Trade [J]. Journal of International Economics, 2013, 91 (2): 204-219.

[100] DZIELINSKI M. Measuring Economic Uncertainty and Its Impact on the Stock Market [J]. Finance Research Letters, 2012, 9 (3): 167-175.

[101] EATON J, KORTUM S, NEIMAN B, ROMALIS J. Trade and the Great Recession [R]. Unpublished Manuscript, University of Chicago, 2010.

[102] ETHIER W. International Trade and the Forward Exchange Market [J]. American Economic Review, 1973, 63 (3): 494-503.

[103] ERIKSSON K, JOHANSON J, MAJKGÅRD A, SHARMA D. Experiential Knowledge and Costs in the Internationalization Process [J]. Journal of International Business Studies, 1997, 28 (2): 337-360.

[104] ESPOSITO F. Risk Diversification and International Trade [C]. Meeting Papers. Society for Economic Dynamics, 2016.

[105] ESTEVES P S, RUA A. Is There a Role for Domestic Demand Pressure on Export Performance [J]. Empirical Economics, 2015, 49 (4): 1173-1189.

[106] EVENETT S J, VENABLES A. Export Growth by Developing Economies: Market Entry and Bilateral Trade [R]. University of Bern Working Paper, Mimeo, 2002.

[107] FACCHINI G, LIU M Y, MAYDA A M, ZHOU M. China's "Great Migration": The Impact of the Reduction in Trade Policy Uncertainty [R]. IZA Discussion Papers, 2018 (11279).

[108] FAINI R. Export Supply, Capacity and Relative Prices [J]. Journal of Development Economics, 1994, 45 (1): 81-100.

[109] FALVEY R E. The Composition of Trade within Import-Restricted Product Categories [J]. Journal of Political Economy, 1979, 87 (5): 1105-1114.

[110] FAN H, LAI E L C, LI Y A. Credit Constraints, Quality, and Export Prices: Theory and Evidence from China [J]. Journal of Comparative Economics, 2015, 43 (2): 390-416.

[111] FAN H, LI Y A, YEAPLE S R. Trade Liberalization, Quality, and Export Prices [J]. Review of Economics and Statistics, 2015, 97 (5): 1033-1051.

[112] FAN H, LI Y A, YEAPLE S R. On the Relationship between Quality and Productivity: Evidence from China's Accession to the WTO [J]. Journal of International Economics, 2018, 110: 28-49.

[113] FEENSTRA R C. Voluntary Export Restraint in US Autos, 1980-1981: Quality, Employment, and Welfare Effects [M]. in Robert Baldwin and Anne Krueger, eds, The structure and evolution of recent US trade policy. Chicago: University of Chicago Press, 1984.

[114] FEENSTRA R C. Automobile Prices and Protection: The US-Japan Trade

Restraint [J]. Journal of Policy Modeling, 1985, 7 (1): 49-68.

[115] FEENSTRA R C. Quality Change under Trade Restraints in Japanese Autos [J]. Quarterly Journal of Economics, 1988, 103 (1): 131-146.

[116] FEENSTRA R C. New Product Varieties and the Measurement of International Prices [J]. American Economic Review, 1994: 157-177.

[117] FEENSTRA R C, ROMALIS J. International Prices and Endogenous Quality [J]. Quarterly Journal of Economics, 2014, 129 (2): 477-527.

[118] FEENSTRA R C, ROMALIS J, SCHOTT P K. US Imports, Exports, and Tariff Data, 1989-2001 [R]. NBER Working Paper, 2002 (9387) .

[119] FENG L, LI Z, SWENSON D L. The Connection between Imported Intermediate Inputs and Exports: Evidence from Chinese Firms [J]. Journal of International Economics, 2016, 101: 86-101.

[120] FENG L, LI Z, SWENSON D L. Trade Policy Uncertainty and Exports: Evidence from China's WTO Accession [J]. Journal of International Economics, 2017, 106: 20-36.

[121] FONTAINE I, DIDIER L, RAZAFINDRAVAOSOLONIRINA J. Foreign Policy Uncertainty Shocks and US Macroeconomic Activity: Evidence from China [J]. Economics Letters, 2017, 155: 121-125.

[122] FRANKE G. Exchange Rate Volatility and International Trading Strategy [J]. Journal of International Money and Finance, 1991, 10 (2): 292-307.

[123] GAGNON J E. Exchange Rate Variability and the Level of International Trade [J]. Journal of International Economics, 1993, 34 (3-4): 269-287.

[124] GARVIN D A. What Does "Product Quality" Really Mean [J]. Sloan Management Review (pre-1986), 1984, 26 (1): 25-43.

[125] GERVAIS A. Product Quality and Firm Heterogeneity in International Trade [J]. Canadian Journal of Economics/Revue canadienne dηéconomique,

2015, 48 (3): 1152-1174.

[126] GILCHRIST S, SIM J W, ZAKRAJŠEK E. Uncertainty, Financial Frictions, and Investment Dynamics [R]. NBER Working Paper, 2014 (20038).

[127] GOLDBERG L S, KOLSTAD C D. Foreign Direct Investment, Exchange Rate Variability and Demand Uncertainty [R]. NBER Working Paper, 1994 (4815).

[128] GOPINATH G, RIGOBON R. Sticky Borders [J]. Quarterly Journal of Economics, 2008, 123 (2): 531-575.

[129] GÖRG H, HALPERN L, MURAKOZY B. Why Do within Firm-Product Export Prices Differ across Markets [R]. Kiel Working Paper, 2010 (1596).

[130] GOULD J P, SEGALL J. The Substitution Effects of Transportation Costs [J]. Journal of Political Economy, 1969, 77 (1): 130-137.

[131] GREENLAND A, ION M, LOPRESTI J. Exports, Investment and Policy Uncertainty [R]. Working Paper, 2016.

[132] GRILICHES Z. Price Indexes and Quality Change: Studies in New Methods of Measurement [M]. Massachusetts: Harvard University Press, 1971.

[133] GROPPO V, PIERMARTINI R. Trade Policy Uncertainty and the WTO [R]. WTO Staff Working Paper, 2014 (1437).

[134] GULEN H, ION M. Policy Uncertainty and Corporate Investment [J]. Review of Financial Studies, 2015, 29 (3): 523-564.

[135] HALLAK J C. Product Quality and the Direction of Trade [J]. Journal of International Economics, 2006, 68 (1): 238-265.

[136] HALLAK J C. A Product-Quality View of the Linder Hypothesis [J]. Review of Economics and Statistics, 2010, 92 (3): 453-466.

[137] HALLAK J C, SCHOTT P K. Estimating Cross-Country Differences in

Product Quality [J]. Quarterly Journal of Economics, 2011, 126 (1): 417-474.

[138] HALLAK J C, SIVADASAN J. Product and Process Productivity: Implications for Quality Choice and Conditional Exporter Premia [J]. Journal of International Economics, 2013, 91 (1): 53-67.

[139] HAN L, QI M, YIN L. Macroeconomic Policy Uncertainty Shocks on the Chinese Economy: A GVAR Analysis [J]. Applied Economics, 2016, 48 (51): 4907-4921.

[140] HANDLEY K. Exporting under Trade Policy Uncertainty: Theory and Evidence [J]. Journal of International Economics, 2014, 94 (1): 50-66.

[141] HANDLEY K, LIMÃO N. Policy Uncertainty, Trade and Welfare: Theory and Evidence for China and the US [R]. NBER Working Paper, 2013 (19376)

[142] HANDLEY K, LIMÃO N. Trade and Investment under Policy Uncertainty: Theory and Firm Evidence [J]. American Economic Journal: Economic Policy, 2015, 7 (4): 189-222.

[143] HANDLEY K, LIMÃO N. Policy Uncertainty, Trade, and Welfare: Theory and Evidence for China and the United States [J]. American Economic Review, 2017a, 107 (9): 2731-2783.

[144] HARRIGAN J, MA X, SHLYCHKOV V. Export Prices of US Firms [J]. Journal of International Economics, 2015, 97 (1): 100-111.

[145] HELBLE M, OKUBO T. Heterogeneous Quality Firms and Trade Costs [M]. Washington: World Bank, 2008.

[146] HELLWIG T. Economic Openness, Policy Uncertainty, and the Dynamics of Government Support [J]. Electoral Studies, 2007, 26 (4): 772-786.

[147] HENN C, PAPAGEORGIOU C, ROMERO J M, SPATAFORA N. Export Quality in Advanced and Developing Economies: Evidence from a New Data

Set [M]. Washington: World Bank, 2017.

[148] HERGUERA I, KUJAL P, PETRAKIS E. Quantity Restrictions and Endogenous Quality Choice [J]. International Journal of Industrial Organization, 2000, 18 (8): 1259-1277.

[149] HEY J D, MCKENNA C J. Consumer Search with Uncertain Product Quality [J]. Journal of Political Economy, 1981, 89 (1): 54-66.

[150] HIRSCH S, LEV B. Sales Stabilization through Export Diversification [J]. Review of Economics and Statistics, 1971, 53 (3): 270-277.

[151] HOOPER P, KOHLHAGEN S W. The Effect of Exchange Rate Uncertainty on the Prices and Volume of International Trade [J]. Journal of International Economics, 1978, 8 (4): 483-511.

[152] HOUTHAKKER H S. Compensated Changes in Quantities and Qualities Consumed [J]. Review of Economic Studies, 1952, 19 (3): 155-164.

[153] HUMMELS D, KLENOW P J. The Variety and Quality of a Nation's Exports [J]. American Economic Review, 2005, 95 (3): 704-723.

[154] HUMMELS D, SKIBA A. Shipping the Good Apples out? An Empirical Confirmation of the Alchian-Allen Conjecture [J]. Journal of Political Economy, 2004, 112 (6): 1384-1402.

[155] JOHNSON R C. Trade and Prices with Heterogeneous Firms [J]. Journal of International Economics, 2012, 86 (1): 43-56.

[156] JØRGENSEN J G, SCHRÖDER P J H. Fixed Export Cost Heterogeneity, Trade and Welfare [J]. European Economic Review, 2008, 52 (7): 1256-1274.

[157] JORION P. The Exchange-Rate Exposure of US Multinationals [J]. Journal of Business, 1990, 63 (3): 331-345.

[158] JULIO B, YOOK Y. Policy Uncertainty, Irreversibility, and Cross-Border Flows of Capital [J]. Journal of International Economics, 2016, 103:

13-26.

[159] JURADO K, LUDVIGSON S C, NG S. Measuring Uncertainty [J]. American Economic Review, 2015, 105 (3): 1177-1216.

[160] JUVENAL L, MONTEIRO P. Export Market Diversification and Productivity Improvements: Theory and Evidence From Argentinean Firms [R]. Federal Reserve Bank of St. Louis Working Paper, 2013.

[161] KANG W, LEE K, RATTI R A. Economic Policy Uncertainty and Firm-Level Investment [J]. Journal of Macroeconomics, 2014, 39: 42-53.

[162] KENEN P B, RODRIK D. Measuring and Analyzing the Effects of Short-Term Volatility in Real Exchange Rates [J]. Review of Economics and Statistics, 1986: 311-315.

[163] KHANDELWAL A. The Long and Short (of) Quality Ladders [J]. Review of Economic Studies, 2010, 77 (4): 1450-1476.

[164] KHANDELWAL A K, SCHOTT P K, WEI S J. Trade Liberalization and Embedded Institutional Reform: Evidence from Chinese Exporters [J]. American Economic Review, 2013, 103 (6): 2169-2195.

[165] KLEIN B, LEFFLER K B. The Role of Market Forces in Assuring Contractual Performance [J]. Journal of Political Economy, 1981, 89 (4): 615-641.

[166] KLÖBNER S, SEKKEL R. International Spillovers of Policy Uncertainty [J]. Economics Letters, 2014, 124 (3): 508-512.

[167] KNELLER R, YU Z. Quality Selection, Chinese Exports and Theories of Heterogeneous Firm Trade [R]. CEPR Working Paper, 2008.

[168] KNIGHT F H. Risk, Uncertainty and Profit [M]. Boston: Houghton Mifflin Company, 1921.

[169] KO J H, LEE C M. International Economic Policy Uncertainty and Stock Prices: Wavelet Approach [J]. Economics Letters, 2015, 134: 118-122.

[170] KRAMARZ F, MARTIN J, MEJEAN I. Diversification in the Small and in

the Large: Evidence from Trade Networks [C]. Meeting Papers, Society for Economic Dynamics, 2014 (663).

[171] KRISHNA K. Tariffs versus Quotas with Endogenous Quality [J]. Journal of International Economics, 1987, 23 (1-2): 97-112.

[172] KRISHNA K. Protection and the Product Line: Monopoly and Product Quality [J]. International Economic Review, 1990, 31 (1): 87-102.

[173] KRISTENSEN K. Hedonic Theory, Marketing Research, and the Analysis of Complex Goods [J]. International Journal of Research in Marketing, 1984, 1 (1): 17-36.

[174] KROL R. Does Uncertainty over Economic Policy Harm Trade, Foreign Investment, and Prosperity [R]. Working Paper, 2018.

[175] KRONER K F, LASTRAPES W D. The Impact of Exchange Rate Volatility on International Trade: Reduced Form Estimates Using the GARCH-in-Mean Model [J]. Journal of International Money and Finance, 1993, 12 (3): 298-318.

[176] KRUGMAN P R. Increasing Returns, Monopolistic Competition and International Trade [J]. Journal of International Economics, 1979, 9 (4): 469-479.

[177] KRUGMAN P. Scale Economies, Product Differentiation, and the Pattern of Trade [J]. American Economic Review, 1980, 70 (5): 950-959.

[178] KUGLER M, VERHOOGEN E. Prices, Plant Size, and Product Quality [J]. Review of Economic Studies, 2012, 79 (1): 307-339.

[179] KUMAR V. Real Effects of Exchange Risk on International Trade [R]. FRBA Working Paper, 1992.

[180] LAKATOS C, NILSSON L. The EU-Korea FTA: Anticipation, Trade Policy Uncertainty and Impact [J]. Review of World Economics, 2017, 153 (1): 179-198.

[181] LANCASTER K J. A New Approach to Consumer Theory [J]. Journal of Political Economy, 1966, 74 (2): 132-157.

[182] LANCASTER K. Consumer Demand: A New Approach [M]. New York: Columbia University Press, 1971.

[183] LAPAN H E, CHOI E K. Tariffs versus Quotas under Uncertainty: Restricting Imports and the Role of Preference [J]. International Economic Journal, 1988, 2 (4): 35-55.

[184] LASTRAPES W D, KORAY F. Exchange Rate Volatility and US Multilateral Trade Flows [J]. Journal of Macroeconomics, 1990, 12 (3): 341-362.

[185] LAUSSEL D. Strategic Commercial Policy Revisited: A Supply-Function Equilibrium Model [J]. American Economic Review, 1992, 82 (1): 84-99.

[186] LEAMER E E, LEVINSOHN J. International Trade Theory: The Evidence [R]. NBER Working Paper, 1994 (4940) .

[187] LEDUC S, LIU Z. Uncertainty Shocks Are Aggregate Demand Shocks [J]. Journal of Monetary Economics, 2016, 82: 20-35.

[188] LEFFLER K B. Ambiguous Changes in Product Quality [J]. American Economic Review, 1982, 72 (5): 956-967.

[189] LELAND H E. Quality Choice and Competition [J]. American Economic Review, 1977, 67 (2): 127-137.

[190] LENWAY S A, MURTHA T P. The State as Strategist in International Business Research [J]. Journal of International Business Studies, 1994, 25 (3): 513-535.

[191] LEVINSOHN J, PETRIN A. Estimating Production Functions Using Inputs to Control for Unobservables [J]. Review of Economic Studies, 2003, 70 (2): 317-341.

[192] LI X M, PENG L. US Economic Policy Uncertainty and Co-Movements be-

tween Chinese and US Stock Markets [J]. Economic Modelling, 2017, 61: 27-39.

[193] LIAO C H. Measuring Quality in International Trade [J]. Economic Systems, 2011, 35 (1): 125-138.

[194] LIMÃO N, MAGGI G. Uncertainty and Trade Agreements [J]. American Economic Journal: Microeconomics, 2015, 7 (4): 1-42.

[195] LINDER S B. An Essay on Trade and Transformation [M]. Stockholm: Almqvist & Wiksell, 1961.

[196] LIU Q, MA H. Trade Policy Uncertainty and Innovation: Firm Level Evidence from China's WTO Accession [R]. Working Paper, 2016.

[197] LIU Q, QIU L D. Intermediate Input Imports and Innovations: Evidence from Chinese Firms' Patent Filings [J]. Journal of International Economics, 2016, 103: 166-183.

[198] LIU L, ZHANG T. Economic Policy Uncertainty and Stock Market Volatility [J]. Finance Research Letters, 2015, 15: 99-105.

[199] LU Y, TAO Z, ZHANG Y. How Do Exporters Respond to Antidumping Investigations[J]. Journal of International Economics, 2013, 91 (2): 290-300.

[200] LU Y, YU L. Trade Liberalization and Markup Dispersion: Evidence from China's WTO Accession [J]. American Economic Journal: Applied Economics, 2015, 7 (4): 221-253.

[201] LUDEMA R D, YU Z. Tariff Pass-through, Firm Heterogeneity and Product Quality [J]. Journal of International Economics, 2016, 103: 234-249.

[202] LUGOVSKYY V, SKIBA A. Positive and Negative Effects of Distance on Export Prices [J]. Journal of Economic Behavior & Organization, 2016, 127: 155-181.

[203] MANDEL B R. Heterogeneous Firms and Import Quality: Evidence from Transaction-level Prices [R]. International Finance Discussion Papers,

2010, (991).

[204] MANOVA K, ZHANG Z. Export Prices across Firms and Destinations [J]. Quarterly Journal of Economics, 2012, 127 (1): 379-436.

[205] MARTIN J. Markups, Quality, and Transport Costs [J]. European Economic Review, 2012, 56 (4): 777-791.

[206] MARTIN J, MEJEAN I. Low-Wage Country Competition and the Quality Content of High-Wage Country Exports [J]. Journal of International Economics, 2014, 93 (1): 140-152.

[207] MAYER T, MELITZ M J, OTTAVIANO G I P. Market Size, Competition, and the Product Mix of Exporters [J]. American Economic Review, 2014, 104 (2): 495-536.

[208] MAYNES E S. The Concept and Measurement of Product Quality [R]. In N E TERLECKYJ (ed), Household Production and Consumption. NBER, 1976.

[209] MCKENZIE M D. The Impact of Exchange Rate Volatility on International Trade Flows [J]. Journal of Economic Surveys, 1999, 13 (1): 71-106.

[210] MCKENZIE R, MCALEER M. Generated Variables in Finance: Specification, Estimation and Inference [R]. Unpublished Paper, Department of Economics, University of Western Australia, 1997.

[211] MCPHERSON M A, REDFEARN M R, Tieslau M A. International Trade and Developing Countries: An Empirical Investigation of the Linder Hypothesis [J]. Applied Economics, 2001, 33 (5): 649-657.

[212] MELCHIOR A. Free Trade Agreements and Globalisation in the Shadow of Brexit and Trump [M]. Lonelon: Palgrave Macmillan, Cham, 2018.

[213] MELITZ M J. The Impact of Trade on Intra-industry Reallocations and Aggregate Industry Productivity [J]. Econometrica, 2003, 71 (6): 1695-1725.

[214] MELITZ M J, OTTAVIANO G I P. Market Size, Trade, and Productivity [J]. Review of Economic Studies, 2008, 75 (1): 295-316.

[215] MESSERLIN P. Walking a Tightrope: World Trade in Manufacturing and the Benefits of Binding [R]. Working Paper, 2008.

[216] MONROE K B. Measuring Price Thresholds by Psychophysics and Latitudes of Acceptance [J]. Journal of Marketing Research, 1971, 8 (4): 460-464.

[217] MOORE A. Measuring Economic Uncertainty and Its Effects [J]. Economic Record, 2017, 93 (303): 550-575.

[218] MORAGA-GONZÁLEZ J L, VIAENE J M. Antidumping, Intra-Industry Trade, and Quality Reversals [J]. International Economic Review, 2015, 56 (3): 777-803.

[219] MOREL L. Sluggish Exports in Advanced Economies: How Much is Due to Demand [R]. Bank of Canada Discussion Paper, 2015.

[220] MUMTAZ H, THEODORIDIS K. Common and Country Specific Economic Uncertainty [J]. Journal of International Economics, 2017, 105: 205-216.

[221] MUSSA M, ROSEN S. Monopoly and Product Quality [J]. Journal of Economic Theory, 1978, 18 (2): 301-317.

[222] NAKAMURA T. Finite Durability of Capital and the Investment-Uncertainty Relationship [J]. Journal of Economic Behavior & Organization, 2002, 48 (1): 51-56.

[223] NGUYEN D X. Demand Uncertainty: Exporting Delays and Exporting Failures [J]. Journal of International Economics, 2012, 86 (2): 336-344.

[224] NELSON P. Information and Consumer Behavior [J]. Journal of Political Economy, 1970, 78 (2): 311-329.

[225] NELSON P. Advertising as Information [J]. Journal of Political Economy,

1974, 82 (4): 729-754.

[226] NOVY D, TAYLOR A M. Trade and Uncertainty [R]. NBER Working Paper, 2014 (19941).

[227] OLLEY G S, PAKES A. The Dynamics of Productivity in the Telecommunications Equipment Industry [J]. Econometrica, 1996, 64 (6): 1263-1297.

[228] OSNAGO A, PIERMARTINI R, ROCHA N. Trade Policy Uncertainty As Barrier to Trade [R]. WTO Staff Working Paper, 2015.

[229] PERIĆ B Š, SORIĆ P. A Note on the "Economic Policy Uncertainty Index" [J]. Social Indicators Research, 2018, 137 (2): 505-526.

[230] PIERCE J R, SCHOTT P K. The Surprisingly Swift Decline of US Manufacturing Employment [J]. American Economic Review, 2016, 106 (7): 1632-1662.

[231] PINDYCK R S. Irreversibility, Uncertainty, and Investment [J]. Journal of Economic Literature, 1991, 29 (3): 1110-1148.

[232] PIVETEAU P, SMAGGHUE G. Estimating Firm Product Quality Using Trade Data [J]. Mimeo, 2015: 1-51.

[233] PREGELJ V N. Most-Favored-Nation Status of the People's Republic of China [C]. Congressional Research Service, Library of Congress, 2001.

[234] PRUSA T J. Why Are So Many Antidumping Petitions Withdrawn [J]. Journal of International Economics, 1992, 33 (1-2): 1-20.

[235] QIAN Y, VARANGIS P. Does Exchange Rate Volatility Hinder Export Growth [J]. Empirical Economics, 1994, 19 (3): 371-396.

[236] QIU L D. Strategic Trade Policy under Uncertainty [J]. Review of International Economics, 1995, 3 (1): 75-85.

[237] RAHMAN S, SERLETIS A. The Effects of Exchange Rate Uncertainty on Exports [J]. Journal of Macroeconomics, 2009, 31 (3): 500-507.

[238] RAJAN R S, MARWAH S. The Effects of Policy Uncertainty on the Choice and Timing of Foreign Direct Investment: An Exploratory Firm-level Assessment [J]. Journal of Economic Development, 1998, 23 (1): 37-58.

[239] RATCHFORD B T. The Value of Information for Selected Appliances [J]. Journal of Marketing Research, 1980, 17 (1): 14-25.

[240] REEVES C A, BEDNAR D A. Defining Quality: Alternatives and Implications [J]. Academy of Management Review, 1994, 19 (3): 419-445.

[241] RIES J C. Voluntary Export Restraints, Profits, and Quality Adjustment [J]. Canadian Journal of Economics, 1993, 26 (3): 688-706.

[242] ROBERTS M J, TYBOUT J R. The Decision to Export in Colombia: An Empirical Model of Entry with Sunk Costs [J]. American Economic Review, 1997, 87 (4): 545-564.

[243] Rodrigue J, Tan Y. Price and Quality Dynamics in Export Markets [R]. Working Paper. 2015.

[244] RODRIGUEZ C A. The Quality of Imports and the Differential Welfare Effects of Tariffs, Quotas, and Quality Controls as Protective Devices [J]. Canadian Journal of Economics/Revue canadienne d'Economique, 1979, 12 (3): 439-449.

[245] RODRIK D. Policy Uncertainty and Private Investment in Developing Countries [J]. Journal of Development Economics, 1991, 36 (2): 229-242.

[246] ROBERTS M J, XU D Y, FAN X, ZHANG S. A structural model of demand, cost, and export market selection for chinese footwear producers [J]. NBER Working Paper, 2012 (17725).

[247] SALA D, SCHRÖDER P J H, YALCIN E. Market Access through Bound Tariffs [J]. Scottish Journal of Political Economy, 2010, 57 (3): 272-289.

[248] SALTARI E, TICCHI D. Risk Aversion, Intertemporal Substitution, and the Aggregate Investment-Uncertainty Relationship [J]. Journal of Monetary Economics, 2007, 54 (3): 622-648.

[249] SCHMALENSEE R. A Model of Advertising and Product Quality [J]. Journal of Political Economy, 1978, 86 (3): 485-503.

[250] SCHOTT P K. Across-Product versus within-Product Specialization in International Trade [J]. Quarterly Journal of Economics, 2004, 119 (2): 647-678.

[251] SCHOTT P K. The Relative Sophistication of Chinese Exports [J]. Economic Policy, 2008, 23 (53): 6-49.

[252] SCHOTT P, PIERCE J, SCHAUR G, HEISE S. Trade Policy Uncertainty and the Structure of Supply Chains [C]. Meeting Papers, Society for Economic Dynamics, 2017 (788).

[253] SCOTTI C. Surprise and Uncertainty Indexes: Real-Time Aggregation of Real-Activity Macro-Surprises [J]. Journal of Monetary Economics, 2016, 82: 1-19.

[254] SEAWRIGHT K W, YOUNG S T. A Quality Definition Continuum [J]. Interfaces, 1996, 26 (3): 107-113.

[255] SERCU P, VANHULLE C. Exchange Rate Volatility, International Trade, and the Value of Exporting Firms [J]. Journal of Banking & Finance, 1992, 16 (1): 155-182.

[256] SHAMIR J. Consumers' Subjective Perception of Price in Times of Inflation [J]. Journal of Economic Psychology, 1985, 6 (4): 383-398.

[257] SHAPIRO C. Premiums for High Quality Products as Returns to Reputations [J]. Quarterly Journal of Economics, 1983, 98 (4): 659-679.

[258] SHARMA K. Factors Determining India's Export Performance [J]. Journal of Asian Economics, 2003, 14 (3): 435-446.

[259] SHIVAKUMAR R. Strategic Trade Policy: Choosing between Export Subsidies and Export Quotas under Uncertainty [J]. Journal of International Economics, 1993, 35 (1-2): 169-183.

[260] SMITH G F. The Meaning of Quality [J]. Total Quality Management, 1993, 4 (3): 235-244.

[261] SOBEL M E. Direct and Indirect Effects in Linear Structural Equation Models [J]. Sociological Methods & Research, 1987, 16 (1): 155-176.

[262] SODERBERY A. Market Size, Structure, and Access: Trade with Capacity Constraints [J]. European Economic Review, 2014, 70: 276-298.

[263] STEENKAMP J B E M. Product Quality: An Investigation into the Concept and How It Is Perceived by Consumers [D]. Wageningen: Wageningen Vniversity, 1989.

[264] SUDSAWASD S, MOORE R E. Investment under Trade Policy Uncertainty: An Empirical Investigation [J]. Review of International Economics, 2006, 14 (2): 316-329.

[265] TABAKIS C, ZANARDI M. Antidumping Echoing [J]. Economic Inquiry, 2017, 55 (2): 655-681.

[266] TAGLIONI D, ZAVACKA V. Innocent Bystanders: How Foreign Uncertainty Shocks Harm Exporters [R]. Working Paper, 2012 (6226) .

[267] TAM P S. Global Trade Flows and Economic Policy Uncertainty [J]. Applied Economics, 2018, 50 (34-35): 3718-3734.

[268] THARAKAN P K M. The Political Economy of Anti-Dumping Undertakings in the European Communities [J]. European Economic Review, 1991, 35 (6): 1341-1359.

[269] THEIL H. Qualities, Prices and Budget Enquiries [J]. Review of Economic Studies, 1952, 19 (3): 129-147.

[270] UMBECK J. Shipping the Good Apples out: Some Ambiguities in the Inter-

pretation of "Fixed Charge" [J]. Journal of Political Economy, 1980, 88 (1): 199-208.

[271] VAHLNE J E, HAMBERG M, SCHWEIZER R. Management under Uncertainty-The Unavoidable Risk-Taking [J]. Multinational Business Review, 2017, 25 (2): 91-109.

[272] VANDENBUSSCHE H, WAUTHY X. Inflicting Injury through Product Quality: How European Antidumping Policy Disadvantages European Producers [J]. European Journal of Political Economy, 2001, 17 (1): 101-116.

[273] VANNOORENBERGHE G. Firm-Level Volatility and Exports [J]. Journal of International Economics, 2012, 86 (1): 57-67.

[274] VANNOORENBERGHE G, WANG Z, YU Z. Volatility and Diversification of Exports: Firm-Level Theory and Evidence [J]. European Economic Review, 2016, 89: 216-247.

[275] VERHOOGEN E A. Trade, Quality Upgrading, and Wage Inequality in the Mexican Manufacturing Sector [J]. Quarterly Journal of Economics, 2008, 123 (2): 489-530.

[276] VIAENE J M, DE VRIES C. International Trade and Exchange Rate Volatility [J]. European Economic Review, 1992, 36 (6): 1311-1321.

[277] WALL H J. The Non-Equivalence of Specific and Ad Valorem Tariffs with Quality-Differentiated Goods [J]. Journal of Economic Integration, 1994, 9 (1): 80-93.

[278] WANG Y, CHEN C R, HUANG Y S. Economic Policy Uncertainty and Corporate Investment: Evidence from China [J]. Pacific-Basin Finance Journal, 2014, 26: 227-243.

[279] WIGGINS S N, LANE W J. Quality Uncertainty, Search, and Advertising [J]. American Economic Review, 1983, 73 (5): 881-894.

[280] WOLF A. Import and Hedging Uncertainty in International Trade [J]. Jour-

nal of Futures Markets, 1995, 15 (2): 101-110.

[281] YOFFIE D B. How an Industry Builds Political Advantage [J]. Harvard Business Review, 1988, 66 (3): 82-89.

[282] YU M. Processing Trade, Tariff Reductions and Firm Productivity: Evidence from Chinese Firms [J]. Economic Journal, 2015, 125 (585): 943-988.

[283] 陈国进，王少谦．经济政策不确定性如何影响企业投资行为 [J]. 财贸经济，2016 (5)：5-21.

[284] 陈清萍，鲍晓华．融资约束，金融发展与我国企业出口产品质量：基于银行信贷和商业信贷的双重视角 [J]. 现代财经（天津财经大学学报），2014 (5)：36-46.

[285] 戴觅，茅锐．外需冲击，企业出口与内销：金融危机时期的经验证据 [J]. 世界经济，2015 (1)：81-104.

[286] 杜威剑，李梦洁．目的国市场收入分配与出口产品质量：基于中国企业层面的实证检验 [J]. 当代财经，2015 (10)：89-96.

[287] 樊海潮，郭光远．出口价格，出口质量与生产率间的关系：中国的证据 [J]. 世界经济，2015 (2)：58-85.

[288] 樊海潮，李瑶，郭光远．信贷约束对生产率与出口价格关系的影响 [J]. 世界经济，2015 (12)：79-107.

[289] 韩会朝，徐康宁．中国产品出口“质量门槛”假说及其检验 [J]. 中国工业经济，2014 (4)：58-70.

[290] 黄亚钧，汪亚楠．贸易自由化与企业出口表现：基于贸易政策不确定性的视角 [J]. 经济问题探索，2017 (10)：106-112.

[291] 李凤羽，杨墨竹．经济政策不确定性会抑制企业投资吗：基于中国经济政策不确定指数的实证研究 [J]. 金融研究，2015 (4)：115-129.

[292] 李坤望，蒋为，宋立刚．中国出口产品品质变动之谜：基于市场进入的微观解释 [J]. 中国社会科学，2014 (3)：80-103.

[293] 李坤望，王有鑫．FDI 促进了中国出口产品质量升级吗：基于动态面板

系统 GMM 方法的研究［J］. 世界经济研究，2013（5）：60-66.

［294］李胜旗，毛其淋. 关税政策不确定性如何影响就业与工资［J］. 世界经济，2018（6）：28-52.

［295］李秀芳，施炳展. 补贴是否提升了企业出口产品质量［J］. 中南财经政法大学学报，2013，4：019.

［296］刘慧，綦建红. 宏观经济不确定性与出口：贸易中介是缓冲器还是推动器［J］. 世界经济研究，2018（4）：60-74.

［297］刘晓宁，刘磊. 贸易自由化对出口产品质量的影响效应：基于中国微观制造业企业的实证研究［J］. 国际贸易问题，2015（8）：14-23.

［298］刘怡，耿纯. 出口退税对出口产品质量的影响［J］. 财政研究，2016（5）：2-17.

［299］鲁晓东，刘京军. 不确定性与中国出口增长［J］. 经济研究，2017（9）：39-54.

［300］罗连发，程欣，唐婷. 融资约束对产品质量的异质性影响研究：基于中国企业—员工匹配调查数据［J］. 中央财经大学学报，2016（7）：118-128.

［301］毛其淋，盛斌. 贸易自由化，企业异质性与出口动态：来自中国微观企业数据的证据［J］. 管理世界，2013（3）：48-68.

［302］聂辉华，江艇，杨汝岱. 中国工业企业数据库的使用现状和潜在问题［J］. 世界经济，2012（5）：142-158.

［303］彭冬冬，杨德彬，苏理梅. 环境规制对出口产品质量升级的差异化影响:来自中国企业微观数据的证据［J］. 现代财经：天津财经大学学报，2016（8）：15-27.

［304］钱学锋，龚联梅. 贸易政策不确定性，区域贸易协定与中国制造业出口［J］. 中国工业经济，2017，10：7.

［305］饶品贵，岳衡，姜国华. 经济政策不确定性与企业投资行为研究［J］. 世界经济，2017（2）：27-51.

[306] 盛丹，张慧玲．环境管制与我国的出口产品质量升级：基于两控区政策的考察［J］. 财贸经济，2017，38（8）：80-97.

[307] 施炳展．中国企业出口产品质量异质性：测度与事实［J］. 经济学（季刊），2013，13（1）：263-284.

[308] 施炳展，邵文波．中国企业出口产品质量测算及其决定因素：培育出口竞争新优势的微观视角［J］. 管理世界，2014（9）：90-106.

[309] 施炳展，王有鑫，李坤望．中国出口产品品质测度及其决定因素［J］. 世界经济，2013（9）：69-93.

[310] 施炳展，张雅睿．贸易自由化与中国企业进口中间品质量升级［J］. 数量经济技术经济研究，2016，33（9）：3-21.

[311] 苏理梅，彭冬冬，兰宜生．贸易自由化是如何影响我国出口产品质量的：基于贸易政策不确定性下降的视角［J］. 财经研究，2016，42（4）：61-70.

[312] 谭小芬，张文婧．经济政策不确定性影响企业投资的渠道分析［J］. 世界经济，2017（12）：3-26.

[313] 唐宜红，林发勤．外部需求冲击与中国的出口波动：基于随机动态局部均衡模型的分析［J］. 世界经济研究，2012（1）：39-43.

[314] 田曦，朱春昊．我国最低工资制度对劳动密集型出口产品质量的影响［J］. 上海经济研究，2016（10）：121-128.

[315] 田巍，余淼杰．企业出口强度与进口中间品贸易自由化：来自中国企业的实证研究［J］. 管理世界，2013（1）：28-44.

[316] 佟家栋，李胜旗．贸易政策不确定性对出口企业产品创新的影响研究［J］. 国际贸易问题，2015（6）：25-32.

[317] 汪建新，黄鹏．信贷约束，资本配置和企业出口产品质量［J］. 财贸经济，2015（5）：84-95.

[318] 汪亚楠．贸易政策不确定性与出口企业利润变动：基于中美贸易的实证分析［J］. 当代财经，2018（5）：91-101.

[319] 汪亚楠，周梦天．贸易政策不确定性，关税减免与出口产品分布［J］．数量经济技术经济研究，2017，34（12）：127–142.

[320] 王磊，夏纪军．固定成本与中国制造业生产率分布［J］．当代经济科学，2015，37（2）：62–69.

[321] 王明益．中国出口产品质量提高了吗［J］．统计研究，2014（5）：24–31.

[322] 王雅琦，戴觅，徐建炜．汇率、产品质量与出口价格［J］．世界经济，2015（5）：17–35.

[323] 王雅琦，谭小芬，张金慧，等．人民币汇率、贸易方式与产品质量［J］．金融研究，2018（3）：71–88.

[324] 王永进，杨焱予．汇率变动、产品质量与零售产品价格：基于北京市4S店进口汽车数据的分析［J］．世界经济文汇，2018（2）：1–20.

[325] 魏浩，林薛栋．进出口产品质量测度方法的比较与中国事实：基于微观产品和企业数据的实证分析［J］．财经研究，2017，43（5）：89–101.

[326] 魏友岳，刘洪铎．经济政策不确定性对出口二元边际的影响研究：理论及来自中国与其贸易伙伴的经验证据［J］．国际商务（对外经济贸易大学学报），2017（1）：28–39.

[327] 谢建国，章素珍．反倾销与中国出口产品质量升级：以美国对华贸易反倾销为例［J］．国际贸易问题，2017（1）：153–164.

[328] 许和连，王海成．最低工资标准对企业出口产品质量的影响研究［J］．世界经济，2016（7）：73–96.

[329] 许家云，毛其淋，胡鞍钢．中间品进口与企业出口产品质量升级：基于中国证据的研究［J］．世界经济，2017，40（3）：52–75.

[330] 许家云，佟家栋，毛其淋．人民币汇率、产品质量与企业出口行为：中国制造业企业层面的实证研究［J］．金融研究，2015（3）：1–17.

[331] 许明．市场竞争，融资约束与中国企业出口产品质量提升［J］．数量经济技术经济研究，2016，33（9）：40–57.

[332] 殷德生．中国入世以来出口产品质量升级的决定因素与变动趋势［J］.

财贸经济，2011（11）：31-38.

[333] 余淼杰，李乐融．贸易自由化与进口中间品质量升级：来自中国海关产品层面的证据［J］．经济学（季刊），2016，15（3）：1011-1028.

[334] 余淼杰，张睿．中国制造业出口质量的准确衡量：挑战与解决方法［J］．经济学（季刊），2017a（2）：463-484.

[335] 余淼杰，张睿．人民币升值对出口质量的提升效应：来自中国的微观证据［J］．管理世界，2017b（5）：28-40.

[336] 张兵兵，田曦．目的国经济政策不确定性如何影响中国企业的出口产品质量［J］．世界经济研究，2018（12）：60-71.

[337] 张杰．金融抑制，融资约束与出口产品质量［J］．金融研究，2015（6）：64-79.

[338] 张杰，翟福昕，周晓艳．政府补贴，市场竞争与出口产品质量［J］．数量经济技术经济研究，2015，32（4）：71-87.

[339] 张杰，郑文平，陈志远，等．进口是否引致了出口：中国出口奇迹的微观解读［J］．世界经济，2014（6）：3-26.

[340] 张杰，郑文平，翟福昕．中国出口产品质量得到提升了么［J］．经济研究，2014，49（10）：46-59.

[341] 张明志，铁瑛．工资上升对中国企业出口产品质量的影响研究［J］．经济学动态，2016（9）：41-56.

[342] 张平南，徐阳，徐小聪，等．贸易政策不确定性与企业出口国内附加值：理论与中国经验［J］．宏观经济研究，2018（1）：57-68.

[343] 张奕，孙浦阳．需求网络结构，销售策略与出口波动：来自中国企业的证据［J］．世界经济，2017（3）：76-98.

[344] 张洋．政府补贴提高了中国制造业企业出口产品质量吗［J］．国际贸易问题，2017（4）：27-37.

[345] 张莹，朱小明．经济政策不确定性对出口质量和价格的影响研究［J］．国际贸易问题，2018（5）：12-25.

[346] 张跃，王大中．近代中国的信贷约束与出口商品质量：以茶叶贸易为例［J］．财经研究，2016，42（11）：19-31.
[347] 诸竹君，黄先海，王煌．产品创新提升了出口企业加成率吗［J］．国际贸易问题，2017（7）：17-26.

附 录

附录 1

表 A1-1 汇率不确定性对贸易流量的影响

研究层面	假设和方法	代表性文献	结论
理论	风险厌恶和风险中性	Ethier（1973）；Demers（1991）	-
	贸易主体性质	Franke（1991）	+
	资本市场	De Grauwe（1988）；Dellas 和 Zilberfarb（1993）	A
	跨期决策	Gagnon（1993）；Wolf（1995）	-
	一般均衡模型	De Grauwe（1988）；Viaene 和 de Vries（1992）	A
		Sercu 和 Vanhulle（1992）	+
		Kumar（1992）	-
实证	OLS	Cushman（1986）；Kenen P B，Rodrik（1986）；Bini-Smaghi（1991）	-
		McKenzie 和 McAleer（1997）	+
		Hooper 和 Kohlhagen（1978）；Cushman（1983）；Bailey 等（1986）	N
	IV	Caballero 和 Corbo（1989）；Chit 等（2010）	-
	VAR	Bélanger 等（1992）	N
		Chowdhury（1993）；Rahman 和 Serletis（2009）	-
	SURE	Lastrapes 和 Koray（1990）	N
	ARCH 和 GARCH	De Grauwe 和 De Bellefroid（1986）；De Grauwe（1988）	-
		Qian 和 Varangis（1994）	-
		Baum 和 Caglayan（2010）	
		Kroner 和 Lastrapes（1993）	N

注："+" 表示汇率不确定性对贸易流量的影响为正，"-" 表示汇率不确定性对贸易流量的影响为负，"A" 表示汇率不确定性对贸易流量的影响不确定（取决于其他因素），"N" 表示汇率不确定性对贸易流量没有显著影响。

资料来源：在 McKenzie（1999）的基础上整理得到。

附录 2

1. 导出式（3-26）和式（3-27）的过程

对式（3-24）取期望值有

$$E\Pi_e(z, \tau_u)=E\pi(z, \tau_u)+\beta\{(1-\gamma)E\Pi_e(z, \tau_u)+\gamma E[E\Pi_e(z, \tau_u)]\}$$

即

$$E\Pi_e(z, \tau_u)=E\pi(z, \tau_u)+\beta E\Pi_e(z, \tau_u)$$

从而

$$E\Pi_e(z, \tau_u)=\frac{1}{1-\beta}E\pi(z, \tau_u) \tag{A2-1}$$

对式（3-24）取条件期望值有

$$E[\Pi_e(z, \tau_u)\mid\tau_u\leqslant\bar{\tau}]=E[\pi(z, \tau_u)\mid_u\leqslant\bar{\tau}]+\beta\{(1-\gamma)$$
$$E[\Pi_e(z, \tau_u)\mid_u\leqslant\bar{\tau}]+\gamma E_e\Pi_e(z, \tau_u)\}$$

将式（A2-1）代入上式有

$$E[\Pi_e(z, \tau_u)\mid\tau_u\leqslant\bar{\tau}]=\frac{1}{1-\beta(1-\gamma)}\{E[\pi(z, \tau_u)\mid\tau_u\leqslant\bar{\tau}]+\frac{\beta\gamma}{1-\beta}E\pi(z, \tau_u)\} \tag{A2-2}$$

将式（A2-1）代入式（3-24），式（A2-2）代入式（3-25），得

$$\Pi_e(z, \tau_t)=\pi(z, \tau_t)+\beta[(1-\gamma)\Pi_e(z, \tau_t)+\gamma\frac{1}{1-\beta}E\pi(z, \tau_u)]$$

$$\Pi_w(z)=\beta\left\{(1-\gamma)\Pi_w(z)+\gamma[1-H(\bar{\tau})]\Pi_w(z)+\gamma H(\bar{\tau})\left[\frac{1}{1-\beta(1-\gamma)}\{E[\pi(z, \tau_u)\mid_u\leqslant\bar{\tau}]+\frac{\beta\gamma}{1-\beta}E\pi(z, \tau_u)\}-K\right]\right\}$$

化简后即得到式（3-26）和式（3-27）：

$$\Pi_e(z,\ \tau_t) = \frac{\pi(z,\ \tau_t)}{1-\beta(1-\gamma)} + \frac{\beta\gamma}{1-\beta}\frac{E\pi(z,\ \tau_u)}{1-\beta(1-\gamma)}$$

$$\Pi_w(z) = \frac{\beta\gamma H(\bar{\tau})}{1-\beta[1-\gamma H(\bar{\tau})]}$$

$$\left[\frac{E[\pi(z,\ \tau_u) \mid \tau_u \leqslant \bar{\tau}]}{1-\beta(1-\gamma)} + \frac{\beta\gamma}{1-\beta}\frac{E\pi(z,\ \tau_u)}{1-\beta(1-\gamma)} - K\right]$$

其中，$\tau_t \geqslant \bar{\tau}$。

2. 导出式（3-28）的过程

只有满足如下条件时，企业才决定在该期出口：

$$\Pi_e(z,\ \tau_t) - K \geqslant \Pi_w(z)$$

将式（3-26）和式（3-27）代入上式，结合利润表达式（3-21）可得

$$\frac{Bc^{1-\sigma}z^{(\sigma-1)(1-\alpha)}\tau_t^{-\sigma}}{1-\beta(1-\gamma)} + \frac{\beta\gamma}{1-\beta}\frac{Bc^{1-\sigma}z^{(\sigma-1)(1-\alpha)}E(\tau_u^{-\sigma})}{1-\beta(1-\gamma)} -$$

$$K \geqslant \frac{\beta\gamma H(\bar{\tau})}{1-\beta[1-\gamma H(\bar{\tau})]}\left[\frac{Bc^{1-\sigma}z^{(\sigma-1)(1-\alpha)}E[\tau_u^{-\sigma} \mid \tau_u \leqslant \bar{\tau}]}{1-\beta(1-\gamma)} +\right.$$

$$\left.\frac{\beta\gamma}{1-\beta}\frac{Bc^{1-\sigma}z^{(\sigma-1)(1-\alpha)}E(\tau_u^{-\sigma})}{1-\beta(1-\gamma)} - K\right]$$

即

$$\frac{Bc^{1-\sigma}\tau_t^{-\sigma}}{1-\beta(1-\gamma)}z^{(\sigma-1)(1-\alpha)} + \frac{\beta\gamma}{1-\beta[1-\gamma H(\bar{\tau})]}\frac{Bc^{1-\sigma}E(\tau_u^{-\sigma})}{1-\beta(1-\gamma)}z^{(\sigma-1)(1-\alpha)}$$

$$-\frac{\beta\gamma H(\bar{\tau})}{1-\beta[1-\gamma H(\bar{\tau})]}\frac{Bc^{1-\sigma}E[\tau_u^{-\sigma} \mid \tau_u \leqslant \bar{\tau}]}{1-\beta(1-\gamma)}z^{(\sigma-1)(1-\alpha)} \geqslant \frac{1-\beta}{1-\beta[1-\gamma H(\bar{\tau})]}K$$

两边同时乘以 $1-\beta[1-\gamma H(\bar{\tau})]$，有

$$\frac{\{1-\beta[1-\gamma H(\bar{\tau})]\}Bc^{1-\sigma}\tau_t^{-\sigma}}{1-\beta(1-\gamma)}z^{(\sigma-1)(1-\alpha)} + \frac{\beta\gamma Bc^{1-\sigma}E(\tau_u^{-\sigma})}{1-\beta(1-\gamma)}z^{(\sigma-1)(1-\alpha)} -$$

$$\frac{\beta\gamma H(\bar{\tau})Bc^{1-\sigma}E[\tau_u^{-\sigma} \mid \tau_u \leqslant \bar{\tau}]}{1-\beta(1-\gamma)}z^{(\sigma-1)(1-\alpha)} \geqslant (1-\beta)K$$

整理后有

$$z^{-(\sigma-1)(1-\alpha)} \leqslant \frac{Bc^{1-\sigma}\tau_t^{-\sigma}}{(1-\beta)K}\left[\frac{(1-\beta)}{1-\beta(1-\gamma)} + \frac{\beta\gamma}{1-\beta(1-\gamma)}\left(\frac{E(\tau_u^{-\sigma}) + H(\bar{\tau})[\tau_t^{-\sigma} - E(\tau_u^{-\sigma} \mid \tau_u \leqslant \bar{\tau})]}{\tau_t^{-\sigma}}\right)\right]$$

即得式（3-28）。

3. 证明

$$\frac{E(\tau_u^{-\sigma}) + H(\tau_t)[\tau_u^{-\sigma} - E(\tau_u^{-\sigma} \mid \tau_u \leqslant \tau_t)]}{\tau_t^{-\sigma}} \leqslant 1$$

根据 $E(\tau_u^{-\sigma})$ 的定义，有

$$\frac{E(\tau_u^{-\sigma}) + H(\tau_t)[\tau_t^{-\sigma} - E(\tau_u^{-\sigma} \mid \tau_u \leqslant \tau_t)]}{\tau_t^{-\sigma}}$$

$$= \frac{H(\tau_t)E(\tau_u^{-\sigma} \mid \tau_u \leqslant \tau_t) + [1-H(\tau_t)]E(\tau_u^{-\sigma} \mid \tau_u \geqslant \tau_t) + H(\tau_t)\tau_t^{-\sigma} - H(\tau_t)E(\tau_u^{-\sigma} \mid \tau_u \leqslant \tau_t)}{\tau_t^{-\sigma}}$$

$$= \frac{[1-H(\tau_t)]E(\tau_u^{-\sigma} \mid \tau_u \geqslant \tau_t) + H(\tau_t)\tau_t^{-\sigma}}{\tau_t^{-\sigma}} \xrightarrow{E(\tau_u^{-\sigma} \mid \tau_u \geqslant \tau_t) \leqslant \tau_t^{-\sigma}} \leqslant \frac{[1-H(\tau_t)]\tau_t^{-\sigma} + H(\tau_t)\tau_t^{-\sigma}}{\tau_t^{-\sigma}}$$

$$= 1$$

附录 3

表 A3-1a　国家（地区）层面 EPU（均值）对 HS6 位行业出口产品质量的影响

ln*z*	(1)	(2)	(3)	(4)	(5)	(6)
epuc	0.0015*** (0.0002)	0.0016*** (0.0002)	0.0015*** (0.0002)			
$epuc_{-1}$				0.0018*** (0.0003)	0.0019*** (0.0002)	0.0020*** (0.0003)
常数项	-2.0326*** (0.0240)	-2.0467*** (0.0206)	-3.8434*** (0.0523)	-2.0301*** (0.0266)	-2.0396*** (0.0229)	-3.9059*** (0.0485)
年份固定效应	否	否	是	否	否	是
HS6 位行业固定效应	否	是	是	否	是	是
目的地固定效应	否	否	是	否	否	是
N	873414	873414	873414	739949	739949	739949

续表

lnz	(1)	(2)	(3)	(4)	(5)	(6)
R^2	0.000	0.264	0.317	0.000	0.265	0.323

注：括号中数值为标准误，***、**、*分别表示1%、5%、10%的显著性水平。以下表皆同。

表 A3-1b　国家（地区）层面 EPU（中位数）对 HS6 位行业出口产品质量的影响

lnz	(1)	(2)	(3)	(4)	(5)	(6)
epuc	0.0018*** (0.0002)	0.0020*** (0.0002)	0.0016*** (0.0003)			
$epuc_{-1}$				0.0022*** (0.0003)	0.0023*** (0.0002)	0.0017*** (0.0003)
常数项	-2.0562*** (0.0240)	-2.0707*** (0.0206)	-3.8303*** (0.0519)	-2.0537*** (0.0264)	-2.0636*** (0.0228)	-3.8635*** (0.0479)
年份固定效应	否	否	是	否	否	是
HS6 位行业固定效应	否	是	是	否	是	是
目的地固定效应	否	否	是	否	否	是
N	873414	873414	873414	739949	739949	739949
R^2	0.000	0.264	0.317	0.000	0.265	0.323

表 A3-2　国家（地区）层面的稳健性检验

lnz	目的地特征 (1)	TPU 下降 (2)	剔除反倾销产品 (3)	剔除纺织品 (4)	滞后两期 (5)	滞后三期 (6)
$epuc_{-1}$	0.0019*** (0.0003)	0.0019*** (0.0003)	0.0019*** (0.0003)	0.0019*** (0.0003)		
$epuc_{-2}$					-0.0007 (0.0004)	
$epuc_{-3}$						-0.0014*** (0.0004)
tpu		-0.0055 (0.0490)				
ln*gdp*	0.4016*** (0.1290)	0.4059*** (0.1296)	0.4041*** (0.1458)	0.5056*** (0.1388)	1.0846*** (0.1459)	1.1630*** (0.1610)
ln*excr*	-0.5893*** (0.0581)	-0.5882*** (0.0574)	-0.6148*** (0.0662)	-0.6035*** (0.0626)	-0.7561*** (0.0647)	-0.9365*** (0.0732)

续表

lnz	目的地特征 (1)	TPU 下降 (2)	剔除反倾销产品 (3)	剔除纺织品 (4)	滞后两期 (5)	滞后三期 (6)
常数项	-9.2047*** (1.7510)	-9.2635*** (1.7578)	-9.3647*** (1.9795)	-10.7095*** (1.8844)	-18.1607*** (1.9791)	-19.1976*** (2.1883)
年份固定效应	是	是	是	是	是	是
HS6 位行业固定效应	是	是	是	是	是	是
目的地固定效应	是	是	是	是	是	是
N	739949	739949	618406	677320	671872	606584
R^2	0.323	0.323	0.317	0.325	0.325	0.327

注：第（1）列控制目的地 GDP 和汇率；第（2）列控制 TPU 的下降，即中国 2002 年加入 WTO 后来自美国 TPU 的下降、中国内地与中国香港 2004 年签署的 CEPA、中国与智利 2006 年签署的 FTA；第（3）列剔除目的地对中国发起反倾销的产品；第（4）列剔除纺织品；第（5）列滞后两期；第（6）列滞后三期。

表 A3-3 国家（地区）层面 EPU 对企业出口产品质量的影响

lnz	(1)	(2)	(3)	(4)
$epuc$	0.0007*** (0.0000)			
$epuc_{-1}$		0.0006*** (0.0001)		
$epuc_{-2}$			0.0013*** (0.0001)	
$epuc_{-3}$				-0.0003*** (0.0001)
常数项	-0.9949*** (0.0080)	-0.4176*** (0.0068)	-0.4203*** (0.0076)	-0.1960*** (0.0078)
季度固定效应	是	是	是	是
HS6 位行业—目的地固定效应	是	是	是	是

续表

ln*z*	(1)	(2)	(3)	(4)
N	12718728	6628153	5501776	4778614
R^2	0.797	0.809	0.810	0.810

附录 4

表 A4-1　HS6 位行业层面影响机制中各变量的 DID 有效性检验：CEPII-BACI（1995—2010 年）

	预期效应		1995—2001 年	
	（1）ln*exp*	（2）*expshare*	（3）ln*exp*	（4）*expshare*
*tpu*01×*post*02	0.0042*** (0.0006)	0.0233*** (0.0044)		
*tpu*01×*year*2001	0.0003 (0.0010)	0.0029 (0.0088)		
tpu			0.0021 (0.0014)	0.0118 (0.0123)
常数项	5.7130*** (0.0286)	12.2298*** (0.1811)	5.8147*** (0.0427)	12.3040*** (0.3825)
年份固定效应	是	是	是	是
HS6 位行业固定效应	是	是	是	是
N	53129	53129	21684	21684
R^2	0.841	0.649	0.884	0.755

注：本表是对表 7-7 中第（1）~（4）列所用变量 ln*exp* 和 *expshare* 进行的有效性检验。本表中第（1）、（2）列加入 *tpu*01 与中国加入 WTO 前 1 年虚拟变量（*year*2001）的交互项来控制预期效应，*tpu*01×*post*02 的系数仍显著为正，而 *tpu*01×*year*2001 的系数不显著，说明中国加入 WTO 之前不存在预期效应，因而不影响本书结论。第（3）、（4）列用中国加入 WTO 前的样本回归，*tpu* 的系数不显著，说明没有其他干扰因素。

表 A4-2 HS6 位行业层面影响机制中各变量的 DID 有效性检验：海关数据库（2000—2006 年）

	预期效应			2000—2001 年		
	（1）ln*exp*	（2）ln*avexp*	（3）ln*fn*	（4）ln*exp*	（5）ln*avexp*	（6）ln*fn*
*tpu*01×*post*02	0.0033*** （0.0012）	−0.0032*** （0.0010）	0.0065*** （0.0005）			
*tpu*01×*year*2001	0.0010 （0.0015）	0.0008 （0.0013）	0.0003 （0.0006）			
tpu				−0.0145 （0.0153）	−0.0142 （0.0138）	−0.0003 （0.0053）
常数项	13.0481*** （0.0232）	10.8035*** （0.0197）	2.2445*** （0.0090）	13.6985*** （0.5134）	11.3396*** （0.4630）	2.3589*** （0.1775）
年份固定效应	是	是	是	是	是	是
HS6 位行业固定效应	是	是	是	是	是	是
N	21531	21531	21532	5990	5990	5990
R^2	0.869	0.755	0.938	0.948	0.898	0.978

注：本表是对表 7-7 中第（5）~（7）列所用变量 ln*exp*、ln*avexp* 和 ln*fn* 进行的有效性检验，其检验步骤和表 A4-1 相同，结果表明了倍差法估计的有效性。

表 A4-3 企业层面影响机制中各变量的 DID 有效性检验

	预期效应		2000—2001 年	
	（1）*fn*	（2）*markup*	（3）*fn*	（4）*markup*
*tpu*01×*post*02	0.5938*** （0.1360）	−0.0017*** （0.0006）		
*tpu*01×*year*2001	0.0479 （0.1754）	−0.0006 （0.0008）		
tpu			0.3805 （0.5242）	0.0065 （0.0258）
ln*pro*		0.4628*** （0.0025）		0.4189*** （0.0122）
ln*labor*		0.6697*** （0.0047）		0.7086*** （0.0189）
ln*exp*		0.0173*** （0.0006）		0.0178*** （0.0024）

续表

	预期效应		2000—2001 年	
	（1）*fn*	（2）*markup*	（3）*fn*	（4）*markup*
ln*kl*		0. 1085 *** （0. 0021）		0. 1115 *** （0. 0076）
ln*wage*		-0. 7801 *** （0. 0043）		-0. 8373 *** （0. 0179）
fshare		0. 0002 *** （0. 0001）		0. 0008 *** （0. 0002）
常数项	13. 3550 *** （1. 9404）	1. 2999 *** （0. 0185）	4. 1462 （16. 3407）	1. 3956 （0. 9332）
年份固定效应	是	是	是	是
行业固定效应	是	是	是	是
N	2619	80162	584	10356
R^2	0. 763	0. 520	0. 989	0. 551

注：本表是对表 7-11 中两个中介变量 *fn* 和 *markup* 进行的 DID 有效性检验，其检验步骤与表 A4-1 相同，结果表明了倍差法估计的有效性。

附录 5

假设生产函数为 C-D 形式：

$$Y_{ft} = L_{ft}^{\beta_l} K_{ft}^{\beta_k} M_{ft}^{\beta_m} exp(\omega_{ft}) \tag{A5-1}$$

其中，Y_{ft} 为产出，L_{ft} 为劳动投入，K_{ft} 为资本投入，M_{ft} 为中间品投入，β_l、β_k、β_m 为对应投入要素的产出弹性，ω_{ft} 为全要素生产率。对式（A5-1）取对数，并将对应变量的对数值用小写字母表示，有

$$y_{ft} = \beta_0 + \beta_l l_{ft} + \beta_k k_{ft} + \beta_m m_{ft} + \omega_{ft} + \eta_{ft} \tag{A5-2}$$

其中，η_{ft} 代表误差项，与投入要素决策不相关。直接用 OLS 估计会引起两种偏差：不可观测的企业生产率 ω_{ft} 会影响企业投入要素决策，因而导致同时性偏差；生产率冲击可能使资本存量较少的企业退出，这将产生样本选择偏差。Olley 和 Pakes（1996）利用投资作为生产率的代理变量，并建立一个决定企业

生存概率的二值因变量模型，从而能够获得式（A5-2）中系数的无偏估计量。然而，Levinsohn 和 Petrin（2003）指出，企业投资无法及时对生产率冲击进行调整，且采用投资代理变量会损失许多观测值，他们建议将中间品投入作为代理变量。因此，中间品投入需求是状态变量 k_{ft}、ω_{ft} 和额外变量集 z_{ft} 的函数：

$$m_{ft} = m_t(k_{ft},\ \omega_{ft},\ z_{ft}) \quad \text{(A5-3)}$$

其中，z_{ft} 包含那些潜在影响最优投入需求决策的变量。借鉴 De Loecker 和 Warzynski（2012）及 Yu（2015）的做法，本书的额外变量包含两个虚拟变量：企业是否出口、中国是否加入 WTO。通过式（A5-3）可得

$$\omega_{ft} = \omega_t(k_{ft},\ m_{ft},\ z_{ft}) \quad \text{(A5-4)}$$

为估计 β_l，结合式（A5-2）和式（A5-4），生产函数写为

$$y_{ft} = \beta_0 + \beta_l l_{ft} + \phi_t(k_{ft},\ m_{ft},\ z_{ft}) + \eta_{ft} \quad \text{(A5-5)}$$

$$\phi_t(k_{ft},\ m_{ft},\ z_{ft}) = \beta_0 + \beta_k k_{ft} + \beta_m m_{ft} + \omega_t(k_{ft},\ m_{ft},\ z_{ft}) \quad \text{(A5-6)}$$

式（A5-6）中 $\phi_t(\cdot)$ 和 $\omega_t(\cdot)$ 渐近地用 k_{ft}、m_{ft}、z_{ft} 的三阶多项式表示。对式（A5-5）进行 OLS 回归，可获得劳动产出弹性的无偏估计量 $\hat{\beta}_l$，由 $\hat{\theta}_{ft}^L = \hat{\beta}_l$ 并结合式（7-12）便可计算企业成本加成。出于第 8 章分析的需要，笔者进一步估计全要素生产率。为此，需估计资本和中间品投入的产出弹性。方法是根据 ω_{ft} 的一阶自相关模型：$\omega_{ft} = g(\omega_{f,\ t-1}) + \xi_{ft}$，结合式（A5-5）、式（A5-6），有

$$\hat{\varepsilon}_{ft} = \eta_{ft} + \xi_{ft} = \hat{y}_{ft} - \hat{\beta}_l l_{ft} - \beta_k^* k_{ft} - \beta_m^* m_{ft} - g(\omega_{f,\ t-1}) \quad \text{(A5-7)}$$

其中，β_k^* 和 β_m^* 代表最优估计量，残差 $\hat{\varepsilon}_{ft}$ 是 β_k^* 和 β_m^* 的函数。注意到 t 期资本存量由 $t-1$ 期投资决定，因此它与 t 期生产率冲击 $\hat{\varepsilon}_{ft}$ 不相关，同时 $t-1$ 期的中间投入与 t 期生产率冲击 $\hat{\varepsilon}_{ft}$ 也不相关，则参数 β_k^* 和 β_m^* 的矩条件为

$$E\left[\hat{\varepsilon}_{ft}(\beta^*)\begin{pmatrix} k_{ft} \\ m_{f,\ t-1} \end{pmatrix}\right] = 0 \quad \text{(A5-8)}$$

由此，我们可运用 GMM 估计 β_k^* 和 β_m^*，其标准误通过 bootstrap 抽样得到。

重要术语索引表

T

W

X

Y

Z

致　谢

事未经历不知难，直至本书即将付梓之际，我才有闲暇追忆过往数年所经历的重重困境及一次次破茧而出后的豁然开朗。毫无疑问，无论是选题、理论推导、实证设计还是写作，本书都是建立在不断否定后再修改基础之上的。本书的顺利完稿固然是笔者努力的结果，但也依托于诸多师生好友和亲人的鼎力相助。

首先感谢我的博士生导师宋华盛教授。作为一位对科研充满激情的学者，宋老师是我读博士期间乃至今后学术道路上的榜样。自博士入学以来，宋老师便经常资助我参与本学科的相关会议，与我交流最前沿的学术议题，并提出许多新的想法供我参考。这种优良的科研环境令我获益匪浅。宋老师也是一个宽容和有耐心的人，对我在研究中出现的一些问题通常不予计较，并加以指出和纠正。此外，宋老师也时常关心我的生活，总是在我遇到困难时勉励我。再次感谢宋老师的帮助和鼓励。

十分感谢我的硕士生导师曹亮教授。曹老师幽默风趣，深受学生喜爱。于我而言，曹老师如师、如父，亦如友。作为导师，曹老师引领我进入了经济学学术殿堂的大门，使我对文献研读、数据整理、论文写作等方面乃至如何做研究的整个流程有了清晰的认识。这无疑是我硕博期间得以快速进入研究状态的重要前提。不仅如此，曹老师对我的工作和生活也极为关心，在各方面都为我创造了便利条件。总之，无论是在科研、教学、工作、生活，还是为人处世等方面，曹老师都给予我悉心的指导和最大的帮助。寥寥数语，未能言表师恩之万一，唯有时刻铭记于心。

本书的完稿也得到了许多老师的指点，包括潘士远老师、葛嬴老师、顾国达老师、张旭昆老师、余林徽老师、黄先海老师、肖文老师、杨柳勇老师。他们在不确定性理论模型、不确定性界定和分类、经济政策不确定性和贸易政策不确定性的关系、影响机制和影响方向、中介效应模型、结构安排等方面提出了十分宝贵的建议，从而有助于我进一步完善本书的内容。特此感谢各位老师。

感谢我读博士期间的德育老师马述忠教授。在我报考浙大经院时，马老师对我的咨询进行了细致的解答，使我能够安心备考。感谢我学生时代的各位授课老师，通过专业基础课和专业课程的系统学习，不仅培养了我的经济学直觉，提升了我的经济学素养，也为本书研究中数理模型的推导提供了基础方法论。

本书的顺利完成也得到了许多硕士同门和校外学者的帮助。感谢符大海师兄的指导和帮助，感谢徐小聪师兄对本书提出的改进建议，感谢肖扬师姐的关心和帮助，感谢广西财经学院的张建中教授，感谢孙一平师兄、王书飞师兄、向鹏飞、徐阳、张亮、彭婷婷、黄浩溢等同门的帮助。

感谢博士同门张敏师姐和孟宁师姐留给师弟师妹们的宝贵经验，感谢王炳辉、张超、郑雪茜、孙桂里、孙媒红等师弟师妹；感谢 2015 级博士生班级同学薛天航、吴宛珊、卿陶、卢天一、李萍、曹信生等。感谢室友王志刚同学三年的陪伴，其间带我在杭州到处游览，缓解了我的很多压力。

最后，感谢我的父亲母亲、哥哥嫂嫂和“嘟嘟”小侄儿。诗经有云：“哀哀父母，生我劬劳。”无论身处何方，我的父母始终是我最坚强的后盾，我的求学之路也一直都是在父母的支持与鼓励之下才得以完成的。我特别敬佩我的父亲，作为一名光荣的人民教师，父亲深知教育于国于民的重要性，因此在其他家庭的孩子早早辍学外出务工的环境中，父亲始终对哥哥和我严格要求，才使我们能够顺利考入重点高校学习。而以往为我所忽略直至近几年才细细体察到的是，在一个农村家庭，父亲要同时承担我和哥哥大学期间几乎所有的支出，其中的艰辛可想而知。母爱之所以伟大，是因为细微之处即见真情。我的母亲无怨无悔地处理着生活中的许多细碎琐事，温暖了整个家庭，也为父亲的工作和我们的学业提供了重要保障。

究天人之际，通古今之变，成一家之言。这是一个无法轻易达到的目标，希望在今后的科研工作中，我能逐步朝着这一目标迈进。

朱小明

2019 年 10 月